刘贤俊 ◎著

现代汉语词法句法联动关系的计量研究

XIANDAI HANYU CIFA JUFA
LIANDONG GUANXI DE JILIANG YANJIU

人民日报出版社

图书在版编目（CIP）数据

现代汉语词法句法联动关系的计量研究 / 刘贤俊著.
—北京：人民日报出版社，2022.5

ISBN 978-7-5115-6740-6

Ⅰ. ①现… Ⅱ. ①刘… Ⅲ. ①现代汉语—语法—研究
Ⅳ. ①H146

中国版本图书馆CIP数据核字（2020）第232947号

书　　名：现代汉语词法句法联动关系的计量研究
XIANDAI HANYU CIFA JUFA LIANDONG GUANXI DE JILIANG YANJIU
著　　者：刘贤俊

出 版 人：刘华新
责任编辑：刘天一
封面设计：中尚图

出版发行：人民日报出版社
社　　址：北京金台西路2号
邮政编码：100733
发行热线：（010）65363528　65369512　65369509　65363531
邮购热线：（010）65369530　65363527
编辑热线：（010）65369844
网　　址：www.peopledailypress.com
经　　销：新华书店
印　　刷：天津中印联印务有限公司

开　　本：710mm × 1000mm　1/16
字　　数：297千字
印　　张：19
版次印次：2022年7月第1版　2022年7月第1次印刷

书　　号：ISBN 978-7-5115-6740-6
定　　价：79.00元

内容提要

本书提出了基本分词单位的概念，从句法语义的角度研究了五个方面的问题。

第一，基本分词单位及其判识问题。识别基本分词单位要考虑它的“饱和度”。“饱和度”是基本分词单位的一些倾向性极强的句法语义属性，主要包括：结构饱和度、语义饱和度、句法饱和度和概念饱和度。每一种饱和度包含若干句法语义规则。基本分词单位与短语以饱和度为临界点，短语没有饱和度与之匹配。基本分词单位至少具备其中的一个饱和度。具有饱和度的基本分词单位辨识度高，为各分词器所优先识别，几乎不构成分词歧义，可以较高效能地消解和规避分词歧义。

第二，基本分词单位的语义特质。基本分词单位常常呈现出一些语义特异性，主要包括转类、转型、语义漂白、宾语抽象化、不及物化、语义整合和语义专门化等。

第三，基本分词单位的句法简约性。非基本分词单位呈现出芜杂参差的句法格局，但基本分词单位句法上趋于简约同一。以二字动结式为例，基本分词单位在责任者指人化、受影响者抽象化、论元结构对称化（配价偶化）、时相持续化、语义指向右指化等方面存在句法共性。

第四，基本分词单位的类序变异。以“V+V”类序为例，基本分词单位的变异存在名词化、形容词化和虚词化三种变异，这三种变异中，基本分词单位中的动词性语素义逐渐减弱直到完全消失。

第五，基本分词单位的组合顺序和分流规则。以二字复义动词为例，基本分词单位中的语素的组合顺序受到语音、语义和语用的限制，各语素的组合能力强弱不等，呈现不对称的分流态势。

基本分词单位的研究表明，现代汉语词法与句法之间存在联动关系。

目 录

第一章　基本分词单位判识

第一节　基本分词单位与饱和度

现代汉语中词和短语界限不清的问题由来已久。为了适应语言信息处理的需要，“分词单位”的概念提了出来。“分词单位”指“汉语信息处理用的具有确定的语义和语法功能的基本单位”。（中华人民共和国机械电子工业部，1992）它不仅包括一般所说的词，包括类似于词的单位，也包括固定词组、固定用语。（符淮青，2004）实践已经证明，分词单位暂时将词和短语的纷争搁置一旁，很好地推进了中文信息处理的研究。我们认为还是有必要在分词单位中独立出“基本分词单位”，因为基本分词单位是辨识度极高、人和机器都不存在争议的一种分词单位，而且它几乎不构成分词歧义，在歧义消解和规避上具有较高的应用价值。分词单位包括一般所说的词，基本分词单位与词有较大的交集，但不完全相同。从音节构成上看，它的主要外在特征是：

（1）可以是单音节词，如“山”“人”“走”“打”等单音节实词，以及“着”“了”“过”“的”“地”“得”等单音节虚词。这些自由的单音节词实际上也是单音节自由语素。

（2）可以是双音节词，如“意见”“推荐”“伟大”等。

我们重点讨论双音节的基本分词单位。这种基本分词单位不仅要满足双音节这一韵律条件，还有句法语义上的要求。句法语义上的要求突出地表现为要满足一定的句法语义的饱和度。饱和度是一些带有倾向性的句法属性和语义属性。一个双音节单位具备了其中的某一句法语义属性，它就达到了饱和，它就是一个二字词，同时也是一个双音节基本分词单位。饱和度是鉴定双音节基本分词单位的一些必要的、刚性的句法语义条件，有了它，基本分词单位在句法语义上就处于一种自足的平衡状态。

基本分词单位的饱和度至少包括四种：结构饱和、语义饱和、句法饱和和概念饱和。基本分词单位至少满足这四类饱和度中的一个饱和度，否则它们的自然平衡状态就被打破而失去词感，结构的凝固性和稳定性减弱，这时的双音节单位可能是一个自由二字短语，不再是基本分词单位。双音节基本分词单位我们也称二字词，双音节有时也称作二字组。

第二节　结构饱和度

吕叔湘（1979）讨论了语素的活动能力与语法单位之间的关系，认为除了全部由黏着语素构成的语言单位不可能是短语外，各语素的活动能力或者它的自由与黏合程度跟整个语言单位是词还是短语没有必然的联系，单纯用有无黏合语素来确定一个组合是词还是短语是有问题的：自由语素相加（FF），可以是短语（工人农民），可以是词（田地），还可以是不成词的多音节语素（高射）；自由语素与黏着语素相加（FB），可以是短语（老师同学们），可以是词（高兴），也可以是黏着语素（高速）；黏着语素相加（BB），可以是词（典型），也可以仍然是黏着语素（微型）。

由于吕先生讨论的对象不限于二字词，所以得出了语素的自由程度跟整体结构是否是词没有必然联系的结论。如果将讨论的对象限定为二字词，还是可以找出比较硬性的规律，即二字词结构上的饱和度。我们发现：

一个整体上可以自由单用的二字组，只要其中有一个黏着语素，不管是FB、BF还是BB，这个二字组一定是二字词。

这一规则可以称为二字词的结构饱和度A（简称“结A”）。例如：

仅表达语法意义或语法功能却不能单独充当句法成分的二字组，那么这个二字组是二字词（虚词）；如果一个虚语素加上另一个虚语素或者一个实语素加上一个虚语素构成一个可以单用（充当句子成分）的二字组，那么这个二字组也是二字词（实词）。

这就是二字词的结构饱和度 B（简称“结 B”）。例如：

（11）通过认真学习文件，我了解了相关政策。

（12）本着人道主义精神，我们共向灾区捐款三万元。

（13）炒股我亏了而且亏得血本无归。

（14）问题在于有谁还在乎这一天挣二十元呢？

（15）好在历史是人民写的。这是利于大家而不是少数人。

“通过”中的“通”“过”都可以是实语素，但二者可以组合出一个介词；“本着”是一实一虚，这儿也是一个介词；“而且”里头都是虚语素，组合后是一个连词；“在于”“在乎”里头本来都是两个虚语素，但整体上有了实词（这两个词都是动词）的用法；“好在”和“利于”一实一虚的两个语素组合出了实词（好在：副词；利于：动词）的用法。

实语素与虚语素无论是在意义上还是在用法上都是极其悬殊的，现在实词里头出现了虚语素，虚词里头有实语素，语素的反转构词使得这些二字组获得了超强的凝固力，从而使它们定型为二字词，这正是凭借构成语素的虚实度可以概括二字词结构饱和度的原因。

由语素虚实总结出来的二字词的饱和度实际上是一个语素类变异的问题，这个问题还可以进一步研究。构成二字名词、二字动词和二字形容词的典型语素类序列是“N=n+n”“V=v+v”“A=a+a”，即一个二字名词常常是由两个名词性语素构成，一个二字动词多由两个动词性语素构成，一个形容词内部通常是两个形容词性语素。如果连一个二字组的核心成分（head）都发生语素类变异，变得与二字组的整体不一致，这个二字组实际上已经不再是一个向心结构而是一个离心结构了。这样，我们又可以写出二字词的另一个饱和度规则：

发生了语素类变异的二字离心结构都是二字词。

这就是二字词的结构饱和度 C（简称“结 C”）。例如：

（16）成都车模穿着热辣。新产品有什么缺陷？

（17）鱼肉百姓者必为时代所弃。

（18）看着老人吃力地推着板车，我很伤心。

“穿着”“缺陷”“鱼肉”“吃力”“伤心”都是可以单用的二字离心结构，都是二字词。它们都发生了语素类变异：名词“穿着”“缺陷”变异形式是“N=v+v”，动词“鱼肉”由“V=n+n”变异而来，形容词“吃力”“伤心”都由“A=v+n”变异而成。

向心结构是语法结构的常规配置，二字向心结构需要很多特殊手段才能将其固化成词，而采用离心结构，实现向心结构“心”的扭曲和变异，这无疑是二字组定型、饱和成词的一股重要力量。

第三节　语义饱和度

二字词的结构饱和度都是基于考察结构特异的二字词而梳理出的一些基本规则。结构特异的二字词毕竟不占多数，那么数量众多的其他二字词是如何固定成形的呢？吕叔湘（1979）指出，有专门意义的组合是一个新的词汇单位。专门意义是一根很管用的捆仙绳，有了它可以将流动不居的动态组合单位化动为静，使之成为人们需要专门学习记忆的备用单位，而二字备用单位，除了数量有限的词汇词（最大二字语素“高速”“袖珍”等）之外，绝大部分都是我们要考察的二字词。因此，我们需要总结出若干二字词的语义饱和度。

一般说来，概念义或指称义是词所要表达的、起区别作用的、最根本的、为词典收录的意义，概念义对于实词而言尤其重要。但是，对于区分词与非词来说，发挥关键作用的却未必是这些实词不可缺少的概念义，而可能是那些概念义之外的、甚至不用词典标注的、但通常是母语习得者可识读的一些其他意义。语义饱和度通常建立在这些非概念意义之上。

首先是色彩义、联想义或附加义。概念义之外的、附加在概念义之上的、由人的联想或想象而获得的、体现词的诸种色彩风格的意义就是色彩义。观察发现，二字词汇词和二字短语词都没有携带色彩义。所以，我们得到了语义饱和度A（简称“语A”）：

凡是携有形象色彩、感情色彩和语体色彩意义的二字组都是二字词。

例如：

（19）学生二食堂的佛手好吃。

（20）杰出青年资助计划已经启动了。

（21）妈妈五一节去了一趟风光旖旎的西双版纳。

“佛手”是一种面食，这个词具有强烈的形象色彩。“杰出”的感情色彩突出，“旖旎”多用于文学语体，这些都是富含色彩义的二字词。这些色彩义是母语习得者绑定二字词的一种手段，非母语习得者一般要深入学习才能领会这些色彩义。

浮现语义是言语交际中临时产生并逐步固化下来的、一般无法通过内部构成成分的组合推导出来的意义。有时浮现意义以括注的方式出现在概念意义之中，成为概念义的非必有成分。对于二字组而言，浮现语义也是二字词所独有的，因此可以得到语义饱和度B（简称“语B”）：

凡是产生了浮现语义的二字组都是二字词。

例如：

（22）这年头开小车的还不如拉大车的。

（23）不是马刺故意放水，火箭队可能4：0横扫。

（24）这么硬朗的人，说走就走了。

（22）中的两个名词都不能简单从字面推导它们的全部意义，只有“小”和“车”连用时才能获得“小汽车、小轿车”的意义，只有“大”和“车”连用时才能浮现“牲口拉的、两轮或四轮的”的意义。（23）中的动词“放水”也从字面无法推导出“比赛故意输给另一方”的意义，只有二者组合在一起时这样的意义才会浮现。（24）中的形容词“硬朗”的专门意义“老人（而不是青年或小孩儿）的身体、身材”也并没有包含在“硬”和“朗”两个语素之中，词典释义时需要括注出来。

浮现语义填充了短语内部词与词的组合空间并将它们束缚在一起，将自由松散的短语推进词汇系统之中，一旦失去了浮现语义，二字词将从词汇系统中退出，重新成为一个自由短语。例如，上面的“放水”在“放水淹没了村庄和农田”里就是一个短语，因为它已经失去了浮现语义的约束，变成了一个自由短语。近年出现的一些二字新词，如“打脸”“哭穷”“洗地”“甩锅”“砸锅”“后浪”都是依靠这一语义饱和度（“语 B”）固化成词、成为基本分词单位的。

刘贤俊（2008）认为“V+ 趋”的词汇化使“V+ 趋”实现了完全漂白化。完全漂白化使整个语言单位的意义抽象化，不再表示具体可感的事物、动作或属性。例如：

（25）李老师的照相水平已经达到了专业<u>水准</u>。

（26）有了李老师的大力<u>支持</u>，同学们更有信心了。

（27）向劳动模范致以<u>崇高</u>敬礼！

“水准”原指测量水平面的工具，现在这种意义完全消失，如果非要表达这种意义得在它的后面加上一个“仪”字，单用“水准”只表示技能技巧的熟练程度，也用来形容人的素质。“支持”不再表示“支起使之稳固”的动作义，而是单一地表示一种抽象的行为。形容词“崇高”极言精神之伟大，不再描述具体可感的空间属性。二字词的这种舍“形”取“神”的语义漂白性让我们可以这么认为：

凡发生完全的语义漂白的二字组都是二字词。

这就是二字词的语义饱和度 C（简称“语 C”）。那些仍然“形”“神”兼备的半语义漂白二字组则不一定是二字词。比如“抹去”，可以抹去具体的“脏物”，也可以抹去抽象的“问题、不良记录”，所以，人们在确定“抹去”是否是词时会举棋不定。只有实现了语义完全漂白的二字组才会脱胎换骨，定型为二字词。

同（近）义词和反义词反映了不同词之间的语义聚合关系。虽然不见得所有的二字词都有同（近）义词和反义词。由此，我们得到了语义饱和度 D（简称“语 D”）：

如果一个二字组很容易找到它的同义词或反义词，那么它是二字词。

例如，“目录”与“目次”，“食堂”与“餐厅”，“宿舍”与“寝室”，“伟大”与“渺小”，“支持”与“反对”，它们或有同义关系，或有反义关系，所以它们都是二字词。但是二字短语词“大树”“深山”“白墙”既没有同（近）义词也没有反义词。我们注意到二字词汇词，如前文中的“高速”“袖珍”“高价”，它们在意义上可与“慢速”“大型”“廉价”形成对立，所以《现代汉语词典》（第 6 版）将词汇词一律当作词并全部收入词典（高价，430 页；高速，432 页；袖珍，1467 页）是有所考虑的，也是有道理的，它们也都是双音节基本分词单位。

第四节 句法饱和度

二字词在内部结构、语义特质上与其他二字非词有着明显的差异，我们可以倚仗结构饱和度和语义饱和度来区分二字词与二字非词。在句法上，二字词也呈现出一些特异性，也可以找到一些鉴别二字词的句法饱和度。

不少二字词由两个小句整合而来，对这些二字词意义的识解常常需要比较复杂的句法操作或句法还原。例如：

（28）×× 的宝贝儿子 Kimi 9 月 16 日满周岁，×× 设宴为他高调庆生，不但亲自布置场地当起主持人，还请来 30 多名亲朋好友见证儿子的<u>抓周</u>仪式。

抓周(《现汉》,第6版,1706页),又名“试儿”,是魏晋南北朝时已经存在的中国传统风俗,现在发展为东亚国家小孩周岁时预卜婴儿前途的一种习俗。新生儿周岁时,将笔、墨、纸、砚、算钱币和书籍等物品摆放于小孩面前,任其抓取。如此丰富的历史文化信息凝聚(浮现)于二字之间,本身已经证明了它的二字词身份。从句法上看,“抓周”可以看作两个小句或两个事件整合的结果,整合过程大致如下:

表1-2 “抓周”的系列句法操作

①一岁婴儿过周岁,一岁婴儿抓取物品	通过移位得到②
②一岁婴儿抓取物品,一岁婴儿过周岁	各删除主语得到③
③抓取物品,过周岁	删除前宾语得到④
④抓取,过周岁	删除后谓语得到⑤
⑤抓取,周岁	各删除后字得到⑥
⑥抓,周	删除标点得到⑦
⑦抓周	整合成词

两个小句经过一系列的句法操作最终被整合成一个动宾(vo)式二字词“抓周”,形如这样的二字词我们把它叫作带事件宾语的二字动词,简称“事宾动词”,其中的“o”是事件宾语。由此我们得到句法饱和度A(简称“句A”):

含事件宾语的二字组是二字词。

进行这样复杂的句法操作,语言单位的理据由清晰到模糊、由分立到融合,最后实现由句法向词法的转移,这本身就是词汇化的主要途径。句法操作或句法还原过程越复杂,删除的信息量越大,语言单位的固化程度越高。现代汉语的事宾动词数以千计,如“找死”“服软”“告辞”等,构成了一种句法特异的基本分词单位。

四字格可以是“1+1+1+1”结构(如“听说读写”),可以是“1+1+2”(如“打好基础”),可以是“2+1+1”(如“价格之高”),可以是“1+2+1”(如“吃青春饭”),也可以是“2+2”(如“生活质量”)。四字格能体现二字词的黏合能力,特别是“2+2”四字格。我们依据四字格的句法组合关系得到句法饱和度B

（简称“句 B”）：

当一个二字组与另一个二字组连用，每一个二字组都可以自由灵活地居于四字格之首，也可以自由灵活地居于四字格之尾时，这两个二字组都是二字词。每个二字组组合的可及性（易联想性或组合能力）越强，二字组成词的概率越高。

例如，“生活质量”中的“生活”和“质量”都是基本分词单位，其依据就可以是它们在四字格中的自由度。请看：

表 1–3　四字格与二字词的关系

①艺术 / 文化 / 物质 / 改善等可前加于②	②生活，可前加于③和⑤，后加于①	③品位 / 道路 / 水平 / 富裕等，可后加于②
④空气 / 产品 / 提高 / 保证等，可前加于⑤	⑤质量，可前于⑥，后加于②和④	⑥合格 / 监控 / 问题 / 标准等，可后加于⑤

“生活”与“质量”构成“2+2”四字格；“生活”居后与“文化 / 艺术 / 物质 / 改善”等构成“2+2”四字格，“生活”居前与“品位 / 道路 / 水平 / 富裕”等构成“2+2”四字格；“质量”居后与“空气 / 产品 / 提高 / 保证”构成“2+2”四字格，“质量”居前与“合格 / 监控 / 问题 / 标准”等构成“2+2”四字格。所以，“生活”和“质量”都是二字词。因为只有二字词与二字词之间才有这样的接龙性和传递性，二字词与非二字词（“1+1”）之间不可以循环接龙和传递，非二字词在四字格中位置固定，要么居前，要么居后，不能出现两可的情况。“价格之高”，“价格”居前可以与“判断 / 体系……”、居后可以与“建议 / 提高 / 降低……”构成四字格，“之高”却不可以居前与其他二字词构成“2+2”四字格，所以，“之高”不是二字词。由此可见，传递性也是巩固二字词词型的重要手段。“2+2”是鉴别二字词的理想四字格，其他四字格不足以鉴别二字词。

赵元任（1979）指出，词是最小的能够填进某些功能框架里的空位的单位。现代汉语里，有些二字空位可以作为鉴别二字词的功能框架，因为在这个位置的二字组只能是二字词。我们注意到：

①如果一个二字组可以替换“加以/给予/进行/给以/予以/作（形式动词或虚化动词）+××”中的二字空位××，那么这个二字组是二字动词。②能够替代“××不××”中的二字空位××的一定是二字动词或二字形容词。③如果一个二字组可以替代“比我××”中的二字空位××，那么这个二字组一定是二字形容词。④在一些含有二字介词的结构里，如“根据（依照、按照等）你的××”中的二字空位××替代它的只能是二字名词或二字动词，“由于（因为、鉴于）你的××”中的二字空位只能填入二字词，可以是二字名词、二字动词或二字形容词。⑤一些含有起讫类的二字动词如“开始、继续、停止”等的结构里，如果“开始/继续/停止你的××”中的二字空位被替代，那么这个替代的二字组就是二字动词。

这就是句法饱和度C（简称“句C”），这个规则还可以进一步扩充。

与二字名词争抢句法空位的主要是：①二字AN，如“好书、新笔、绿树”等；②二字方位短语，如“家里、山上、水中”等；③并列式二字NN，如“水电、纸笔、山河”等；④二字“的”字短语与“所”字短语，如“看的、卖的，所见、所闻”。与二字动词争抢句法空位的主要是：①二字VO，如“吃饭、看书、写字”；②状中式二字XV，如“能睡、好写”；③动补式二字VR，如“吃好、写出、看累”；④带动态助词的二字组，如“吃了，看过，写着”；⑤并列式二字组VV，如“吹剪、读写、吃睡”。与二字形容词争抢句法空位的主要是：①状中式“副词+A”，如“好美、真香、太大”；②少量形补二字组，如“帅呆、熟透、爽死”；③并列式二字AA，如“新亮、甜脆”等。这些与二字词争抢句法空位的二字组不少被看作分词单位，但是它们都不宜纳入基本分词单位。

这些二字组要么不能替代上述的二字功能空位，要么有些看起来可以替代，但仍觉不够自然。例如，“吃饭、看书、写字”似乎可以说成“吃饭不吃饭、看书不看书、写字不写字”，甚至“能睡、好写”也可以说成“能睡不能睡”“好写不好写”，但是，这些二字组用重复首字的方式来提问更自然：“吃不吃饭”“看不看书”“写不写字”“能不能睡”“好不好吃”。

有些二字词随着意义的完全漂白，它的组合成分往往也是强制的。例如，“提高”现在完全不表示具体的动作只表示抽象的行为义，它的具体动作义已经移植到“举高”“拿高”之中，这时的“提高”的宾语也要求是意义完全漂白的抽象名词，如“水平”“质量”等。形容词也存在类似现象，完全漂白的二字形容词只能修饰完全漂白的二字抽象名词，只不过完全漂白的形容词不仅包括“崇高、庄严”，还包括了“很A、太A、真A、不A”，所以可以说“崇高的品质”，也可以说成“很好的品质”。因此，我们可以说：

一个动词性的二字组只能带二字抽象宾语，那么这个动词性二字组一定是二字动词，这个二字抽象宾语一定是二字名词。一个形容词性二字组只能修饰一个抽象的名词性二字组，只要前者不含“很、太、真、不”等单音节副词，那么这个二字修饰语是二字形容词，修饰对象是二字名词。

这就是句法饱和度D（简称“句D”）。语义组合上的强制性也形成了二字词固化的重要策略、手段。

兼类词反映了词的不同语法特征的一种稳固的联系。兼类词是词独有的语言现象，短语词，例如，“深山”“大河”“高楼”等的语法特征是单一的，不存在兼类的情况，甚至作为基本分词单位的“词汇词”，如“高射”“袖珍”“高价”等也几乎不存在兼类的情况。因此，我们可以得到句法饱和度E（简称“句E”）：

如果一个二字组出现了兼类现象，那么这个二字组一定是词。

例如：

（29）我们要采用国际标准来检测粮食安全问题。

（30）讲一口标准的普通话找工作时有一定的优势。

（31）班长建议大家周六去郊游。这个建议大家表示同意。

因为“标准”和“建议”可兼做名词和动词，所以它们不可能是短语词或词汇词。二字词的兼类现象反映了语法词无论是在结构上还是在语义上都比短语词和词汇词更稳固。Clark（1979）集中研究了英语名词和动词的兼类情况，其实，英语的兼类词也是基本分词单位。

第五节　概念饱和度

有些二字组，可能都不满足上面的三个饱和度：结构饱和、语义饱和和句法饱和。它们在内部结构上甚至由两个自由语素构成，语义上也无法分析出特异之处，句法上的黏合能力差，也无复杂的内部句法操作，也找不着特定的鉴定框架。但是它们作为一个二字词几乎没有任何异议。例如：

（32）冬天到了，雪花飘飘，家里的鸡蛋、牛肉、羊肉、大米都吃完了，得去超市一趟了。

“雪花”等画线二字词，由两个自由实语素构成，都是向心结构，不存在实虚扭曲构词现象，用三个结构饱和度都无法鉴定它们是否是词。它们没有附加的色彩义，书面语和口语都可以使用，感情色彩和形象色彩都不显著，也不曾浮现出字面义之外的意义，也找不到相应的同义词或反义词，三个语义饱和度对它们也不管用。它们不需要复杂的句法操作，可以构成“2+2”四字格“喜欢羊肉”，但构成的四字格更多的是其他格式，如“不吃羊肉（1+1+2）”“吃羊肉饭（1+2+1）”，它们不需要强制与语义完全漂白的二字动词或二字形容词组合，也很难找到特定的功能框架，也不存在兼类现象。

赵元任（1979）认为“名词”能回答“这是什么”的问题，问题的答案“这是 ××”看起来就像二字名词的功能框架，能填充 ×× 二字空位的就是二字名词。“雪花”“鸡蛋”等都可以进入这个空位，所以可以用句法饱和度来控制这些二字名词。但是，“这是 ××”的句法强制性并不高，很多名词性的二字短语词也可以替代 ××，如“这是绿树，这是笔墨，这是大山”。

这些二字名词或许可以用词汇完整性原则（Lexical Integrity Hypothesis），即

“短语（句法）规则不能影响或适用于词汇内部的任何部分”来区分。如“大米”不能进行任何句法操作如“大的米”“很大米”“大一碗米”，但是像“鸡蛋”“羊肉”之类，却可以进行有限的、蹩脚的句法操作“鸡的蛋”“羊的肉”“像花的雪”。“大米”与“鸡蛋”等的词汇完整性并不完全相同，词汇完整性原则如果遇到大量二字组时暴露的问题可能会更多。

黎锦熙（1933）说词就是说话的时候表示思想中一个观念的语词。黎先生看到了词与概念之间的紧密联系，虽然表示一个概念的不仅有词，还有短语等其他单位。赵元任（1979）用“这是什么”来鉴定名词，其实一定程度上也证明了名词与概念之间关系的密切。在逻辑上，二字词也可以达到饱和。这就是基本分词单位的概念饱和度规则：

在结构、语义和句法上未必饱和的名词性二字组，却表达了现代汉语中独一无二的概念且有足够高的使用频率，那么它也是二字名词。

有些不大常用的、虽然是独一无二的概念如“鸵毛”（吕叔湘，1979）不大好看作一个词，而符合概念饱和度的、常用的“鸡毛”“羊毛”“鹅毛”“牛毛”都是词，都可以看作基本分词单位。

第六节　饱和度的识词效度与基本分词单位的歧义消解规避功能

基本分词单位必须在结构、语义、句法或概念饱和度上四选一，至少满足其中的一个饱和度。我们从《现代汉语词典》（第7版）中任意抽出二字名词、二字动词和二字形容词计100个，对它们进行饱和度标注，一是看看有无四种饱和度没有覆盖的二字词，二是看看哪些饱和度效能更高、适用范围更广。标注的结果是：

表 1–4　饱和度检测结果

	结 A	结 B	结 C	语 A	语 B	语 C	语 D	句 A	句 B	句 C	句 D	句 E	概念
数量	97	1	1	14	5	14	42	1	52	27	24	24	11
比例	97%	1%	1%	14%	5%	14%	42%	1%	52%	27%	24%	24%	11%

从标注的情况来看，各种饱和度在二字词上的体现存在较大差异，“结 A”的适用面最广，制约力最强，几乎达到 100%，这表明现代汉语里，能单用且有一黏合语素的二字词在整个二字词中占绝大多数。二字词相互勾连、前后接龙的现象也比较普遍（句 B 占 52%），体现了二字词内部的关联性和系统性。二字词的这种关联性还可以通过同义和反义的方式建立（语 D 占 42%）。功能框架、搭配成分的抽象度及二字词的兼类情况也不失为鉴定二字词的理想模式。

同一个二字词，往往表现出多方面的饱和，只受制于某一个饱和度的二字词几乎不存在。

饱和度在词的辨识上具有很高的效度或效能，现代汉语决不容许二字词在所有维度上都不饱和的情形。为什么现代汉语中典型的二字词与短语泾渭分明，不容置疑？多种句法语义特质的聚焦可能是一个极其重要的原因。句法语义特质将基本分词单位固化为一个边界清晰的可识记单元，同时也增强了基本分词单位的歧义消解和规避功能。

中文自动分词经常遇到的歧义有两种：交集型切分歧义（交集型）和多义组合型切分歧义（覆盖型或包孕型）（孙茂松、邹嘉彦，2001）。如果坚持“同一结构体内，基本分词单位优先”的原则，这两类歧义常常不成其为歧义。比如，“结合 / 成”“结 / 合成”通常构成交集型歧义，如果将“结合成”整体上看作一个意义相对完备的结构体，那么结构体内应该尽量分解成基本分词单位的组合，很显然，虽然双音节的“结合”和“合成”都是基本分词单位，但单音节的“结”不是一个自由语素，不是基本分词单位，而“成”是自由语素，是基本分词单位，因而“结合 / 成”较之“结 / 合成”具有优先选择权。

“结合成分子”算是比较复杂的交集型歧义了，它的链长为 3（“合”“成”“分”），有三种切分形式：①结 / 合成 / 分子；②结合 / 成分 / 子；③结合 / 成 /

分子。我们从语料库中找到 300 条含“结合成分子”的句子，发现所有句子中无一例外只有③是唯一正确的识读，因为句子中其他成分，即“结”前成分和“子”后成分都要分解成基本分词单位，因此，“基本分词单位优先”的原则阻断了交集型分词歧义分解为①和②的全部可能性。例如：

（33）原子 / 是 / 如何 / 结合 / 成 / 分子 / 的 / 问题 / 大家 / 都 / 想 / 知道。

（34）原子 / 根据 / 什么 / 力 / 结合 / 成 / 分子 / 呢？

（35）单个 / 原子 / 对 / 定向 / 结合 / 成 / 分子。

加下划线部分，即③结合 / 成 / 分子，歧义消解率达到了 100%。

覆盖型歧义“他 / 站 / 起 / 身 / 来”“他 / 明天 / 起身 / 去 / 北京”中，“起身”有文言色彩，在古代汉语里，通常“单音节”“字”“语素”“词”四体合一，一个字常常就是一个基本分词单位，所以“他 / 明天 / 起身 / 去 / 北京”中将“起身”切分开来，并不影响整个结构体意义的识解。这种情况启示我们，古代汉语和现代汉语的基本分词单位用表要分开研制。

对于交集型和覆盖型构成的混合型分词歧义，孙茂松、邹嘉彦（2001）举了一个有 19 种切分形式的复杂歧义结构：

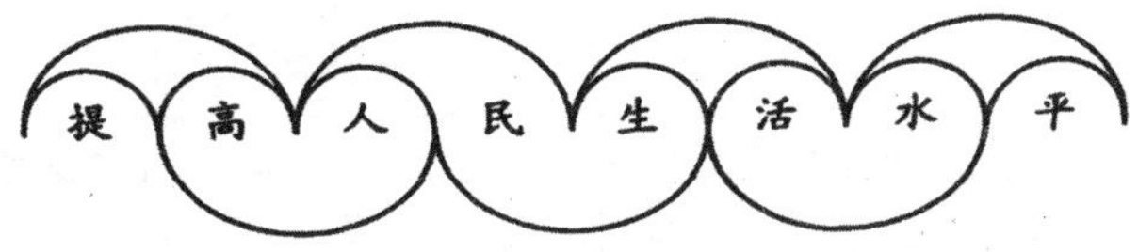

如果执行“同一结构体内，基本分词单位优先”原则，理想的分词结果还是“提高 / 人民 / 生活 / 水平”，因为“高人”“活水”“平”很难找到相应的饱和度与之匹配，因而很难将它们看作一个基本分词单位。

由此可见，以具备消解和规避分词歧义功能的基本分词单位为基点，可以较高效能地消解和规避分词歧义。

第七节 本章小结

本章在深度标注二字词的句法语义属性过程中，首次将“基本分词单位”和“饱和度”关联起来，认为基本分词单位至少要满足结构饱和度、语义饱和度、句法饱和度和概念饱和度中的一个饱和度规则，基本分词单位与短语以饱和度为临界点，短语没有饱和度与之匹配，具有饱和度的基本分词单位辨识度高，为各分词器所优先识别，几乎不构成分词歧义，可以较高效能地消解和规避分词歧义。每一种饱和度都包含若干句法语义规则，但还有不少饱和度规则还没有被发现，有待在后续的研究进一步总结。我们已经发现的饱和度规则共 13 条，列表如下。

表 1-5 基本分词单位的四种饱和度概览

结构饱和度	结 A	一个整体上可以自由单用的二字组，只要其中有一个黏着语素，不管是 FB、BF 还是 BB，这个二字组一定是二字词
	结 B	如果实语素加上实语素、实语素加上虚语素或虚语素加上虚语素构成了一个仅表达语法意义或语法功能不能单独充当句法成分的二字组，那么这个二字组是二字词（虚词）；如果虚语素加上一个虚语素或者一个实语素加上一个虚语素构成一个可以单用（充当句子成分）的二字组，那么这个二字组也是二字词（实词）
	结 C	发生了语素类变异的二字离心结构都是二字词
语义饱和度	语 A	凡是携有形象色彩、感情色彩和语体色彩意义的二字组都是二字词
	语 B	凡是产生了浮现语义的二字组都是二字词
	语 C	凡发生完全的语义漂白的二字组都是二字词
	语 D	如果一个二字组很容易找到它的同义词或反义词，那么它是二字词
句法饱和度	句 A	含事件宾语的二字组是二字词
	句 B	当一个二字组与另一个二字组连用，每一个二字组都可以自由灵活地居于四字格之首，也可以自由灵活地居于四字格之尾时，这两个二字组都是二字词。每个二字组组合的可及性（易联想性或组合能力）越强，二字组成词的概率越高

续表

<table>
<tr><td rowspan="3"></td><td>句 C</td><td>①如果一个二字组可以替换“加以 / 给予 / 进行 / 给以 / 予以 / 做（形式动词或虚化动词）+ × ×”中的二字空位 × ×，那么这个二字组是二字动词。②能够替代“× × 不 × ×”中的二字空位 × × 的一定是二字动词或二字形容词。③如果一个二字组可以替代“比我 × ×”中的二字空位 × ×，那么这个二字组一定是二字形容词。④在一些含有二字介词的结构里，如“根据（依照、按照等）你的 × ×”中的二字空位 × × 替代它的只能是二字名词或二字动词，“由于（因为、鉴于）你的 × ×”中的二字空位只能填入二字词，可以是二字名词、二字动词或二字形容词。⑤一些含有起讫类的二字动词如“开始、继续、停止”等的结构里，如果“开始 / 继续 / 停止你的 × ×”中的二字空位被替代，那么这个替代的二字组就是二字动词</td></tr>
<tr><td>句 D</td><td>一个动词性的二字组只能带二字抽象宾语，那么这个动词性二字组一定是二字动词，这个二字抽象宾语一定是二字名词。一个形容词性二字组只能修饰一个抽象的名词性二字组，只要前者不含“很、太、真、不”等单音节副词，那么这个二字修饰语是二字形容词，修饰对象是二字名词</td></tr>
<tr><td>句 E</td><td>如果一个二字组出现了兼类现象，那么这个二字组一定是词</td></tr>
<tr><td>概念饱和度</td><td colspan="2">在结构、语义和句法上未必饱和的名词性二字组，但是它表达了现代汉语中独一无二的概念且有足够高的使用频率，那么它也是二字名词。</td></tr>
</table>

第二章　基本分词单位语义的特异性

基本分词单位结构上具有极强的稳定性，这种结构稳定的构造单位通常会在语义上表现出一些特异性，这些特异性可以看作基本分词单位的语义特质。本章我们通过考察现代汉语中由二字“V+趋”结构构成的一种基本分词单位来揭示基本分词单位的语义特质。初步的研究发现，二字“V+趋”的语义串（词）不同于它的语用串，前者通常会表现出诸如转类、转型、语义漂白、宾语语义抽象化、不及物化、语义整合和语义专门化等方面的句法语义特质。判断“V+趋”是不是基本分词单位，应该采取多重标准，将统计使用频率和分析语义特质结合起来。

第一节　双音节“V+趋”的匹配状态

一、无义匹配和有义匹配

自然语言中，单音节动词（“V”）和单音节趋向动词（简称“趋”）的匹配可以是有意义的，也可以是无意义的。以“看”为例，“看上”“看来”“看去”“看出”“看起”“看过”“看开”都是有义匹配，而“看下”（不包括“看下书”，这时“下”为非“趋”）“看回”“看进”则是一种无义匹配。双音节“V+趋”的有义匹配，可以是“词”，也可以是“语”，细分起来又涵盖了语义串、语法串和语用串三种。词显示的是构成成分之间的一种相对固定的语义关联，为便于形成对照，这里把它称为语义串，如以上的“看上”“看来”“看出”“看开”等。语法串和语用串都是“语”，都是临时的有义匹配。其中，语法串里的“趋”主要表示一种抽象的语法意义，比如“看起”“看过”等。语用串的“趋”意义一般要比语法串的"趋"实在，如"看去"。

为了全面了解"V+趋"的匹配情况，我们首先做了三方面的工作。第一，从GBK（全国信息技术标准化技术委员会汉字内码扩展规范）中选出了1377个单音节V，其中包括单音节自由动词和单音节动词性黏着语素。第二，参考赵元任（1979）、吕叔湘（1979）、朱德熙（1982）、邢福义（1996）、《现代汉语词典》（2005）等诸家意见制定了一个包括"上、下、来、去、回、出、进、起、过、开"在内的单音节趋向动词表。第三，在10亿字左右的清华大学计算机系平衡语料库（THBCC）里生成一个"V+趋"小型语料库。这个小型语料库由三个部分构成：①在实际语料中已经出现的12409[①]个双音串；②每个双音串的使用频率；③每个双音串的50个例句（频率不足50的全部收录）。

二、"V+趋"的有义匹配

"V+趋"有义匹配的总体情况如下（下画线数字表示在THBCC中出现的"V+趋"有义匹配和无义匹配之和）：

表2-1　"V+趋"有义匹配总览

V+趋	V上 1300	V下 1252	V来 1266	V去 1242	V回 1116	V出 1289	V进 1212	V起 1230	V过 1305	V开 1197	合计 12409
有义匹配	369	185	150	243	146	464	167	354	768	159	3005
语义串	4	6	14	11	12	52	15	10	11	28	163
语法串	242	57	7	11	0	193	0	278	728	4	1520
语用串	123	122	129	221	134	219	152	66	29	127	1322

由这些数据可以看出：

（1）二字"V+趋"的匹配能力极不均衡，"V+趋"语义匹配能力的前四强是"V过"（768）、"V出"（464）、"V上"（369）和"V起"（354），它们各自包含了数目众多的语法串，"过""起""上""出"在单音节趋向动词中虚化程度最高，语法意义最复杂，其次是"下"（57），再次是"去"（11）、"来"（7）和"开"（4），"回"和"进"基本没有虚化用法。

（2）“V+ 趋”二字词的总量大致可分为三个等级。第一个等级包括“V 出”（52）和“V 开”（28），第二个等级包括“V 进”（15）、“V 来”（14）、“V 回”（12）、“V 过”（11）、“V 去”（11）和“V 起”（10），第三个等级是“V 下”（6）和“V 上”（4）。

（3）制定一个相对全面的，对中文信息处理、词典编纂和对外汉语教学都有一定参考价值的“V+ 趋”二字串表是可行的，因为“V+ 趋”的有义匹配大约在 3000，约占 24%（3005/12409），“V+ 趋”二字词的总量甚至没有超过 200 个。

第二节 《现代汉语词典》收录的“V+趋”二字词

二字“V+ 趋”可以凝固成词，这早已为国内权威辞书《现代汉语词典》（简称《现汉》）所肯定。据统计，《现汉》（第 5 版，2005）收录“V+ 趋”二字词至少包括以下 86 个（词后数字是它在该版《现汉》中的页码）

表 2–2 《现汉》所收的“V+ 趋”

V+ 趋	《现汉》收词
V 出	超出 159　发出 365　付出 425　革出 459　输出 1265　退出 1386　析出 1454 演出 1571　展出 1711　支出 1743　胜出 1225　复出 428　进出 712
V 进	促进 231　改进 436　掘进 748　迈进 912　劝进 1134　挺进 1362　推进 1385 行进 1523　演进 1571　引进 1627　跃进 1684　增进 1705　上进 1195　跟进 465 冒进　924
V 上	看上 763　加上 651　至上 1755
V 下	0
V 开	敞开 156　除开 203　打开 245　分开 400　公开 472　离开 831　撇开 1047 展开 1711　召开 1722　看开 763　想开 1489
V 来	出来 198　到来 278　过来 526　回来 607　进来 712　起来 1076　上来 1196 生来 1218　往来 1410　想来 1489　下来 1468　近来 714
V 起	发起 367　唤起 597　崛起 748　掀起 1474　兴起 1520　引起 1627　凸起 1377

续表

V+趋	《现汉》收词
V回	驳回 104　撤回 165　返回 380　来回 807　收回 1252　退回 1387　挽回 1423　巡回 1552　轮回 897　折回 1725
V去	出去 199　过去 526　回去 607　进去 712　上去 1196　失去 1227　下去 1469　除去 203　故去 493
V过	超过 159　错过 239　经过 717　通过 1363　越过 1685　难过 981

这份表格引发了我们对如何区分“词”和“语”这一老大难问题的重新关注。不同版次的《现汉》如同是“V+趋”的一个流动站。比如,《现汉》(1983 版)共收录 75 个“V+趋”，保留至今的只有 68 个，曾收录过的“走出、脱出、混进、隆起、关上、打下、褪去”七个“V+趋”，现在都全部删除，而“看开、想开、复出、胜出”等十几个二字词都已经成了第 5 版《现汉》的新丁。《现汉》20 年间更替如此之快，究竟对“V+趋”采用的是什么取舍标准？还有哪些二字“V+趋”会成为未来扩容版权威辞书的纳新对象？如果不是限于某些特殊的编纂宗旨，以下的“V 出”有可能吗？

提出　指出　悟出　做出　迁出　看出　得出　露出　刊出　派出　使出
拿出　播出　取出　伸出　撤出　交出　给出　引出　献出　冒出　评出
装出　摆出　导出　售出　抛出　腾出　浮出　调出　渗出　弹出

第三节　“V+趋”二字词的频率分布

词语的使用频率可以预测词汇的演进速度（Fitch2007，Pagel et al.2007，Lieberman et al.2007），也可以检验词汇化的实现程度。随着语言结构词汇化的日趋成熟，它的使用频率一般会大幅攀升。“V+趋”的频率分布基本上符合这一显见的规则，但也有例外。在 THBCC 里,《现汉》所收录的 86 个“动 + 趋”平均使用频率固然达到了 35979 次之多，但是使用频率不到 3000 次的词有 16 个，其中包括“凸起（864次）”“故去（545）”“革出（397次）”“劝进（337次）”“看开（321次）”五个低频词。以下是这86个已进入辞书的“V+趋”的使用频率：

表2-3　86个词典词在THBCC的使用频率

V+趋	频率
V出	超出11104　发出69728　付出17045　革出397　输出18329　退出17795　析出4635　演出55518　展出11034　支出20114　胜出1005　复出3805　进出21934
V进	促进97100　改进28963　掘进1027　迈进5602　劝进337　挺进4873　推进45176　行进6990　演进1842　引进40211　跃进4134　增进9197　上进1195　跟进1589　冒进1392
V上	看上3065　至上5432　加上44862
V下	0
V开	敞开5722　除开1191　打开36732　分开15943　公开26984　离开74023　撇开2946　展开38127　召开76389　看开321　想开1649
V来	出来222154　到来26418　过来64459　回来75134　进来33976　起来333453　上来39486　生来8157　往来15500　想来6828　下来124359　近来13013
V起	发起22046　唤起4771　崛起4748　掀起14784　兴起14638　引起130705　凸起864
V回	驳回2764　撤回3559　返回32983　来回9697　收回12344　退回4802　挽回5312　巡回5313　折回1033　轮回1845
V去	出去61141　过去162332　回去30794　进去28428　上去48260　失去47302　下去77684　除去7294　故去545
V过	超过83214　错过11239　经过73254　通过75632　越过7946　难过9317

如果把我们倾向处理为二字词的77个“V+趋”也算上，这163个词使用频率低于5000次的几近半数，共有73（11+40+22）个，超过10000次的才66个（59+7），请看下表：

表2-4　“V+趋”二字词频率分布情况

频率	V上	V下	V来	V去	V回	V出	V进	V起	V过	V开	合计
1千以下		1		1	0	2	1	1	1	4	11
1千～3千		1	1	1	4	13	4	3	1	12	40
3千～5千	1	1		1	3	10	1	2	1	2	22
5千～1万	2		2	1	3	4	4		4	4	24

续表

频率	V上	V下	V来	V去	V回	V出	V进	V起	V过	V开	合计
1万～10万	1	2	9	6	2	21	5	3	4	6	59
10万以上			3	1		2		1			7
合 计	4	5	15	11	12	52	15	10	11	28	163

由这两份表格可以看出，判断“V+趋”是否成词，只考虑使用频率是远远不够的，无论是词典学家审订词条还是人工智能学者研制词表，要做的工作还有很多。

第四节　“V+趋”二字词的语义特质

语义串、语法串和语用串，最难进入词汇系统、给人“词感”最差和最容易识别的是语法串。因此，划分“V+趋”的归属，主要困难集中在语义串与语用串上。因为绝大多数语法串结构明晰，其末字所表示的抽象语法范畴义，都被以义项的方式写入词典，具有很强的可分析性、可类推性和语义不可渗透性。除了语法串的末字虚化成了一个凑助音节或词内成分（如“中国有着五千年的文明史”里的“有着”）或者整个语法串完全虚化为一个语法形式（如“你说什么来着”的“来着”）这些特殊情况外，语法串一般很难转化为语义串。而语用串却不同，它们与语义串的差异是多方面的，很多情况下甚至可以转化为语义串。从对“V+趋”的1322个语用串和163个语义串的比较来看，前者更多地表现出一些初始化的句法语义特征，如果这些初始化的句法语义特征蜕变出了一些新的语义特质，那么它完全会向后者转变。

一、“V+趋”语用串的初始化特征

1. 动词性

“V+趋”语用串都是以V为中心的向心结构，整体上仍然是动词性的，不会

以名词、形容词、介词或其他词类形态出现。例如，“V 进”语用串“灌进”“逼进”“拖进”“踢进”等全都是动词性的。

2. 动作性

“V+ 趋”语用串表示的主要是一些实在的、具体的动作，几乎不表示泛化的、抽象的行为。如果它已经发展出一种行为义，那么这种行为义一般会与原来的动作义共存，动作义并没有完全消失。例如，“走回”一般只表示具体的动作不表示抽象的行为，而“走上”则往往是两可的，在“走上台阶”里，它表示一个实指性的动作，而在“走上正轨”里则表示一个泛化的行为。

3. 构式化

“V+ 趋”语用串语义上是构式化或聚类化的，一般都蕴含“使某人某物向某方向运动”的“使役义”。例如，“挤开”“咬开”“砍开”“劈开”等“V 开”类语用串都有“V 而使开”的构式义。

4. 及物性

“V+ 趋”语用串一般都会带宾语，具有及物性。例如，“V 起”“筑起”“卷起”“端起”等通常会与它们的“高楼”“袖子”“杯子”等宾语连用。

5. 加合性

“V+ 趋”语用串的整体意义常常是“V”和“趋”各自字面义的加合，例如，语用串“撕去”“拂去”“搬去”“抛去”“截去”等就可以由“V”和“去”而知其全豹。

6. 具体性

“V+ 趋”语用串不仅是及物的，而且它的宾语通常由具体名词充当。如果它还可以支配一些抽象宾语，那么它的具体宾语并没有完全退出动宾格局。例如，“切去”“刮去”“砍去”主要与具体宾语连用，而“撤去”可以带抽象宾语“职务”，但仍然可以带“桌椅”之类的具体宾语。

7. 惯常性

“V+ 趋”语用串具有较宽的适用面，无论是它的主语还是它的宾语一般不大会被专门化或仅用于一些特殊方面。比如，“V 起”语用串，“谈起”“说起”“聊起”等的主宾语是完全开放的，主语只要是人就行，宾语还可以是千变万化的物体与事件。

二、“V+趋”二字词的语义蜕变

1. 转类

由一种单音节语素类和另一种语素类构成的某种类序[②]总是实现为一种主导性的词类，例如，96.9%[③]的“动 + 动”构成的类序仍然是动词。类序也可以构成非主导性词类，这种现象就是转类。对于二字“V+ 趋”而言，它的语用串具有动词性的初始化特征，但是它的语义串有的还会转类为一个名词、形容词、副词、介词或连词。例如：

名词：过去　隆起　凸起　来回　轮回　近来　演出　支出

形容词：上进　巡回[⑤]　难过　至上

副词：看来　生来

介词：除去　通过　经过　透过　用来　除开

连词：加上

在整个“V+ 趋”二字词中，出现过转类现象的约占 12.9%（21/163）。

2. 转型

“V+ 趋”语用串是一种动补结构，具有比较典型的构式义，而转型的“V+趋”语义串，有的通常会被重新分析为并列结构，有的结构类型甚至变得难以判断。而且，初始的“使役义”一般会弱化或不复存在。例如：

召开　离开　返回　除开　崛起　错过　胜出　复出　超出　展出　留下

剩下　撇下　超过　劝进

引起　发起　回去　失去　革去　行进　演进　冒进　经过　通过　进来　到来　看开　看上　加上

根据我们的统计，相当一部分的“V+ 趋”二字词伴有转型现象，约占 58.3%（95/163）。

3. 语义整合

很多语义串在语义上发生了整合性变化，已经涌现出许多不能简单从首末字字面义加合出来的义素。大约有 6.1%（10/163）的“V+ 趋”二字词意义发生了整合。例如：

抛下　撇下　摆出　抛出　撇开　想开　看开　看上

“抛下”“撇下”“撇开”常常蕴含有“不尽人情”的意味，“摆出”一般是“故意的”，“抛出”往往是“无根据的”，“想开”和“看开”可能是“遇上了不愉快的事情”，“看上”的就是“满意”的……这些意义都不能从词中每个字的字面义直接窥出。

4. 不及物化

“V+ 趋”以带宾语为多见，但也允许不及物化现象的存在。如果某个“V+ 趋”不带任何宾语，那么基本上可以算作一个语义串了。这样的“V+ 趋”约计占 28.8%（47/163）。例如：

演进：山顶洞人向着现代人类进一步演进。

跟进：防疫工作不可大意，相关部门都要跟进。

复出：又一名球星伤愈复出了。

胜出：最后还是主场球队胜出了。

想开：这事儿大家都尽力了，你要想开点。

看开：疫情总会过去，大家光埋怨有什么用呢？我是看开了。

这些已经词汇化的“V+ 趋”语义串都可以单独充当谓语中心语，实现了“V+ 趋”句法格局上由单一及物化或及物化与不及物化并存向着单一不及物化的转变。

5. 语义漂白

相当一部分语义串已经不再像语用串那样只表达一个具体的动作，而是以表示抽象行为为主，它们都语义漂白化（semantic bleaching）了。语义漂白有完全漂白和半漂白两种。完全漂白的“V+ 趋”都只表示行为义，不再指实际的动作，而半漂白的“V+ 趋”是两可的。一个“V+ 趋”如果存在半漂白现象，那么它已经有了词汇化的苗头，要是实现了完全漂白，这样的“V+ 趋”几乎可以直接认定为词。例如：

完全漂白：引起　免去　发起　唤起　促进　推进　引进　改进　增进　挺进　挽回　胜出

半 漂 白：退出　打开　揭开　推开　敞开　鼓起　抹去　追回　露出　迈上　拿出　掀起

发生语义漂白的“V+ 趋”占有较大的比例，达到了 85.3%（139/163）。

6. 宾语语义的抽象化

“V+ 趋”语用串的宾语一般由具体名词担任，少数情况下也可以是半抽象化的，由抽象名词和具体名词兼任。如果宾语被完全抽象化了，“V+ 趋”就可以看成一个语义串。抽象化的宾语大体上又可以分为三种：抽象名词宾语，带动词的宾语和从句宾语。例如：

只带抽象名词宾语的“V+ 趋”：

唤起：我们爱上一个不期而遇的人，也许是因为他唤起了我们的一些回忆。

错过：李明波错过了很多好机会。

带动词宾语的“V+ 趋”：

引起：华南虎事件引起了国际社会的高度关注。

展开：国家林业和草原局对华南虎事件展开全面调查。

带从句宾语的“V+ 趋”：

指出：有专家指出，陕西现在不可能存在有一定繁衍能力的华南虎种群。

提出：周正龙提出，中科院应该派出一批专家到现场取证。

“V+ 趋”二字词宾语抽象化的现象也比较普遍，如果把半抽象化的二字词也统计上，那么就会占到统计总数的 53.4%（87/163）。

7. 语义专门化

“V+ 趋”语用串的主宾语是“惯常性”的，不限于某些专门的方面。大部分“V+ 趋”语义串虽然仍保留了这一特征，但也有近 23.9%（39/163）的语义串适用面被大大窄化，只与一些特定的对象相匹配。例如：

掘进　挺进　演进　弹出　断开　析出　播出　劝进　冒进　登出　导出　供出

“掘进”与采矿，“挺进”与军队，“演进”与生物进化，“弹出”与光驱或软驱，“断开”与电流或水流，“析出”与晶体，“播出”与影视传媒，“劝进”与皇帝登基，“冒进”与犯错误，“登出”与网络，“导出”与数据传输，“供出”与庭讯等之间的关系一般具有很强的约定性。

三、影响“V+趋”词汇化的或然性因素和必然性因素

从前面的比较分析来看，“V+ 趋”语用串和语义串在句法语义上基本是对立的，但二者之间仍有一些相似之处。这里，我们把为语义串所有、为语用串所无的若干对立性特征称为影响“V+ 趋”词汇化的必然性因素，而把两种双音串之间共有的句法语义属性称为影响“V+ 趋”词汇化的或然性因素。具体来说，前者包括“完全漂白 / 转类 / 转型 / 完全抽象化 / 语义整合 / 不及物化 / 语义专门化”

及其两项或多项的组合，后者包括“半漂白”“半抽象化”和“半漂白 + 半抽象化”三种情况。“V+ 趋”词汇化或然性因素的存在使得“V+ 趋”在“词”和“语”的归属上左右摇摆，或然难定，只有“V+ 趋”词汇化的必然性因素才为我们判定语义串找到了一些相对明确的依据。为了简化下文的表述，我们用 A 表示或然性因素，用 B 表示必然性因素。即：

A= 半漂白 / 半抽象化 /（半漂白 + 半抽象化）;

B=（完全漂白 / 转类 / 转型 / 完全抽象化 / 语义整合 / 不及物化 / 语义专门化）至少其一

A 的含意等于以下规则：

如果双音“V+ 趋”发生了半漂白现象，那么它可能有词汇化趋势。

如果双音“V+ 趋”的宾语被半抽象化，那么它可能有词汇化趋势。

如果双音“V+ 趋”同时出现以上两“半”现象，那么它可能有词汇化趋势。

B 的含意可以用更多的规则来概括：

如果双音“V+ 趋”被完全漂白，那么它就是一个词。

如果双音“V+ 趋”转类为非动词，那么它就是一个词。

如果双音“V+ 趋”转型为非动补结构，那么它就是一个词。

如果双音“V+ 趋”带完全抽象化的宾语，那么它就是一个词。

如果双音“V+ 趋”伴有语义整合现象，那么它就是一个词。

如果双音“V+ 趋”不及物化了，那么它就是一个词。

如果双音“V+ 趋”发生了语义专门化，那么它就是一个词。

如果双音“V+ 趋”同时出现了上述句法语义特征的两种或多种，那么它就是一个词。

Brinton，Laurel J. & Closs Traugott（2005）曾指出，严格意义上的词汇化更关注的是词语的语义特质（semantic particularities and idiosyncrasies）[⑤]从前文可以看出，B之所以作为一种必然性因素，在区分“词”与“语”过程中起到极其重要的作用，就是因为它更“反常”于语用串的初始化特征，让“V+趋”语义串获得了更多的语义特质，从而使人们更愿意把这类结构约定为一个整体来学习和运用，甚至收入词典。另外，具有B的语义串在数量上要远远少于不具有B的语用串，这也使得语义串卓而不群，更容易进入词汇系统。

第五节　判别“V+趋”二字词的多重标准

有了必然性因素B的支撑，绝大部分“V+趋”的语义串身份可以被确定下来。但是光依靠B来鉴定“V+趋”二字词仍然是不够的。有些不具备B的“V+趋”照样会收入词典。比如“打开”，《现汉》第5版245页的解释是：

【打开】动 ①揭开；拉开；解开：～箱子｜～抽屉｜～书本｜～包袱。②使停滞的局面开展，狭小的范围扩大：～局面。

“打开”并没有很好地反映出“完全漂白/转类/转型/完全抽象化/语义整合/不及物化/语义专门化”的语义特质。相反，语用串的很多初始化特征，如“动词性”“构式化”“加合性”“及物化”“惯常性”倒是很突出，或然性的A也很明显：它同时具备动作义和行为义（半漂白），带的是既具体的（箱子等）又抽象的（局面）半抽象化的宾语。

由此可见，判别“V+趋”的标准不能是单一性的。我们主张运用柔、中、刚相结合的三重标准来区分语义串和语用串。这种复合式标准，不仅要关注B，还要参照A，同时还要考虑到“V+趋”使用频率的高低。

一、柔性标准：高频+A

柔性标准是判断“V+趋”二字词的最低要求。这条标准要求双音串在具备或然性因素 A（半漂白或宾语半抽象化）的同时还要有很高的使用频率。[⑥]上面的“打开”实际上就是依照柔性标准确定下来的：36732 次 +A。

柔性标准同时也是争议最大的一个标准，依照它所选出的“V+ 趋”二字词意见往往很难达成一致。比如，《现汉》（1983 版）收录的“打下”（6825 次 +A），而新版《现汉》已经把它废止。基于这条标准的很多字串并没有得到词典学家的承认。但是整理出所有符合该标准的字串仍然很有意义，可以为对外汉语教学、词典编纂和中文信息处理提供参考。

二、刚性标准：高频+B

刚性标准是最保守、意见最统一的判别标准。有高频和 B 两道坚固屏障，保证了符合这两项条件的二字串都能载入词典。新《现汉》里的“V+ 趋”使用频率平均达到 35979 次很好地证明了这条标准的刚性。

也有一些例外的情况，如“用来（30987 次 + 转类）”“指出（124006 次 + 宾语抽象化）”“提出（245781 次 + 宾语抽象化）”等均不见于《现汉》，我们猜测，这可能是《现汉》只是一本“中型词典”，因而可解释度低的词条尽量不出的缘故。

三、中性标准：低频+B

中性标准是最顾及语义特质的一条标准。词典编写过程中，有时也会收进一些低频词，例如，前面提到“革出（397 次）”“劝进（337 次）”等，这些词尽管运用并不频繁，但它们一般具有比较特异的语义，有较高的读者翻查率。一般而言，收入词典的二字词词频越低，它的句法语义特质越明显，特别是语义专门性会更强。

第六节　本章小结

本章比较了二字“V+ 趋”的语义串（词）和它的语用串，发现前者通常会表现出后者所无的，诸如转类、转型、语义漂白、宾语抽象化、不及物化、语义整合和语义专门化等方面的语义特质。判断“V+趋”是“词”还是“语”，采取的标准应该是多重的，既要参照它的使用频率，也要分析它们所发生的句法语义蜕变，要看到或然性因素和必然性因素对它们的影响。总体上看，“V+趋”二字词数量是比较有限的，《现汉》收录的不足100个，如果算上以下我们倾向看作词的77个“V+趋”也没有超过200个。

表2-5 新《现汉》未收录的“V+趋”二字词

标准	词典外的“V+趋”二字词
柔性标准	走出 拿出 放开 揭开 避开 推开 放下 刊出 派出
刚性标准	留下 剩下 赶上 走上 走进 透过 看来 用来 提出 指出 推出 现出 做出 看出 得出 露出 播出 显出 迈出 给出
中性标准	免去 抹去 隆起 鼓起 勾起 召回 追回 胜过 跨过 赛过 拿下 抛下 撇下 列出 逐出 引出 献出 冒出 评出 售出 导出 摆出 抛出 透出 断开 抛开 躲开 散开 铺开 摊开 丢开 裂开 摆开 滚开 绕开 腾出 浮出 调出 渗出 供出 悟出 登出 弹出 迁出 祭出 解开 翻开

附注：

① 1377个单音节V和10个单音节“趋”理论上可以组合出13770种“V+趋”，但实际上相当一部分“V+趋”并不具有组合的可能性。而且，在实际语料中出现的12409个“V+趋”，至少70%是无义匹配。

②按苑春法、黄昌宁（1998），类序是指由语素项所构词中的各语素项素类的序列，如“打球”，其序类为vn。

③据苑春法、黄昌宁的统计，“动+动”可以构成名词218个，动词7010个，形容词60个，这样，动词所占比例就是7010/（218+7010+60）=96.9%。

④“上进”，《现代汉语词典》（第5版，1195页）标为动词，但实际用例中形容词用法占优，如“我很叛逆，但我很上进”“男朋友优秀而又上进”等，这里暂标为形容词。“巡回”《现汉》（第5版，1552页）标为动词，实际上，它基本上也是形容词性的，一般只用作定语和状语等饰语，如“巡回医疗”“巡回展”“巡回赛”等，这里也暂标作形容词。

⑤ Brinton, Laurel J. & Closs Traugott. *Lexicalization and Language Change*[M]. Cambridge University Press, 2005: 33.

⑥这里所指的高频，要求字串的实际出现次数与语料库的实际字数的比值最好要大于二十万分之一，在 10 亿字 THBCC 里使用 5000 次以上。

第三章　基本分词单位的句法简约性

基本分词单位不仅具有上一章列出的语义特异性，同时在句法上表现出很强的简约性。基本分词单位之外的二字组句法上芜杂参差，乱而无束，与基本分词单位赫然对立。具体说来，在同一个句法维度，基本分词单位趋向于句法的简单同一性，而非基本分词单位则同时保留了多项句法规则。

本章将考察对象扩大到二字动结式，上一章的动趋式只是动结式的一种类型。考察发现，作为基本分词单位的动结式二字词表现出了句法的简约性。我们从五个维度考察基本分词单位，得到基本分词单位的五种句法共性：责任者指人化、受影响者抽象化、论元结构对称化（配价偶化）、时相持续化、语义指向右指化。

第一节　二字动结式“V+V”的使用情况鸟瞰

动结式，一称述结式，是动补式的一个小类，它的“结”可以是动词性成分（V），也可以是形容词性成分（A）。过去有统计数字表明，“动补结构的数量巨大，具有极大的能产性”（董秀芳，2005）。我们以下的统计却显示，二字“V+V”动结式虽然在现代汉语中使用频繁，但并不是一种能产性极强的格式。我们猜测，董秀芳（2005）的统计及其结论可能比较适合“V+A”类动结式。

在 GBK 里，汉语的单音节动词或动词性语素有 1377 个。理论上，由这 1000 多个“V”自由组合的“V+V”应该接近 200 万个，但在 10 亿字的清华大学平衡语料库里出现的二字“V+V”不到 68 万个。经过人工的逐一排查，这近 70 万的“V+V”里，出现的二字动结式“V+V”共 2274 个，把 3005 个二字“V+ 趋”也算上，总共才 5279 个。

当二字“V+V”高度词汇化，成为一个基本分词单位的时候，二字动结式“V+V”数量会更少。从《现代汉语词典》（第5版）来看，我们相对精确的统计表明，动结式“V+V”二字词不足300个，加上“V+趋”二字词也不足600个。

过去的研究认为动结式的下字是封闭有限的，能用作动结式下字的“V”大概可以数以十计。（朱德熙，1982；沈家煊，2003）实际上，动结式的下字“V”虽然有限，但至少应数以百计。在GBK基础上的统计显示，如果把趋向动词和那些确实已经虚化的“V”也包括进去，用作二字动结式下字的“V”（仅单音节）还会更多一些：

过 回 来 进 上 下 到 出 去 起 开 走 会 正 定 近 动
死 笑 飞 住 服 反 活 尽 清 掉 倒 对 恼 穿 病 伤 忘
跑 断 胜 乱 破 响 卷 爆 绝 哭 紧 懂 散 输 翻 透 醒
稳 糊 烦 败 消 丢 偏 灭 沉 醉 碎 罢 毁 麻 愁 弯 泼
炸 漏 惯 疼 昏 晕 折 亏 饿 累 裂 陷 渴 哑 落 取 着
脱 见 成 跌 失 砸 克 怕 迷 停 赢 损 瞎 缺 谢 腻 困
怒 火 撕 馊 塌 转 愣 亮 明 洒 涨 光 秃 皱 退 化 花
鼓 串 崩 瘪 残 重 蒙 绷 没 垮 蔫 赔 瘸 聋 肿 豁 痒
枯 倦 衰 空 饱 沸 中 熟 疯 烂 酸 满 错 足 够 平 急
完 乐 通 痛 生 坏（共计159个）

在清华平衡语料库里，这159个动结式的下字所能组合出来的动结式并没有全部出现，以下18个下字没有找到匹配的动结式：

尽 谢 撕 馊 洒 花 鼓 绷 赔 豁 痒 枯 衰 酸 乐 生 串

其中原因尚不清楚。占88.6%的141个下字，它们组合动结式能力的强弱悬殊较大：

过 768　出 464　上 369　起 354　去 243　下 185　走 173　进 167　开 159
来 150　回 146　成 145　掉 118　住 113　完 98　死 86　断 70　满 68　定 60
动 58　坏 56　错 55　足 55　惯 53　疼 50　破 49　倒 48　光 47　紧 43
碎 38　烂 37　伤 36　透 34　醒 34　平 32　落 31　取 28　翻 27　累 26
灭 25　清 24　毁 24　中 23　空 22　穿 21　明 20　反 19　晕 19　痛 17
腻 17　正 16　散 16　熟 16　响 15　通 15　跑 14　稳 14　退 14　罢 14
昏 14　近 13　爆 12　没 12　够 12　脱 12　垮 12　瞎 12　服 12　活 12
绝 11　砸 10　哑 10　着 9　赢 9　怕 9　会 9　塌 9　漏 9　化 8　饱 8
折 8　糊 8　见 7　裂 7　乱 7　弯 7　败 7　肿 6　失 6　烦 6　懂 6　沉 6
病 6　炸 6　卷 6　对 6　蒙 6　亮 6　消 5　醉 5　麻 5　皱 5　飞 5　丢 4
瘪 4　泼 3　疯 3　沸 3　哭 3　输 3　忘 3　亏 3　愣 3　饿 3　急 3　残 2
重 2　偏 2　恼 2　胜 2　渴 2　跌 2　迷 2　停 2　缺 2　困 2　怒 2　火 2
转 2　涨 2　笑 2　愁 1　陷 1　克 1　损 1　秃 1　崩 1　蔫 1　瘸 1
聋 1　倦 1

以上用例后的数字表示清华平衡语料库里出现的动结式的数量。排在前边的多是下字为趋向动词的动结式，如果撇开趋向动词下字，以下 10 个下字组合成动结式的能力最强：

走 173　成 145　掉 118　住 113　完 98　死 86　断 70　满 68　定 60　动 58

在《现代汉语词典》(2005，第 5 版）里，能组合成动结式“V+V”二字词的下字只有 70 个，约占 44%（70/159）。这些下字是：

动 25　取 20　定 18　进 15　出 13　正 13　来 12　服 11　开 11　灭 11
回 10　去 9　破 9　倒 9　毁 8　起 7　通 7　没 7　落 7　退 7　近 7　过 6
化 6　明 6　见 6　平 6　消 5　空 5　掉 4　穿 4　伤 4　坏 4　败 4　散 4
上 3　活 3　清 3　断 3　醒 3　脱 3　成 3　乱 3　中 3　紧 2　输 2　透 2

漏 2　累 2　塌 2　转 2　失 2　重 2　走 1　死 1　住 1　胜 1　响 1　爆 1
绝 1　翻 1　陷 1　克 1　停 1　涨 1　光 1　残 1　蔫 1　倦 1　满 1
足 1（数字表示《现汉》中出现的二字动结词数量）

其中前十位是：

动 25　取 20　定 18　进 15　出 13　正 13　来 12　服 11　开 11　灭 11

比较这些数据，我们发现，组合成动结式能力强的下字未必是词汇化能力强的下字，因为前者的前十强与后者的前十强除“定”与“动”二字外基本不重合。二字组下字的组合能力与词汇化能力没有必然联系。

词汇化能力强的下字在语义上可能有某些共有因子，这个问题我们目前没有讨论。

第二节　对几个概念的说明

不同的二字“V+V”动结式会呈现出一些相对整齐的句法差异，在计量考察这些句法差异之前，有以下几个概念需要说明。

一、词库与词典

词库（lexicon）和词典，都是特异性（idiosyncrasy）词汇的存储器。如果说词典是人为的纸本硬存，那么词库则是以大脑为载体的心理软存，看不见，也无法触摸。词库也称“心理词库（mental lexicon）”，是人类头脑之中的词在音、形和义诸方面构成的共有知识的集合。词库内的成员都被人们约定为词，而不在词库之中的成员则不是词，也不是分词单位，更不是基本分词单位。

因为词库的“虚软”，比较动结式二字词与二字动结式实际上也只能从词典开始。首先找出《现代汉语词典》所收录的所有动结式二字词，然后描述词典内外动结式的差别，进而发现那些与动结式二字词最为接近但没有收入词典的二字动结式。

我们这里把词库而不是把词典作为二字动结式的比较范域。因为词库固然有其空泛无形的一面，但它仍然还是一个人人可以感受到的实在客体。从长远的角度看，词库可能是一扇比词典更适合用来研究词汇系统性的窗户。

二、责任者和受影响者

木村英树（1997）在研究汉语被字句（O 被 SVP）时曾指出，被字句中 O 的语义角色是受影响者（affectee），S 的语义角色是诱发性动作者（causative actor）或有责任的动作者（responsible actor）。张伯江（2000）在考察汉语把字句（S 把 OVP）时，也注意到，把字句的 O 和 S 也分别是受影响者和诱发性动作者或有责任的动作者。

责任者是有责任的动作者的简称。对于二字“V+V”动结式来说，它们都有一个责任者，因为动结式的“结（果）”一定有一个致使者。二字“V+V”当然也有一个受影响者，责任者所造成的影响必定需要一个客体来承受。

粗略地分，责任者有人与非人之分，非人的责任者又包括物体与事件，而物体又有抽象物与具体物的不同。受影响者一般只有人与物体的分别，但物体仍然有抽象与具体之分。

三、常规句

在考察词库内外动结式句法语义差异的过程中，把它们放置在常规句的句法环境中进行比照是有必要的。这里的常规句含意与核心句（kernel sentence）和底层结构（underlying structure）相类似，甚至兼具二者共有的特征。

核心句也叫核心小句（kernel clause），在早期的生成语法里，它是不经强制性转换而生成的一个简单、主动、肯定的陈述句。（戴维·克里斯特尔，2000）

黎锦熙早在他的《新著国语文法》里就提出了“论理的次序”和“文学的次序”。所谓“文学的次序”，是指“语文习惯上移动变更的次序”，也就是指语义结构相同的各种不同的句式，对应于生成语法的“表层结构”。而所谓的“论理的次序”，则与“底层结构”相当，是一种抽象的语义结构，是理解句子语义的理想表达式。黎锦熙（1933）对于句子表里结构的认识至少比乔姆斯基早三十余年。

二字“V+V”所分布的常规句，语义结构透明，绝大多数是由责任者充当逻辑主语的一个简单、主动、肯定的主谓宾陈述句。

第三节 “V+V”动结式基本分词单位责任者的指人化

一、词库外二字“V+V”动结式的责任者

2274个词库外的二字“V+V”动结式，它的逻辑主语一共有四种情形：①责任者是“人”；②责任者“非人”；③责任人是两可情形的“人、非人”；④非责任者。

逻辑主语是“人”的动结式比例最高，共计1893个，占83.2%，而且它们绝大部分的逻辑主语都是指人的责任者。由这类动结式构成的常规句，都会出现表示受影响者的宾语。例如：

学会：我学会开车。

接走：家长接走孩子。

选定：民众选定候选人。

摆正：失败者摆正心态。

但也有少量动结式是不及物的，允许不出现受影响者。这样的二字“V+V”动结式至少有43例，占2.3%（43/1893）。例如：

溜走 败走 坐正 立定 输定 胜定 赢定 睡定 哄动 病死 战死

渴死 热死 醉死 立住 怔住 吓住 挺住 噎住 死掉 病倒 喝倒
饿倒 累病 睡病 吃病 饿病 溜跑 哭醒 笑醒 憋醒 饿醒 睡稳
说罢 作罢 饿晕 哭晕 滑脱 饿怕 热怕 冷怕 睡熟 聚满

二字“V+V”逻辑主语是“非人”的约占 6.7%，共有 153 个：

冲走 吹走 刮走 叼走 吸走 驶近 趋近 淹死 憋坏 冻坏 烧痛
溅满 载满 结满 烧死 炸死 冻死 烫死 胀死 喝死 烤死 晒死
碾死 触死 炸飞 凝住 爬满 灼痛 震倒 熏倒 烧穿 滴穿 冻病
炸伤 烫伤 灼伤 碾伤 焚伤 轧坏 热坏 落满 开满 刮断 碾断
刮破 挂破 套破 烫卷 泡卷 吹散 惊散 碾散 炸翻 穿透 渴坏
穷疯 湿透 烧透 淋透 响透 熔透 吵醒 震醒 吓醒 冻醒 烧醒
炸醒 疼醒 泼灭 煮烂 淋灭 碾灭 撞沉 喝醉 吃醉 饮醉 冲毁
震毁 颤麻 冻麻 炸麻 气疼 搅断 烧烂 烧疼 磕疼 切疼 砸疼
擦疼 震疼 烫疼 晒疼 热昏 震昏 震晕 熏晕 喝晕 碾烂 吹折
冻饿 冻裂 胀裂 烧裂 溅落 烧落 炸落 烧成 冻成 晒成 烫成
刮坏 沾满 震成 锈成 啄瞎 熏瞎 累瞎 售缺 震塌 烧塌 吹塌
渗漏 听愣 照亮 淋坏 胀满 气胀 烧化 烤化 热蒙 听蒙 喝蒙
冲垮 烫肿 气饱 冻熟 闷坏

飘走 漂走 滑走 飘动 流走 倒掉 垮掉 塌掉
飘满 卖爆 响成 滑跌 掉光 落光 丢光 飞走

其中，上一组动结式允许非指人的责任者和指人或指物的受影响者同现，它们的责任者且多为具体的物体。例如：

冲走：大水冲走了龙王庙。
湿透：汗水湿透了衣服。

冻麻：寒风冻麻了脚。

而下一组十六个动结式一般不出现受影响者，而且它的逻辑主语是“非责任者”。请看：

飘走：气球飘走了。
掉光：头发掉光了。
响成：各种声音响成一片。
丢光：面子丢光了。
滑跌：油价滑跌了。
垮掉：宝塔垮掉了。

二字“V+V”的逻辑主语是“人、非人”的共有228个，这种两可的动结式约占10%。例如：

卷走　赶走　吓走　救走　咬走　走近　游近　爬近　游动　闪动　扭动
吹动　甩动　咬动　饿死　累死　溺死　撞死　吓死　摔死　咬死　压死
闷死　掩死　疼死　踏死　碾死　顶死　逗死　惹笑　撞飞　抓住　挡住
压住　迷住　卡住　夹住　扯住　粘住　吸住　叼住　衔住　含住　耗尽
吃掉　烧掉　吞掉　冲掉　咬掉　啃掉　击倒　扑倒　绊倒　迷倒　惹恼
逗恼　击穿　射穿　咬穿　炸穿　击伤　咬伤　划伤　砍伤　碰伤　抓伤
累伤　踩伤　吓跑　惊跑　撞跑　震断　撞断　烧断　吹断　崩断　碰断
掰断　踏断　撑断　啃断　锄断　冲破　划破　吓破　擦破　挤破　震破
剪破　吹破　压破　烧破　砍破　震爆　炸爆　吓退　冲散　打翻　掀翻
吹翻　顶翻　震翻　炸透　冷醒　击沉　炸沉　熏醉　碾碎　咬碎　炸碎
轧碎　劈碎　烧毁　炸毁　焚毁　撞毁　压麻　勒麻　压弯　笑弯　气炸
吹炸　压疼　弄疼　碰疼　触疼　咬疼　撞疼　枕疼　戳疼　吓昏　气昏
搅昏　吓晕　气晕　炸晕　灌晕　跳累　游累　爬累　炸裂　吹落　摇落

震落　撞落　碰落　咬落　引着　烧着　扯脱　弄脱　造成　变成　弯成
咬成　抓成　踩成　饿成　弄瞎　抓瞎　惹怒　惹火　压塌　吃光　跑光
吓退　饿瘪　炸残　吓蒙　弄蒙　搞蒙　撞没　压垮　拖垮　挤垮　累垮
震垮　炸垮　气疯　弄疯　炖烂　炸烂　压烂　烤烂　洒满　注满　积满
溢满　滴满　吹满　吃完　喝完　跳完　耗完　爬完　吓坏　弄坏　气坏
烧坏　撞坏　炸坏　饿坏　压坏　碰坏　吃坏　咬坏　踩坏　抓坏　撕坏
泡坏　吹坏　诱坏　愁死　笑疼　笑痛　游走　爬走　跳走　死定　跑掉
走掉　逃掉　溜掉　睡着

死绝　滑落　掉落

其中，第一组动结式的逻辑主语是责任者，可以是人，也可以不是人，都是及物的。例如：

卷走：银行职员卷走大量现金。（人）
　　　狂风卷走被单。　　　　（非人）
碾碎：妈妈碾碎了芝麻。　　　（人）
　　　汽车碾碎了西瓜。　　　（非人）
吹翻：小朋友吹翻了小纸船。　（人）
　　　暴风吹翻了大客车。　　（非人）

第二组9个动结式的逻辑主语虽然是表示“人、非人”的责任者，但都是不及物的。例如：

游走：跳水皇后游走了。（人，不及物）
　　　青蛙游走了。（非人，不及物）
睡着：弟弟睡着了。（人，不及物）
　　　小猫睡着了。（非人，不及物）

第三组的逻辑主语是表示“人、非人”的非责任者，也是不及物的。例如：

死绝：村民都死绝了。（人，非责任者）

恐龙都死绝了。（非人，非责任者）

滑落：登山运动员滑落下来了。（人，非责任者）

车轮滑落下来了。（非人，非责任者）

掉落：小孩从秋千上掉落下来。（人，非责任者）

玩具从桌子上掉落下来。（非人，非责任者）

二、词库内动结式“V+V”二字词的责任者

《现汉》里，由一个“V”和那些通常用作动结式下字的“V”构成的二字词共有 275 个。这些二字词的逻辑主语也分“责任者是人”“责任者是人或非人”“责任者是非人”和“非责任者”四种情况。四类逻辑主语的分布情况是：

责任者是人：193 例，占 70.3%

责任者是人或非人：66 例，占 23.2%

责任者是非人：15 例，占 6.2%

非责任者：1 例，占 0.3%

我们注意到，当逻辑主语是第一种情况，即是表示人的责任者时，“V+V”二字词无一例外都是及物动词。例如：

纠正　端正　矫正　修正　改正　校正　立正　更正　订正　扶正　指正
转正　补正　指定　认定　约定　测定　裁定　断定　拟定　评定　审定
判定　核定　锁定　校定　勘定　推动　发动　带动　调动　鼓动　煽动
摇动　挥动　挪动　处死　克服　征服　说服　制服　驯服　折服　叹服
降服　搞活　养活　盘活　分清　肃清　划清　忘掉　失掉　丢掉　干掉

打倒 推倒 驳倒 拉倒 扳倒 揭穿 说穿 戳穿 拆穿 杀伤 挫伤

截断 买断 战胜 打通 扰乱 捣乱 搅乱 打破 爆破 侦破 击破

攻破 识破 看破 点破 打响 引爆 禁绝 抓紧 解散 驱散 拆散

遣散 认输 服输 推翻 看透 看穿 打败 战败 挫败 击败 打消

报销 扑灭 剿灭 扫灭 摧毁 捣毁 击毁 撕毁 拆毁 泄漏 走漏

攻陷 击落 听取 获取 提取 领取 录取 吸取 换取 索取 汲取

选取 骗取 摄取 窃取 抽取 攫取 考取 榨取 猎取 捞取 梦见

碰见 窥见 撞见 瞅见 达成 集成 攻克 叫停 扭转 抛光 撤退

斥退 摧残 镂空 扑空 清空 放空 凿空 看中 命中 相中 击中

补足 扳平 逼平 拉平 摆平 扫平 荡平 开通 接通 买通

沟通 看重 覆没 厌倦 串通 取消 松动 亲近 贴近 凑近 挨近

镇定 安定 佩服 屈服 信服 抵销 撤销 消灭 毁灭 歼灭 解脱

掉转 败退 清退 诛灭 诋毁 销毁 收取

我们还注意到，由动结式常用下字构成的“V+V”二字词，未必都是动结式二字词，像上面第二组的二字词（从“勾通”至“收取”）似乎理解成并列式二字词更合理。

当“V+V”二字词的责任者是“人或非人”时，一部分二字词是动结式，另一部分也仍然是并列式。动结式二字词通常是及物的，而相应的并列式的“V+V”二字词有的是及物的，有的不及物。如果是不及物二字词，它往往就不再是动结式二字词，而可能是并列式二字词或其他。例如：

驱动 转动 轰动 打动 触动 惊动 摆动 牵动 抖动 站住 压倒

提醒 惊醒 唤醒 加重 促成 剥落 损失 说明 申明 标明 阐明

指明 判明

转化 驯化 蜕化 催化 颠倒 割断 滑动 逼近 迫近 移动 启动

感动　变动　挪动　吞灭　拖累　牵累　摆脱　逃脱　看见　丧失　埋没
吞没　淹没　辱没　充满　连通　损坏　败坏　毁坏　破坏　限定　靠近
震动

退化　打蔫　倒退　熄灭　破灭　摔倒　跌倒　逃走

虽然这三组二字词的逻辑主语的句法属性相近，可以是表示人的责任者，也可以表示非人的责任者，但是第一组比较靠近及物性动结式，第二组更靠近及物性并列式，第三组偏向于不及物的并列式或动宾式（打蔫）。

当“V+V”二字词的逻辑主语表示“非人”的责任者时，这时的二字词都不再是动结式，更像是并列式。例如：

跌破　浸透　坠毁　降落　脱落　陷落　跌落　飘落　倒塌　崩塌　上涨
减退　融化　浸没　沉没

而且，这些二字词基本上都是不及物的。

当“V+V”二字词的逻辑主语可能是一个非责任者时，它一般也成了并列式。例如：

注定：任何投机取巧注定都是要失败的。
　　　英文注定要成为联合国的工作语言。

二字词“注定”找不到它的责任者究竟是谁，“注”与“定”互文见义，是并列关系。

三、小结

综合本节的分析，词库内外的二字动结式在逻辑主语或责任者上的差别可以通过下表反映出来。

表 3-1 词库内外“V+V”二字动结式责任者的差异

二字“V+V”（2274 个）	逻辑主语类型	“V+V”数量	比例	及物与否	“V+V”实际内部结构
词库外二字“V+V”（个）	责任者是人	1893	83.2%	及物或不及物	动结式
	责任者是非人	137（153–16）	6.1%	及物	动结式
	责任者是人或非人	225（228–3）	9.9%	及物或不及物	动结式
	非责任者	19	0.8%	不及物	动结式
词库内“V+V”二字词（个）	责任者是人	193	70.3%	及物	动结式、并列式
	责任者是非人	66	23.2%	不及物	并列式
	责任者是人或非人	15	6.2%	及物或不及物	动结式或并列式
	非责任者	1	0.3%	及物	并列式

这份表格表明，词库外的二字动结式无论是它的责任者还是其自身的及物性都比较繁杂，规律性不强，而词库内、真正意义上的动结式“V+V”二字词的责任者呈现出极其工整的语法规则，它们的逻辑主语都是责任者，而且责任者一般是人，至少涉及人（人、非人），具有强烈的指人化倾向，责任者从不与人相涉的二字词一般不是动结式，它的内部结构通常会发生异化。此外，这些二字词都是及物的。

目前尚未收入词典的动结式，如果它的责任者也具有极强的指人趋势，它们进入词库的可能性要大于其他动结式。

第四节 “V+V”动结式基本分词单位受影响者的抽象化

与“V+ 趋”二字词宾语的抽象化相类似，较之二字“V+V”动结式，动结式“V+V”二字词的宾语也呈现出抽象化的趋势。

受影响者一般由名词来担任。名词的抽象度对基本分词单位的判定影响深远。如何区别或测定名词的抽象度同目前许许多多的语言学问题一样，还没有找到一个切实可行的量化手段。对于表示具体物体的名词而言，我们比较容易把握，而一旦越出了具体物体的这道门槛进入抽象事物大家庭里，谁比谁更抽象是一个很让人头疼的问题，因为抽象事物之间的连续性远比具体事物之间要绵密。我们不打算在名词的抽象度上纠缠，为便于分析，大致上把名词的抽象度看作一个三分的系统：①具体事物，包括山、水、书、电脑等无生命可视物，动物、植物等有生命可视物，人类可认知的、肉眼不可视的微生物；②人；③抽象事物，不包括①和②的其他事物，如“事业”“财产”“道德”“性能”“作用”等等。

一、词库外二字“V+V”动结式的受影响者

词库外二字“V+V”动结式的受影响者存在以下几种情况：①受影响者是具体事物；②受影响者是人；③受影响者是抽象事物；④受影响者是具体事物或人；⑤受影响者是具体事物或抽象事物；⑥受影响者是人或抽象事物；⑦受影响者是具体事物、人或抽象事物；⑧因动结式不及物而没有受影响者。下面先各举数例。

①受影响者是具体事物

搬走　工人搬走了石头。

堵死　战士们堵死了敌人的必经之路。

打飞　警察打飞了子弹。

蒙住　人们蒙住了自己眼睛。

穿反　孩子穿反了鞋子

②受影响者是人

气哭　孩子气哭了妈妈。

看烦　人们看烦了装腔作势的官僚。

灌醉　特工灌醉了军人。

喝昏　美酒喝昏了将军。

③受影响者是抽象事物

教会　老师教会我们很多技能。

学会　司机学会很多开车技巧。

谈定　经理谈定了相关协议。

促动　实地考察促动了作家的创作灵感。

④受影响者是具体事物或人

运走　汽车运走一批电脑。

　　　汽车运走一批军人。

拐走　骗子拐走一箱香烟。

　　　人贩拐走了几个小孩。

淹死　洪水淹死了大量牛羊。

　　　山洪淹死了一名抢险队员。

挡住　石头挡住了大门口。

　　　保安挡住了无证人员。

⑤受影响者是具体事物或抽象事物

去掉　农民去掉了劣质稻种。

　　　党员要去掉低级趣味。

捅破　孩子捅破了塑料袋。

　　　他们捅破了这层关系。

打绝　猎人打绝了狐狸。

　　　地震打绝了人们的希望。

看惯　人们看惯了江南水乡，看不惯……

　　　人们看惯了正义，看不惯……

⑥受影响者是抽象事物或人

稳住　官员稳住了灾民。

　　　灾民稳住了情绪。

弄错　你们弄错了人。

　　　你们弄错了我们的意思。

废掉　大臣废掉了皇帝。

　　　地震废掉了人们的信心。

搞垮　狂风搞垮了围墙。

　　　狂风搞垮了人们的斗志。

⑦受影响者是具体事物、抽象事物或人

抢走　弟弟抢走了蛋糕。

　　　他们抢走了发言权。

　　　研究所抢走了清华博士。

咬住　弟弟咬住了一根绳子。

　　　律师咬住了一大批错谬。

　　　小狗咬住了一位游客。

放完　小朋友放完气球里的气儿。

　　　组织部放完入党名额。

　　　警察放完了传讯人员。

拉近　妈妈拉近晾衣绳。

　　　朋友之间要拉近关系。

　　　敌人也想拉近民主人士。

⑧没有受影响者

装聋　商家又在装聋了。

溜光　小孩都溜光了。

睡稳　女儿终于睡稳了。

晕倒　车夫晕倒了。

以上各种受影响者的分布情况是：

受影响者是具体事物	1336 例
受影响者是人	130 例
受影响者是抽象事物	139 例

受影响者是具体事物或人　429 例
受影响者是抽象事物或人　15 例
受影响者是具体事物或抽象事物　124 例
受影响者是具体事物、抽象事物或人　36 例
没有受影响者　65 例

由这些数据可以看出，词库外二字“V+V”动结式的受影响者偏爱具体事物。共有 1925（1336+429+124+36）个动结式允许带表示具体事物的受影响者，占 84.7%，而只有 299 个动结式可以带表示抽象事物的受影响者，占 13.1%，二者比例是 6.4 ∶ 1。据排查，最有可能进入词库的二字词均出现在这 299 个动结式里。

二、词库内动结式“V+V”二字词的受影响者

词库内动结式“V+V”二字词的受影响者总体来看比词库外的动结式要少两种情况：它的受影响者不允许只表示具体事物，也不允许兼表具体事物或人。如果出现这两种情况，“V+V”会产生种种变异，这些变异情况，我们在简要举例二字词其他受影响者之后再说明。

①受影响者是人

诛灭　政府军发誓诛灭游击队。
拖累　差生拖累了其他同学。
斥退　将军斥退了列兵。
串通　商人串通了法官。

②受影响者是抽象事物

扰乱　新政策扰乱了市场。
划清　党员与黑势力要划清界限。
颠倒　传媒颠倒了事实。
打破　领导打破了僵局。

③受影响者是抽象事物或具体事物

割断　地震割断了我们的联系。

　　　战士割断了绳子。

推翻　律师推翻了法官的结论。

　　　小孩推翻了自行车。

引爆　媒体引爆了挤兑风波。

　　　战士引爆了炸药。

走漏　媒体走漏了风声。

　　　管道走漏了煤气。

④受影响者是抽象事物或人

消灭　纳粹试图消灭人类的良知。

　　　战士消灭了全部敌人。

征服　宗教征服了人们的心灵。

　　　音乐征服了歌迷。

战胜　中国战胜了巨大困难。

　　　王楠战胜了队友。

失掉　我们失掉了一个好机会。

　　　大家失掉了一位好朋友。

⑤受影响者是抽象事物、具体事物或人

盘活　改革盘活了大家的思路。

　　　棋手盘活了最后一盘棋。

　　　新班主任盘活了班干部。

驱散　好消息驱散了大家的忧虑。

　　　狂风驱散了乌云。

　　　警察驱散了示威者。

吞灭　灾难没有吞灭人们的意志。

　　　泥石流吞灭了房屋。

　　　飓风吞灭了游客。

淹没　谣言淹没了大家的斗志。

大水淹没了稻田。

海水淹没了体弱的灾民。

⑥无受影响者

倒塌　房屋倒塌了一大片。

扑空　敌人扑空了。

服输　对手都服输了。

坠毁　飞机坠毁了。

所有二字词的分布情况是：

宾语是抽象事物	120 例
宾语是人	21 例
宾语是抽象事物或具体事物	37 例
宾语是抽象事物、具体事物或人	10 例
宾语是抽象事物或人	20 例
不及物、无宾语	34 例

这些数据表明，词库内动结式“V+V”二字词的受影响者偏爱抽象事物。共有 187（120+37+10+20）个动结式允许带表示具体事物的受影响者，占 68%，而只有 29 个二字词可以带表示具体事物或人的宾语，占 11.4%，二者比例是 6 ∶ 1。

值得注意的是，这 29 个二字词尽管包含了动结式下字，但是它较之其他二字词，已经发生了某些变异，它们具有以下一些特性：

①这些二字词有的并没有施加具体事物或人以影响。

靠近　部队靠近灾民　小孩靠近了餐桌

迫近　小船迫近游客　太阳迫近大山

挨近　小孩挨近了妈妈　我家挨近省委大院

凑近　警察悄悄凑近灾民　小偷凑近公交车

亲近　总理亲近民众

领取　考生领取通知书　家长领取失踪小孩

录取　高校开始录取新生

碰见　我们碰见了龙卷风　我们碰见校长

撞见　我撞见了一位老朋友

瞅见　我瞅见了一封信　我瞅见了一个人

相中　村主任相中了一块地　老人相中了一个技术员

②有的二字词内部结构未必是动结关系。上边的二字词有不少是非动结式，下面也是动结关系不明显的二字词：

移动　摆动　抖动　摇动　挥动　滑动　转动

③有些二字词是动结式，但它们之所以被录入词典，与它们意义的专门性不无关系：这些二字词的宾语通常是比较容易预测的。

爆破　击破　浸透　抛光　镂空　清空　凿空　击落

如前节所分析，不及物的二字词（不带受影响者）也都不是动结式，如果除开这些二字词，也除开上面 29 个有属性变异的二字词，动结式二字词带抽象宾语的比例将会升至 90%[187/（272–29–34）]。

去除了具体宾语之后，动结式二字词的受影响者的抽象度下限就提升到了“人”。

三、小结

“人”在物理属性上与具体事物具有更多的相似性，本可划入后者，但是在语法属性上“人”与抽象事物更相似，大部分抽象属性都是与“人”相联系的。有鉴于此，我们把名词的抽象度看成是下面这样的一个连续性系列：

具体事物……人……抽象事物

从上面的数据和分析可以看出，在宾语的抽象度上，词库内的动结式二字词与词库外的二字动结式基本上是对立的，前者的受影响者以居抽象度系列的左（具体事物）中（人）为常态，后者的受影响者以居抽象度系列的右（抽象事物）中（人）为常态。“人”成了二者的分割点，前者基本上以“人”作为抽象度的上限，后者则以“人”作为抽象度的下限。二者的这一差异可以表示为：

表 3-2　词库内外二字动结式受影响者的抽象度分析

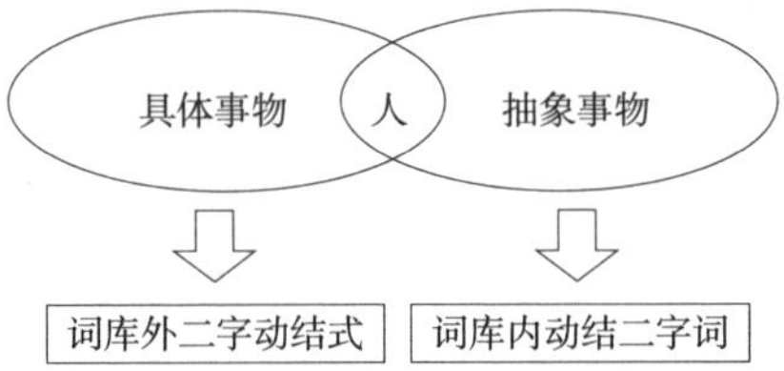

具体事物　人　抽象事物

↓　↓

词库外二字动结式　词库内动结二字词

同样，如果词库外的动结式的受影响者的抽象度越高，它进入词库的可能性就要大于其他动结式。

第五节　“V+V”动结式二字词论元结构的对称性与配价的偶化

词库内外的二字动结式的不同还表现在二者的论元结构及其配价上。总体上看，词库内的动结式二字词在论元结构上是对称的，以动结式二字词为支点，它们的主宾位置都需要一个必有论元。从配价上看，词库内动结式二字词只能是二价，偶化是它们的唯一价态。词库外二字动结式情形则大不相同，以下分别说明。

一、词库外动结式的价目与论元结构

词库外二字动结式一共有三种价态：一价动结式、二价动结式与三价动结式。前面提到不及物或没有受影响者的动结式都是一价的。一价的动结式有 64 例，占 2.8%。如：

睡定　小家伙终于睡定了。

搐动　灾民痛苦地搐动着。

卖爆　王老吉一下子卖爆了。

听愣　裁判也一下子听愣了。

二价动结式数量最多，共 2162 例，占 95.1%。例如：

打死　猎人打死了一匹狼。

遮住　大树遮住了太阳。

打翻　小狗打翻了啤酒瓶子。

弄煳　厨师弄煳了米饭。

三价的动结式数量不多，有 48 例，占 2.1%。请看：

炸瞎　烟花炸瞎了小孩的一只眼睛。

打坏　气枪打坏了运动员。

教会　师傅教会大学生两样本领。

给定　老师给定了大家一天时间。

因此，词库外二字动结式的论元结构也有三种情形：左重型、对称型和右重型。不及物的动结式因为没有受影响者，只有责任者，属于左重型；三价的动结式左边有一个必有论元，右边有两个必有论元，是右重型动结式；只有二价的动结式左右各一个论元，论元结构呈现出对称性。

二、词库内动结式二字词的论元结构与价目

前文已经述及，词库内动结式二字词都是及物动词，不及物含有动结式下字的二字词已经演变为并列关系，不再是动结关系。这意味着动结式二字词的论元结构不能是左重型结构，其配价也不能是一价。

对二字动结式进行全面统计的数据显示，动结式二字词也不能是右重型的论

元结构，它们不能带双宾语，三价的动结式二字词基本不存在。这并不是说三价的“V+V”不能纳入词库，实际上成词的三价“V+V”二字词是大量存在的。陈昌来（2007）认为以下的“V+V”都是表示“给予”的三价词：

补给　偿还　赐予　付与　给予　供给　奖励　授予　调拨　退还　赠送
补助　救济　犒赏　补贴　慰劳　支援　出租　奉送　输送　投递　倒贴
输出　进贡　寄予　颁布　检举　申报　举报　示范　传授　递交　归还
交付　馈赠　赔偿　摊派　转交　移交　支付　敬献　投放　转让　贿赂
赞助　出售　传递　兑付　发放　奉献　贡献　交纳　捐赠　清还　施舍
提交　转发　割让　捐献　捐助　回敬

问题在于，这些二字词都不是动结式，基本上都是并列式。以下是我们标注的 48 个三价二字动结式：

教会　给定　促动　教活　教对　说忘　教忘　玩忘　弄瞎　打瞎　抓瞎
炸瞎　射瞎　搞瞎　啄瞎　熏瞎　累瞎　骂够　打痛　弄痛　烧痛　咬痛
撞痛　扎痛　扭痛　扯痛　踩痛　揪痛　撕痛　揉痛　打坏　撞坏　摔坏
冻坏　砸坏　搞坏　炸坏　压坏　碰坏　吃坏　咬坏　踩坏　抓坏　撕坏
憋坏　踢坏　撬坏　捏坏

这些三价二字动结式没有一例见收于各类词典。

由于三价的动结式二字词不存在，动结式二字词只能构成单及物结构而不能构成双及物结构，动结式二字词只能在其左右各出现一个必有论元，表现出比较严格的对称性和配价的偶化倾向。以下是从中选取的例子：

埋没　封建体制埋没了大量人才。
打通　公关先要打通若干关节。
牵累　机构臃肿牵累了员工的福利。

摧毁　公安人员一举摧毁了黑恶势力。

三、小结

词库内的“V+V”动结式二字词与词库外的二字动结式在论元结构或配价上的差异可描述如下。

表 3-3　词库内外二字动结式论元结构及配价比较

	词库内二字动结式	词库外动结式二字词
论元结构	对称性	部分对称，部分不对称
配价	偶化	一价、二价、三价均可

动结式二字词也不同于其他“V+V”二字词。简单地说，构成动结式二字词的条件应包括：偶价可能成词，奇价一定不成词，及物可能成词，非及物和双及物一定不成词。

这也就是说，词库外的动结式要进入词库，它必须论元结构对称化和配价偶化。

第六节　“V+V”动结式二字词时相的持续化

“V+V”动结式二字词在时间性特征上也显然不同于二字动结式。赵元任（1979）注意到，V—R 复合词，即动结式，不仅表示动作的结果，还可以表示相（phase）和态（aspect）。赵先生举的例子是：

猜着了 说着了 碰着了 点着了 睡着了（“着”念作 zháo）

猫逮着了个耗子 我碰着了一件怪事。（“着”也念作 zháo）

他睡着哪（“着”念着轻声 zhe）

我们不打算讨论动结式的“态”，只关注动结式的“相”。“相”现在一般称作“时相”。关于时相，龚千炎（1995）认为：

> 现代汉语的时相结构由句子的纯命题意义所决定。例如，从词汇意义上看，有的句子表现静止的状态，也有的句子表现动态的行为；如将动态的行为进一步划分，则有的动态行为只是表现一瞬间的动作，而有的动态行为则可以持续进行下去；如果再将可以持续的动态行为进一步划分，则有的可持续动作行为有其内在的终结点，并不能无限地持续下去，而有的可持续动作行为则没有内在的终结点，因而理论上可以无限地持续下去，等等。
>
> 句子的时相结构——它体现句子的纯命题意义的内在的时间特征，主要由谓语动词的词汇意义所决定，其他句子成分的词汇意义也具有相当的制约作用。

动结式的时相特征，很显然不是表示静止的状态，而是表示动态的行为。动结式动态的发生都有一个起始点，这个起始点就是“动”，即它的上字，动结式的动态也有一个内在的终结点，它的终结点就是“结”，即它的下字。动结式是一种有限的持续。事实上，即使是一个瞬间的动作也应该有起始点与终结点的区分，只不过从起始点到终结点持续的时间比较短暂而已。词库内的动结式二字词与词库外的二字动结式就普遍存在着持续性长短的差异。

动结式的起始点到终结点历时可长可短，同样是“赶走”，“赶走侵略者”可能要花几年的时间，而“赶走正在吸血的蚊子”连一分钟都不要，只是一个瞬间行为。为了计量动结式的时相，我们只计一般时长。原则上动结式的时长可以分出很多等级，这里只粗略分为两种：“- 小时”和“+ 小时”。前者表示动结式自起始点到终结点的时长可能在一小时之内，甚至更短；后者表示动结式自起始点到终结点的时长一般会超过一小时。动结式动态的实现在一小时内较难完成，如“赶走”的最低时长就可以粗略记作“- 小时”，而“端正（党风、学风等）”则可记作“+ 小时”。对于前一动结式，一般可以在它们的前面冠以“一会儿”“几分钟就”或“个把钟头就”及其他类似的时间状语，后一动结式一般可以加上“好久才”或“很长时间才”及其他类似的时间状语。

同样一个动结式，有时可以支配具体宾语，有时可以支配抽象宾语。“处理具体事物耗时短于抽象事物”既是一条规则，更是一种生活常识。“推翻了一堵墙”肯定花不了“推翻封建帝制”那么长的时间，“打倒强权逻辑”一定比“打倒酱油瓶”麻烦。一般词典收入“推翻”和“打倒”，这与它们有长时相用法不无关系，时相持续性强的动结式进入词库的比例应该高于时相持续性弱的动结式。

附录 4 和 5 里标注了动结式的一般时长，以下分别说明两种动结式的时相特征。

一、词库外二字动结式的时相特征

词库外二字动结式的时相，持续性都很弱，绝大部分动结式从起始点到终结点所经历的时间瞬间即逝，几乎可以忽略不计。附录中标记的“– 小时”的动结式共有 1702 个，占 74.8%。这一类动结式的宾语一般是具体事物，支配抽象宾语的只有 142 个，占 8.3%。标记“+ 小时”的动结式 562 例，占 25.2%。这类动结式支配具体宾语的占 70%，支配抽象宾语的有 168 例，占 30%，抽象宾语的比例提升幅度较大。这符合“处理具体事物耗时短于抽象事物”规则。例如：

时长约为“– 小时”的动结式

揪走　士兵揪走了战犯。

烫死　开水烫死了小鱼。

拦住　保安拦住了行人。

摘掉　园丁摘掉枯枝。

击倒　拳王击倒对手。

打穿　子弹打穿木板。

时长约为“+ 小时”的动结式

赎走　经理赎走了房屋使用权。

饿死　补埋灾民最后都饿死了。

拖住　警察拖住可疑人员。

毁掉　疾病终于毁掉了教授的身体。

病倒　孟二冬老师病倒在讲台上了。

下一组的动结式的动态行为持续时间普遍要长于上一组，而且是动结式自身的词汇意义决定了它时相上的差距。

二、词库内动结二字词的时相特征

词库内二字词的时相也大致有“+ 小时”与“– 小时”之分，光从量上看，共有 182 例、占 66.9% 的前者要多于只有 90 例、占 33.1% 的后者，这个数据已经足以让词库内二字词的时相特征与词库外动结式的时相特征调个过儿。

如果进一步考察时相标记为“– 小时”的词库内二字词，会发现这些二字词已经不是典型的动结式，与典型动结式相比，它们仍然是那些语义关系蜕变为并列式的二字词、绝大多数只带具体宾语或至少要带一个具体宾语的二字词、绝大多数不及物（无受影响者）的二字词。请看：

逃走　立正　靠近　逼近　亲近　贴近　迫近　凑近　挨近　移动　感动
驱动　转动　震动　摆动　摇动　挥动　抖动　滑动　松动　挪动　处死
站住　跌倒　杀伤　爆破　击破　跌破　打响　引爆　禁绝　解散　驱散
拆散　遣散　认输　服输　浸透　提醒　惊醒　取消　打消　撤销　熄灭
扑灭　销毁　坠毁　击毁　撕毁　拆毁　降落　脱落　击落　陷落　跌落
飘落　剥落　获取　收取　领取　录取　攫取　逃脱　看见　梦见　碰见
窥见　撞见　瞅见　倒塌　崩塌　掉转　说明　申明　标明　阐明　抛光
浸没　埋没　吞没　淹没　沉没　镂空　扑空　清空　放空　凿空　看中
命中　相中

如果不计算这些二字词，动结式二字词标记“+ 小时”的纯度将更大。

同样标记为“+ 小时”的词库内动结式二字词和上面词库外动结式，它们的实际时长也并不完全相同。粗略地讲，词库外标记为“+ 小时”的动结式的动态行为虽然一般不大容易在个把钟头里完成，但一般也可以用“日”来计量，不大会旷日时久，而词库内很大一部分二字词时长要远长于词库外动结式，有时甚至经年累月。例如：

修正 《现代汉语词典》修正了不少谬讹。

侦破 国际刑警侦破了一起老案件。

推翻 科学家想推翻爱因斯坦的理论体系。

打倒 朱元璋打倒了刘伯温、常遇春等开国功勋。

端正 大学首先要端正校风。

扫平 孔明想扫平曹魏政权。

荡平 革命军荡平封建军阀。

征服 成吉思汗征服了欧亚大陆。

肃清 新政府肃清了潜在的敌人。

战胜 人类可以战胜地震等天灾。

扰乱 保守思想扰乱了体制改革。

三、小结

动词的时相特征虽然决定于它自身的词汇意义，但与它们所支配的宾语的抽象度也有一定关系，抽象度高的宾语普遍出现在时相持续性强的动结式后面，抽象度低的具体宾语较多受支配于持续性弱的动结式，“处理具体事物耗时短于抽象事物”。

进入词库的二字动结式一般都有时相持续化的趋势，它们在时相特征上比较整齐地与词库外的动结式表现出不同的姿态。动结式要词汇化，它的时相一般会被拉伸，而其他关系型的复合式则可以不遵守这一规则。

第七节 词库内“V+V”动结式二字词语义指向上的右指化

常规句的动结式的“结”一般有三种语义指向：指向逻辑主语或责任者，指向位于它前面的、动结式的“动”，指向宾语或受影响者。从物理方向上看，前两种语义指向都是左指的，后一种语义指向则是右指的。现代汉语汉语的动结式，甚至包括其他类型的动补式，右指的情形是最常见的。

词库内的动结式二字词与词库外的二字动结式在语义指向上也呈现出比较一致的差异。二字词基本上已经右指化，而二字动结式左指和右指各占不小的比例。

一、词库外二字动结式的语义指向

词库外二字动结式，语义上有右指和左指两种情况。右指的共有 2042 例，占全部用例的 89.8%。这些右指的动结式都是二价动结式或少量的三价动结式，没有发现一价的。例如：

收走　老师收走了张小东的小人书。

淹死　洪水淹死了张小东的宠物狗。

耗尽　网络耗尽了张小东的课余时间。

惹火　同桌惹火了张小东。

教会　教练教会七岁的张小东仰泳。

炸瞎　烟花炸瞎了张小东的一只眼睛。

扎疼　小刺扎疼了张小东一只手指。

吃坏　冰激凌吃坏了张小东好几颗牙齿。

上一组的几个动结式都是二价的，下一组动结式都是三价的。下划线部分一前一后分别显示的是“结”及其语义指向。

左指的动结式从配价上看一价、二价和三价都有。例如一价的：

死绝　小虫子都死绝了。

睡醒　小朋友睡醒了。

哭醒　灾民都哭醒了。

笑醒　孩子们都笑醒了。

想醒　孩子们太想妈妈了，他们常常从梦中想醒了。
饿醒　不少灾民都半夜饿醒了。
滑落　插座滑落下来了。
掉落　树叶掉落下来了。
睡着　小伟睡着了。
滑跌　杯子滑跌下来了。
穷怕　老百姓都穷怕了。
听愣　大家都听愣了。
溜光　工作人员都溜光了。
落光　叶子都落光了。
哭够　那些天小伟都哭够了。
饿急　小伟饿急了什么都吃。

活腻　有人说自己都活腻了。
睡熟　小伟睡熟了。
睡够　小伟睡够了。
学坏　小伟最近学坏了。
睡稳　大家都已经睡稳了。
作罢　大家只好作罢。
言罢　小伟言罢，就笑了。
笑罢　小伟笑罢，就走了。
哭罢　小伟哭罢，就坐下来了。

这些左指的一价动结式又分两种情况：一种左指逻辑主语或责任者，如上组；一种左指动结式的“动”，如下组。

左指的二价动结式也存在这两种情形。例如：

想死　恨死　烦死　笑死　渴死　羞死　疼死　愁死　悔死　拦死　焊死

逗死　守住　盯住　湿透　伤透　恨透　凉透　浇透　烧透　煮透　热透
望透　战罢　看够　玩够　逛够

坐愁　看惯　听惯　用惯　吃惯　住惯　做惯　走惯　叫惯　说惯　喝惯
宠惯　穿惯　打惯　玩惯　搞惯　跑惯　拿惯　弄惯　闻惯　站惯　睡惯
学惯　笑惯　呆惯　骑惯　戴惯　抽惯　拉惯　念惯　唱惯　骂惯　踢惯
拍惯　喊惯　偷惯　买惯　骗惯　脱惯　背惯　喂惯　爬惯　饿惯　敲惯
抱惯　吹惯　输惯　跳惯　赌惯　摔惯　摇惯　掏惯　挖惯　卖亏　买亏
搞亏　摘取　赚取　读取　截取　盗取　赢取　望见　变成　打赢　争赢
赌赢　跑赢　算赢　赛赢　说赢　踢赢　斗赢　吃腻　玩腻　看腻　听腻
用腻　待腻　住腻　坐腻　喝腻　花腻　骑腻　跳腻　睡腻　唱腻　写腻
看饱　赚饱　捞饱　学会　唱会　念会　用会　玩会　背会　骑会　揉会
说忘　打胜　听懂　读懂　看懂　弄懂　学懂　搞懂　打输　站稳　坐稳
抓稳　踩稳　说烦　看烦　写烦

上组左指动结式的“动”，下组左指逻辑主语或责任者。

三价的左指动结式数量不多，但同样有左指动词与逻辑主语或责任者之分。例如，下面前两例左指责任者，尾例左指“动”。

教忘　教练教忘了小伟一个基础动作。
教惯　张老师教惯了中班形体课。
骂够　老板骂够了小伟大笨蛋。

二、词库内动结式二字词的语义指向

词库内的“V+V”二字词看起来也有左指和右指两种情况，实际上绝大部分左指的二字词都不是动结式，请看：

靠近　逼近　亲近　贴近　迫近　凑近　挨近　佩服　屈服　信服　叹服
听取　获取　收取　提取　领取　录取　吸取　换取　索取　汲取　选取
骗取　摄取　窃取　抽取　攫取　考取　榨取　猎取　捞取　逃脱　看见
梦见　碰见　窥见　撞见　瞅见　厌倦

倒退　败退　蜕化　退化　覆没　沉没　打蔫　逃走　立正　跌破　认输
服输　熄灭　破灭　覆灭　坠毁　陷落　跌落　飘落　剥落　倒塌　崩塌
上涨　减退

上下组都不是动结式，其中上组是及物性二字词，下组是不及物性二字词。其他动结式二字词普遍右指受影响者或其他宾语。例如：

盘活　经理盘活了公司。
端正　校长端正了学校工作作风。
扫平　将军扫平了侵略者。
毁坏　疾病毁坏了将军的身体。

三、小结

词库内的动结式二字词在语义指向上都有较强的右指倾向。由于在常规句里，位于动结式右边的一般是受影响者，所以词库内动结式一般倾向于与受影响者发生语义关联。对受影响者施加影响符合动结式的常态，对责任者施加影响应该是偶现行为，所以越能进入词库的动结式，越倾向于回归语义指向的常态。

从统计数字上看，我们似乎可以认为：右指方可成词，左指难以成词。

第八节 疑似动结式二字词

以上，我们从责任者、受影响者、论元结构及配价、时相特征和语义指向上比较了词库内外的二字动结式，仅从这五方面来看，最理想的词库内动结式二字词的核心特征是：人/抽象/二价/+小时/右指。目前，《现汉》所收的动结式二字词完全符合这一理想模式、堪称典型之典型的动结式二字词只有以下74个：

纠正 端正 矫正 修正 改正 校正 更正 订正 扶正 指正 转正
补正 指定 认定 约定 测定 安定 裁定 断定 拟定 评定 审定
判定 镇定 核定 锁定 校定 勘定 推动 发动 调动 鼓动 煽动
克服 分清 划清 驳倒 揭穿 说穿 戳穿 拆穿 挫伤 买断 扰乱
捣乱 搅乱 打破 侦破 识破 看破 点破 抓紧 看透 挫败 抵消
报销 毁灭 诋毁 泄漏 解脱 达成 叫停 扭转 摧残 看重 补足
扳平 逼平 拉平 摆平 扫平 荡平 沟通 打通

这个比例并不高。而且，统计结果还显示，词库外完全符合这五项特征的二字动结式不少与典型二字词相去甚远，请看以下从词库外提取出的完全具备五项特征的动结式：

摆正 商定 下定 划定 签订 打定 敲定 咬定 拿定 抱定 理定
改定 讲定 写定 谈定 验定 赢定 拍定 挑定 萌动 撼动 忍住
屏住 练活 用尽 想尽 受尽 绞尽 打尽 使尽 占尽 弄清 看清
认清 查清 说清 搞清 讲清 扫清 厘清 算清 审清 改掉 躲掉
想穿 识穿 捅穿 切断 望断 打乱 搞乱 冲破 做绝 摒绝 说透
想透 做透 造成 养成 学成 办砸 演砸 搞砸 考砸 弄砸 干砸
做砸 谈崩 考中 摸熟 想错 鼓足 开足 做足 憋足 睡足 养足
攒足 受够 讲够 追平 验完 想通 做通

主要原因可能是在标注时，受影响者的抽象度和动结式自身的时相特征把握得还不够完全客观一致。当然也不排除还有我们没有观察到的其他参数在其中发挥作用。

但是，我们注意到，词库内的二字词，只要在语义上是比较典型的动结式，它们最少具备上述五项参数或特征束之中的某三项，只具备两项或一项的二字词基本没有发现。因此，从词库外二字动结式中挑出的高度疑似或候补的动结式二字词一般也应该足够多地具备以上各种句法参数。

以下是我们建议的疑似动结式二字词的清单：

4 调走　5 摆正　5 设定　5 敲定　5 咬定　5 抱定　4 料定　4 搞定　4 走近
4 拉近　3 趋近　4 拉动　3 改动　5 更动　5 萌动　4 顶住　5 稳住　4 拖住
5 挺住　5 屏住　4 劝服　4 整活　3 耗尽　5 弄清　5 看清　5 认清　5 查清
4 还清　4 付清　4 摸清　5 扫清　5 厘清　5 想穿　4 望穿　5 打乱　4 冲破
4 打爆　4 击退　4 打退　5 摒绝　4 造成　5 办砸　4 报停　4 查明　3 拖垮
4 铺平　5 抚平　5 想通　5 做通

共 49 例，其中，动结式前面的数字表示它所符合的参数数目，最小数目为 3。

第九节　本章小结

一、语义特异，句法简约归整

词库是词法的灰白地带。人们建立词库概念的初衷是罗列一个语言单位附录或清单，用以收纳那些较难预测能指与所指常规关系、词法无法控制的“词”。词库词不同于词法词，词库词是词法规则的“刺头”。词库词的存在，给词汇的系统性和自组织性带来了不和谐性。词库词词法上的特异性和弱学习性，增添了对外汉语教学和中文信息处理的负担。

本章从责任者的指人化、受影响者的抽象化、论元结构的对称化及配价的偶化、时相特征的持续化和语义指向上的右指化五个句法维度说明，词库词固然在内部构成了词法的反例，但在外部的句法层面上表现出相对工整简约的特性，词库外的动结式常常在某一句法特征上繁复不居，而词库内的动结式则多弃异求同。词库词较之词法词，整体上表现出了“词法特异，句法简约”的倾向。词库词与词法词的关系可以总结为：

表 3-4　词法词与词库词互补关系分析

	词库词	词法词
内部	词法特异	词法易控
外部	句法简约	句法繁复

这也就是说，词法词的规则，如可学习性或可推导性体现在它的内部，而词库词的规则表现在它的外部。二者互成犄角，共同维护了词汇的系统性。词库词未必是词汇系统的反例或另类，也未必是词汇学习的累赘。

二、“词感”：词库词句法特征的不完全扫描

词感（或语感），是“一种内化了的语言知识体系”。语感的强弱、优劣、宽严甚至有无，因使用者的身份而异。普通的母语习得者的词感固然在某些方面逊于词汇语法学专家，但绝对远远超出二语学习者。

由于词库内的动结式二字词具有词法特异但句法简约归整的特点，我们与其说词感是一种内化了的语言知识体系，不如更具体地说词感是对词库词句法特征束的不完全扫描。因为句法特征的归整让短时扫描具有了可能性。身份不同者词感殊异，可能是他对句法特征束扫描精度的差别。词汇语法专家在短时间内扫描出的句法特征一般比较丰富，所以他们的词感较之公众既强且严。二语学习者由于不具备短时间扫描句法特征的语言能力，因而他们的词感最不可信，甚至趋近于无。但词库词的全部特征就是训练有素的语言专家也不可能做到完全扫描，词库词的句法特征仍然需要进一步的提炼和开掘。

第四章　基本分词单位类序的变异性

“V+V”基本分词单位的类序异化有名词化、形容词化和虚词化（副词、介词、连词和助词）三种情况。从名词化开始，动词性语素的典型性就有所消退，但仍然维持着单典型性原则和隐喻性原则，“V+V”兼类名词仍然以素位义平移的方式将动词素位义部分地保留了下来。形容词化的二字“V+V”类序，它的动词性素位义和可分析性进一步减弱，不少数量的二字词动词性素位义散失殆尽，最多只允许一个动词性素位义的存在。虚词化的二字词则要发生整体性的类序变异，动词性素位不复存在。从名词化、形容词化到虚词化，动词的典型性逐步淡隐，直到趋近于无。

第一节　类序变异的总体分布

苑春法（1998）曾将词中各语素的素类所构成的序列称之为“类序”，如“伤心”的类序为 vn。苑文的统计显示，二字“V+V”类序可以构成名词、动词和形容词，其中以动词居多，统计的 78230 个含各种类序的二字词中，“V+V”共构成名词 218 个，动词 7010 个，形容词 60 个。苑先生对“V+V”怎样实现类序变异没有进行具体的探讨。

刘云（2001）也曾提到双音节名词的内部类序可以是“V+V”，但这种类序相对于“N+N”“A+N”和“V+N”来说不占主流。刘文也没有过多涉及“V+V”名词化规则。

清华平衡语料库里，“V+V”共出现 677561 次，按《现汉》的标准，成词的“V+V”共 5963 个，其词类涉及名词、动词、形容词、副词、介词、连词和助词七类，大部分词类存在兼类的情况。各类词及其兼类分布情况是：

表 4-1 “V+V”类序变异的分布情况

名词		动词		形容词		副词		介词		连词		助词	
1124		4694		262		32		7		2		1	
纯名词	名词兼类	纯动词	动词兼类	纯形容词	形容词兼类	纯副词	副词兼类	纯介词	介词兼类	纯连词	连词兼类	纯助词	助词兼类
937	187	4514	180	247	15	29	3	6	1	1	1	1	0

由“V+V”类序所构成的主导性词类仍然是动词，占 78.6%，这与苑文统计结果类似。紧随动词之后的是名词和形容词，各占 18.8% 和 4.6%，这也同于苑文统计的词类顺位，但名词的词类比率差不多要高出 16 个百分点，形容词的词类比率也高出近 4 个百分点。苑先生没有统计“V+V”构成虚词词类的情况，而这类类序实际构成虚词的能力是不可小看的，约占 0.7%。

我们只关注二字“V+V”的类序变异而不讨论作为主导性词类的动词，由“V+V”类序构成的动词只提供一个附录。二字“V+V”类序变异的若干特征，以下将从名词化、形容词化和虚词化（副词、介词、连词和助词）三方面来说明。

第二节　名词化

一、由二字“V+V”类序变异而来的名词

1. 动词性语素典型性的消退和单典型原则

单音节的动词性语素有典型与非典型之分。典型的单音节动词性语素通常包括以下几个特点。

（1）动作性强，形象化和场景化程度高。

（2）使用频率一般较高。

（3）组合其他成分时位置自由而不粘着，独用性强。

（4）素位素类纯一，一个单音节语素只有一个义位，并且只有动词一种词类。

以下 231 个从《现代汉语字频统计表》（国家语言文字工作委员会、国家标准局，1992）选取出来的单音节语素基本符合上述特征：

去 做 想 进 走 打 转 开 贴 找 建 接 问 叫 买 听 学
写 放 送 读 谈 吃 动 剃 死 笑 收 玩 拉 拿 飞 变 卖
交 换 讲 坐 求 留 杀 改 跳 推 穿 望 提 抓 考 投 喝
唱 挂 追 寄 救 填 修 抢 借 睡 摆 挺 戴 演 摘 抱 陪
吹 念 翻 拨 移 采 插 托 赶 闪 滚 摸 抽 聊 偷 骂 脱
拖 射 喊 醒 逼 邀 夺 吻 吸 攻 挑 认 闹 吐 搀 摇 逃
撞 滑 丢 捧 搬 躺 赌 躲 骗 搭 擦 扑 挡 踢 爬 抵 扎
挤 敲 咬 抛 灌 递 盯 劝 挥 踏 拔 炒 扫 拆 涂 撵 闯
抬 挖 埋 碰 伸 撒 尝 砸 仰 刮 扶 吊 捞 扔 砍 踩 扯
撤 摔 逛 抄 煮 焊 陷 斩 摊 蹲 缠 溜 烤 催 捉 吼 扭
吞 跪 割 捡 掀 嚼 拱 捏 抖 押 拐 拌 趴 撕 栽 绑 搂
拦 劈 拎 揉 扛 卸 掏 蹦 叼 煎 熬 哄 挪 拽 揪 戳 蹬
啃 剥 削 描 扳 捆 嗅 砌 撩 拧 搓 揣 舔 捎 揍 掐 抡
挠 捶 抿 拴 剃 抠 撂 剁 搔 跺 啄

这些典型动词性语素两两自由组合成“V+V”类序时，基本上不会产生名词性语言单位。

由“V+V”类序变异出来的 937 个非兼类的纯名词，经过拆分和去重得到的单音节语素共有以下 504 个：

体 主 气 数 点 面 量 品 言 会 论 学 信 道 流 料 教
度 分 题 重 行 战 生 委 集 歌 校 报 商 上 食 见 表

花 理 团 遗 警 画 标 导 图 制 下 议 要 节 编 热 派
服 曲 协 列 作 代 觉 视 纹 系 管 端 种 用 犯 死 正
效 支 指 感 干 容 命 动 像 难 铺 赛 著 病 疑 率 比
成 带 定 处 合 变 卷 务 刊 产 问 识 记 装 藏 舞 胜
网 积 游 温 旅 据 息 弹 对 宿 安 套 印 包 别 冷 养
任 令 习 饮 附 选 负 谱 试 观 考 笑 称 省 相 盘 爱
照 清 树 明 斜 故 收 摊 托 戏 念 律 当 引 开 庆 圈
化 典 共 伤 传 交 举 领 顺 顶 限 防 邮 迷 近 轻 轮
赠 赋 贴 败 调 评 计 触 解 补 舍 联 缝 绝 终 盛 浮
泡 核 朝 暖 插 提 掌 招 折 戒 怪 役 建 废 巡 展 屈
封 守 失 回 喜 司 卫 助 创 出 关 克 值 亲 争 乘 鼓
麻 骑 驾 饰 雕 隐 闻 镇 销 造 述 进 运 越 起 赞 谬
谈 说 设 誓 裂 裁 落 缺 给 结 约 索 糊 算 答 竞 站
立 穿 祭 知 着 湿 涨 消 活 治 松 束 望 晓 施 断 斗
整 散 敌 操 摸 摘 推 探 排 挽 担 抚 执 扣 愿 悲 患
恋 怨 思 怒 忧 得 延 居 少 害 嫌 奖 奏 夹 央 复 增
塞 塑 坐 囚 唱 哀 听 反 参 压 卧 卡 卖 刻 切 决 供
使 佐 住 伴 仗 乱 买 鸣 颂 顾 靠 霸 需 雇 陷 闷 钻
酬 配 遇 逆 逃 连 过 辱 输 辅 载 转 跨 跑 跌 超 走
赢 赖 赌 贷 责 贡 谓 误 诣 译 训 裹 裸 虑 至 背 育
聚 翘 署 置 缠 绽 绷 续 继 组 练 纳 紧 粘 签 等 漏
滴 滑 渡 淋 涂 浴 注 污 汇 求 毕 歪 检 梦 染 枕 来
杀 无 旋 攻 改 擎 摩 揭 掩 挺 挎 按 拿 拱 拍 拂 抽
抱 护 抗 抓 把 打 扑 扁 戳 憎 慕 愁 想 悬 悟 待 征
录 张 应 并 帮 希 屏 尿 尊 寓 宣 宠 宁 嫁 妆 奸 奉
夸 填 垫 垂 坑 围 嘱 嗅 喝 售 咨 呼 告 含 吐 吃 叫
受 发 去 勾 办 剪 剖 凭 减 凉 冻 冤 冠 写 冀 储 偏
候 修 保 俘 侦 侍 休 仰 亏 临 丧

这些单音节动词性语素，绝大部分是非典型的。因为它们或者不表示一个具体的动作，即动作性极弱，如“无、憎、纳、治、宁”等；或者使用频率不高，不少语素在国家语委字频表里位置比较靠后，如“摩、翘、擎、冀、诣、谬”等；或者只是一个黏着语素，组合和独用能力差，如“裸、憎、丧、侍、组、临”等。最引人注目的是，504 个非典型动词性语素里，至少有 85% 的语素有多个义位（这里称作素位），且在义类上是跨类的，既有名词性的，又有动词性的。而且，据局部统计，这些语素的动词性素位与名词性素位在使用度上不相伯仲，至少没有明显悬殊（如下面括弧中数据）。例如：

息　a. 动词义：休息（56.1%）　　b. 名词义：利息（43.9%）
怪　a. 动词义：责怪、奇怪（55.4%）b. 名词义：妖怪（44.6%）
乱　a. 动词义：扰乱（47.5%）　　b. 名词义：乱象（52.5%）
凭　a. 动词义：凭借（51.2%）　　b. 名词义：凭据（48.8%）
信　a. 动词义：相信，信任（49.2%）b. 名词义：信用，书信（50.8%）
镇　a. 动词义：镇压，镇住（45.3%）b. 名词义：乡镇（54.7%）
剪　a. 动词义：裁剪，分开（42.6%）b. 名词义：剪刀（57.4%）
办　a. 动词义：办理，举办（52.8%）b. 名词义：办公室的简称（47.2%）
征　a. 动词义：征收，征服，远征（51.4%）b. 名词义：特征，征候（48.6%）
冠　a. 动词义：戴，加上（47.9%）b. 名词义：帽子（52.1%）
料　a. 动词义：预料，料想（48.9%）b. 名词义：材料（51.1%）
道　a. 动词义：说，说出（49.3%）b. 名词义：道路，道理，道德（50.7%）
积　a. 动词义：堆积积累（43.5%）
　　b 名词义：空间，面积，体积，容积（56.5%）
盘　a. 动词义：弯，盘理（45.4%）b. 名词义：盘子，地盘，楼盘（54.6%）
伴　a. 动词义：陪伴（47.6%）　　b. 名词义：伙伴，伴侣（52.4%）

“V+V”类序在变异为名词时，常常可以看到，它们当中的一个“V”甚至两个“V”都采用了名词性素位，比如：

		动词性 V	名词性 V
左动右名式	燃料	料：预料（－）	材料（＋）
	感言	言：说，表达（－）	话语，语言（＋）
	笑容	容：容纳（－）	容貌（＋）
	炸弹	弹：弹出（－）	子弹（＋）
	考生	生：出生，产生（－）	学生（＋）
左名右动式	上感	上：向上运动（－）	上呼吸道（＋）
	核战	核：核查，核实（－）	核能，核武器（＋）
	花束	花：花费，耗费（－）	花朵，花（＋）
	邮戳	邮：邮寄（－）	邮政，邮局（＋）
双名式	服装	服：服用，信服（－）	衣服（＋）
		装：安装（－）	装束（＋）
	戏迷	戏：戏弄，调戏（－）	戏曲（＋）
		迷：迷恋，入迷（－）	入迷者（＋）
	团干	团：团结，成团（－）	共青团（＋）
		干：做（－）	干部（＋）

由此可见，单音节动词性语素典型性的消退或边缘化是“V+V”类序变异的一个重要因素。

是不是典型动词性语素就一定不能参加名词性或其他类型单位的构词呢？答案当然是否定的。如果把上面典型动词性语素与构成类序变异的动词性语素相比较，我们不难发现，一共有 60 个动词性语素为两者所共有。这些语素占全部变异性单位构成成分的 12.3%。这 60 个典型动词性语素是：

开 吃 考 逃 谈 笑 望 缠 听 唱 戳 贴 收 改 挺 攻 杀

求 摊 赌 坐 扑 打 卖 托 摘 学 填 转 买 走 陷 死 穿

涂　抓　写　喝　交　动　推　抱　去　抽　嗅　提　滑　插　变　进　修　问　仰　拱　想　念　建　拿　吐　玩

但是，经过逐一排除，得到的一个比较明确的结论是：除“谈吐 / 玩笑 / 买卖 / 推拿”之外，这 60 个典型动词性语素之间很难两两叠加异化成一个名词性单位，它们一般需要与另外的一个非典型动词性语素组合才能名词化。这也就是说“V+V”类序名词化一般要受到单典型性原则的制约：用以构成名词性二字词的“V+V”，通常只有一个动词性语素是典型动词性语素。

包含这 60 个典型动词性语素的名词性二字词主要有以下这样一些：

开　开关　开封　开端　开销
吃　吃喝
考　考生　主考　考题　考点
逃　逃犯
谈　言谈　谈吐
笑　玩笑　笑容　笑料　笑谈
望　愿望　热望
缠　盘缠
听　视听　听觉
唱　绝唱　主唱
戳　邮戳
贴　贴息　贴画
收　收支　收成　收效　收据
改　教改
挺　挺举
攻　攻防
杀　杀气
求　供求

走　竞走
陷　缺陷
死　生死　死伤　死难　死活
　　死敌　死囚　死别
穿　穿着
涂　涂料
抓　抓举
写　写照
喝　吃喝
交　交道　交警　交管　交集
动　动作　举动　动画　动乱　动议
推　推拿　推论
抱　抱负
去　去处
抽　生抽
嗅　嗅觉
提　提督　提包　提要
滑　滑轮

摊　报摊

赌　赌注

坐　坐标　坐骑

扑　扑克

打　散打

卖　买卖　卖主

托　摩托　信托　托派　托盘

摘　摘要　摘编

学　学生　学校　化学　理学

　　学会　数学　学说　学问

　　学派　学分　学报　学识

　　学制　道学　学究　藏学

填　填料

转　转盘

插　插图　插曲　插花

变　病变　变量　变故　变种

　　变体　变数

进　进制　进度

修　修养　修辞

问　问题　问题　学问　疑问

　　参数　问卷　设问

仰　信仰

拱　拱顶

想　思想

念　观念　信念　理念　悬念

建　建制　建树

拿　推拿

吐　谈吐

这些二字词中一般含有一个非典型动词性语素，这些语素多数素位素类不纯一，少数为黏着语素。

对于“谈吐 / 玩笑 / 买卖 / 推拿”，需要一个双典型动词性语素转喻附则来完善单典型性原则：如果两个典型动词性语素组合变异为一个名词，这两个动词性语素通常要发生转喻，并且这两个语素为并列关系。比如，“谈吐 / 玩笑 / 买卖 / 推拿”都是并列式名词，都由典型动词性语素组合而成，但这些二字词名词义的实现或获得，都经过了一个转喻的过程。它们分别以两个细节性的动作转喻“言语的表达”“嬉乐性话语”“商业活动”和“一种中医治疗手段”。双典型动词性转喻附则甚至也适合一些不太严格的并列式“V+V”异化名词，如“开关 / 修养 / 思想”（“关”“养”“思”有名词义），这些并列式名词也存在一个转喻过程。

2. 素频、素类、素位与自由度

504 个构成名词性“V+V”二字词的单音节语素的使用频率（简称“素频”）

不尽相同，频率最高的“体”达到33次，这也就是说，包含“体”语素的名词性“V+V”二字词共有33个，它们是：

体育　体制　体系　集体　整体　主体　团体　气体　体操　立体　体重
体积　导体　流体　合体　体委　载体　遗体　抗体　体裁　体温　体检
裸体　垂体　变体　体征　体校　病体　掩体　熔体　下体　斜体　体能

排在前30位的高频语素还有：

30主　26气　26数　24点　20面　19量　19品　17言　17会　16论
16学　16信　15道　15流　15料　15教　15度　15分　14题　14重
13行　13战　12生　12委　11集　11歌　11校　11报　11商

频率最低的只一次，它们每个语素只构成一个名词化的“V+V”二字词，这样的二字词有199个，以下加下划线部分的语素只是其中的一部分：

共鸣　颂歌　主顾　靠垫　霸主　雇主　缺陷　闷气　钻戒　报酬　配料
待遇　逆流　逃犯　连翘　过失　屈辱　输赢　辅料　载体　转盘　跨度
跑道　涨跌　超导　竞走　无赖　赌注　信贷　贡赋　称谓　谬误　造诣
译著　训令　包裹　裸体　疑虑　至爱　背包　体育　聚会　行署　盘缠
破绽　绷带　续集　继任　团练　出纳　黏度　标签　学究　禁令　禀赋
告示　教研　提督　休眠　看守　铺盖　盈亏　疗效　战略　亲疏

比较这两组用例，可以发现素频与素类、素位甚至语素的自由度都有非常密切的联系：

（1）素频与素类。素频越高，素类越混杂，素频越低，素类越趋纯一。如前30位的“V”都跨名、动两类，而最低频的“V”兼类的情形非常少见，以单一的动词性语素居多。

（2）素频与素位。素频越高，素位越倾向于名词义，素频越低，越集中于动词义。素频居中的语素组词时，有的用名词义，也有的用动词义。例如，33个“体”全选名词义，而上面的“鸣/颂/顾/靠……”等一般仍取动词义。而素频不高不低的“信”可取动词义，也可取名词义，且所取名词义不一而足。请看：

取动词义的“信”：信仰 信托 信誓 信度 信道 宠信 亲信

取名词义的“信”：信息 信用 来信 信念 信贷 信封 贺信 引信 印信

（3）素频与自由度。素频越高的语素越多为黏着不自由语素，自由的动词性语素一般都是低频的。这很好理解，频度越高越容易成为准词缀，越词缀化，它的位置越容易固定下来而难以自由运用。

3. 类序变异与非音质音位的标记功能

典型性动词单音节语素一般是单读的，一音一义，而504个参与“V+V”类序变异的单音节动词性语素里，有不少是多音语素，有两种或两种以上读音。例如：

数 量 教 度 分 行 重 校 种 干 难 铺 率 处 胜 弹 宿

省 相 当 解 缝 盛 说 落 着 少 参 闷 载 翘 应 散 塞

这些多音语素，可以标记的素类有多种。一些动词性语素还专门利用非音质音位的形式，特别是用声调来区别不同的素类，不同的声调与不同的素类相对应，如以下的“数、量、教、分、种、干、难、铺、处、胜、相、当、解、缝、少、闷、应、散、塞”等。以下圆括号里的素类表示该读音允许标记的素类，方括号里的素类表示该读音在二字词里所对应的语素的实际素类或素位义的属类，“—”表示没有相应的二字词。例如：

数　shù（名）　数量　数据　数学　指数　系数　参数　数值　分数　代数
定数　对数　整数　数论　招数　复数　度数　胜数　变数
解数　数列　套数［名］

shǔ（动）—

量　liàng（名）数量　产量　含量　重量　容量　流量　定量　热量　销量
变量　储量　用量　度量　增量　量表　气量　排量［名］

liáng（动）—

教　jiào（名）　主教　教会　教委　教养　教主　教派　教改　代教　教研
教化　助教　教务　教团　教习　回教［名］

jiāo（动）—

度　dù（名）　制度　温度　限度　难度　湿度　进度　度量　跨度　黏度
气度　度数　热度　刻度　信度［名］

duó（动）—

分　fēn（名、动）分支　比分　学分　分会　分校　分晓［名、形］

fèn（名）成分　处分　分量　养分［名］

行　háng（名）行列　商行　分行　行会　排行　行当　支行　行协［名］

xíng（名、动）品行　行署［名］

重　zhòng（名、动、形）　比重　重量　体重［名］
轻重　重任　重病　重负　重担　重镇　重压
重奖　重犯［形］

chóng（形）　重围［形］

校　xiào（名）　学校　上校　少校　分校　校舍　校办　体校　干校　网校
驾校　校服［名］

jiào（动）—

种　zhǒng（名）品种　变种　种类［名］

zhòng（动）—

干　gān（名、动、形）干支　干系［名］

gàn（名、动）干警　树干　干校　干流［名］

难　nán（形、动）难题　难度　难点　难关　疑难［形］

nàn（名、动）—

铺　pū（动）—

pù（名）上铺　当铺　卧铺　铺面　下铺［名］

率　lǜ（名）效率　汇率　比率　斜率［名］

shuài（名、动）表率［名］

处　chǔ（动）—

chù（名）用处　住处　别处　去处　出处［名］

胜　shèng（名、动、形）胜负　胜仗　胜数　胜败　胜算［名、形］

shēng（动）—

弹　dàn（名）导弹　炸弹　弹道　核弹［名］

tán（动）—

宿　sù（名、动、形）宿舍　住宿　食宿　宿命　宿主［名、形］

xiù（名）—

xiǔ（量）—

省　shěng（名、动）省委　省会　省份［名］

xǐng（动）—

相　xiàng（名、动）面相　动相　共相　命相［名］

xiāng（副、动）—

当　dāng（名、动）当代［名］

dàng（名、动）行当　勾当［名］

解　jiě（名、动）见解　题解［名、动］

jiè（动）—

xiè（名）解数［名］

缝　fèng（名）裁缝　裂缝　夹缝［名］

féng（动）—

盛　shèng（形）盛会　盛装　盛典［形］

chéng（动）—

说　shuō（名、动）学说［名］

shuì（动）—

yuè（动）—

落　luò（名、动）下落　着落［名］

là（动）—

着　zhāo（名）—

zháo（动）—

zhuó（名、动）穿着　着落［名］

zhe（助）—

少　shǎo（动、形）—

shào（形）少校　少佐［形］

参　cān（名、动）参数　参赞［名］

shēn（名）—

cēn（非语素，无素类，构成单纯词“参差”）—

闷　mèn（形）闷气［形］

mēn（形、动）—

应　yìng（名、动）效应［名］

yīng（动）—

散　sǎn（形）散曲　散打［形］

sàn（动）—

塞　sài（名）要塞［名］

sāi（名）活塞［名］

sè（动）—

由这些用例来看，“V+V”二字词出现类序变异时，可能要遵守“尽量避免使用动词性素位义对应的音节或非音质音位”的原则。具体来说，这个原则包含以下几种意思。

（1）用非音质音位标记不同素类时，如果一个非音质音位对应动词性素位义，一个非音质音位对应名词性或形容词性素位义，只取对应于名词性或形容词性素位义的非音质音位。如“数”的名词性素位义是“数量或数字”，对应于“shù”，它的动词性素位义主要是“点数、计数”，对应于“shǔ”，二者标记上有非音质音位的差异，我们只看到用对应于名词性素位义的“shù”构成的“V+V”类序发生变异的二字词，第三声对应另一类二字词没有发现。“量、教、种、铺、处、缝、散”都在此列。

（2）如果一个非音质音位对应于多种素位义，那么可取的只有名词义或形容词义，动词义还没有发现对应的二字词。例如：

分　fēn（名、动）分支　分行　比分　分数　学分　分会　分校
　　分晓［名、形］
　　fèn（名、动）成分　分量　养分［名］
干　gān（名、动、形）干支　干系［名］
　　gàn（名、动）干警　树干　干校　干流［名］
难　nán（形、动）难题　难度　难点　难关　疑难［形］
　　nàn（名、动）—
胜　shèng（名、动、形）胜负　胜仗　胜数　胜败　胜算［名、形］
　　shēng（动）—
相　xiàng（名、动）面相　动相　共相　命相［名］
　　xiāng（副、动）—
当　dāng（名、动）当代［名］
　　dàng（名、动）行当［名］
解　jiě（名、动）见解　题解［名］
　　jiè（动）—
　　xiè（名）解数［名］
应　yìng（名、动）效应［名］
　　yīng（动）—

少　shǎo（动、形）—

　　shào（形）少校　少佐［形］

闷　mèn（形）闷气［形］

　　mēn（形、动）—

“分 fēn”有名词性素位义“分数、部分、结果”等，也有动词性素位义“分离、分开、划分、区分”等，但后者没有构成类序名词化的二字词。“分（fèn）”本可对应名、动两种素位义，但也只有名词性素位义的变异类序，“处分（fèn）”有动词义，但“处分”不是一个纯名词，它还可以是动词。“闷（mèn）”只有形容词性素位义，对应的变异类序有一个“闷气”，“闷（mēn）”有形容词性素位义“不流通、不舒畅”，也有动词性素位义“使不透气”或“不声张”，但这两类素位义均无相应的纯名词性类序变异。其他的非音质音位标记类序变异的情况也是这样。

（3）其他多音语素，如果一个音节对应一个名词性或形容词性素位义，其他音节对应动词性素位义，则后者也没有变异的二字词类序，如“度、校、弹、省、盛、塞”等。如果一个音节可对应多种素位义，那么动词性素位义也不参与构造变异类序，这样的语素如“行、重、率、宿、说、落、着、参”等。

另外，绝大部分的名词性素位义或形容词素位义由去声标记，非去声标记动词性素位义，或去声允许标记动词性素位义时，至少有对应名词性或动词性的素位义，如“数、量、教、度、分、重、校、干、难、铺、率、弹、胜、相、当、解、缝、盛、落、少、闷、应、塞”等。例外的只占少数，如“种”和“散”。不用去声标记任何素位义的也只占少数，如“行、省、着”和“参”。

二、由二字“V+V”类序变异而来的名词兼类

1. 二字“V+V”名词兼类词的基本情况

（1）总数及兼类类型

二字“V+V”名词兼类词共计 183 个，其中动词 / 名词兼类 174 个，形容词 /

名词兼类 8 个，副词 / 名词兼类 1 个。分别如下：

发展 生产 研究 生活 组织 代表 建设 关系 活动 开始 革命
要求 教育 需要 领导 服务 运动 改革 决定 开发 发现 计划
希望 理论 表现 合作 变化 报道 计算 设计 学习 处理 斗争
认识 支持 分析 报告 选择 建筑 比赛 调查 竞争 建议 宣传
感觉 旅游 指挥 编辑 创作 战斗 教授 主张 损失 安排 运输
命令 限制 贡献 试验 习惯 批评 主持 采访 选举 表演 教学
评论 距离 教练 发明 记录 发言 感受 依靠 指示 判断 批判
导演 请求 挑战 游戏 思考 休息 考试 负担 打算 旅行 进展
参考 启示 组合 把握 设置 装修 侵略 记载 呼吸 游击 包装
感谢 写作 爆炸 翻译 发育 信任 体会 供给 会谈 教训 袭击
生气 论述 汇报 设想 感想 配置 储蓄 裁判 恐惧 化妆 练习
梦想 遭遇 投诉 变革 处分 收获 迷信 开支 录像 雕塑 补贴
招呼 沉积 积分 赞助 感冒 主演 咳嗽 挫折 误解 叛乱 重伤
标记 转折 争执 顾虑 冷笑 运算 定点 猜想 论战 综述 疑惑
传闻 编导 损耗 集邮 批复 定制 面值 面试 论争 提成 尊称
漫谈 指称 笑谈 夹带 斜视 节选 清唱 编审 评弹（动词 / 名词兼类）

困难 重点 卫生 理想 腐败 愤怒 喜悦 无辜（形容词 / 名词兼类）

批量（副词 / 名词兼类）

（2）兼类数没有破三

据初步的考察，现代汉语里的词最高可以兼三种词类。如“在”，有动词、介词和副词三种。对于二字“V+V”兼类词而言，这一纪录仍没有打破。绝大部分兼类词只跨两个词类，其中以动名互兼最为多见。跨三个词类的“V+V”二字词只看到两个词：“麻烦”和“依据”。前者可以是动词，如“我们要麻烦各位校友了”；也可以是形容词，如“这事特别麻烦”；还可以是名词，“留美工作还有一大堆麻烦等着需要解决”。后者可以是名词、介词和动词。这一事实似乎表明兼类复杂的词并不是词汇系统的宠儿。

（3）语素使用频率

二字“V+V”名词兼类词所使用的动词性语素不及二字“V+V”纯名词的一半，共有以下 241 个：

论 教 感 想 设 生 批 争 革 选 运 谈 试 记 计 表 考
编 算 理 演 游 指 报 战 开 建 导 定 判 作 习 主 顾
面 重 述 评 要 装 育 置 组 练 笑 称 积 示 现 点 活
求 旅 斗 支 损 持 折 录 展 学 命 呼 合 变 化 动 制
分 击 信 依 传 会 验 领 靠 需 雕 集 难 限 闻 问 量
采 配 邮 遭 道 遇 迷 进 辜 输 辑 载 转 距 赞 赛 贴
败 贡 负 谢 调 请 误 译 诉 识 访 议 训 认 言 解 觉
视 裁 袭 补 行 虑 蓄 获 节 腐 耗 翻 综 给 织 系 筑
竞 究 离 研 疑 略 献 猜 爆 炸 漫 清 沉 汇 气 比 梦
标 查 析 望 服 明 无 断 斜 改 收 握 提 排 授 据 挫
挥 挑 择 招 担 投 把 执 打 成 戏 愤 惯 惧 惑 悦 息
恐 思 怒 张 带 希 尊 宣 审 安 始 妆 夹 失 复 处 塑
困 嗽 喜 唱 咳 告 吸 启 叛 受 参 卫 包 助 务 创 划
冷 决 写 冒 关 像 储 值 修 侵 供 体 伤 休 任 令 代
产 乱 举

其中，与前述 504 个二字“V+V”类序变异名词所用动词性语素相重合的有 172 个，重出率为 71.4%：

导 闻 系 任 建 迷 想 述 称 误 积 问 修 令 解 代 信
无 竞 进 招 给 变 受 雕 试 比 译 发 运 提 量 像 重

觉 集 识 视 装 旅 担 评 组 练 参 栽 难 设 论 决 育
记 邮 议 训 断 助 储 产 梦 报 宣 计 务 斜 喜 供 定
写 折 算 斗 输 排 疑 把 安 争 领 妆 节 要 顾 载 命
呼 关 乱 息 置 据 转 卫 表 执 学 补 面 靠 习 赞 作
赛 教 录 展 道 打 体 虑 塑 限 配 行 告 遇 汇 举 值
活 主 改 夹 游 收 制 贴 失 唱 支 带 败 伤 贡 张 传
负 生 感 思 望 创 会 战 编 化 气 怒 笑 休 成 戏 明
服 复 希 尊 选 谈 合 标 指 理 分 清 包 处 调 需 考
言 开

与236个典型动词性语素重合的有31个，重出率为12.9%：

开 考 谈 挑 笑 演 望 挥 唱 贴 收 吸 改 求 打 学 转
关 投 写 认 动 采 提 变 进 修 问 想 建 翻

这表明，构成二字“V+V”兼类词的动词性语素仍然是以非典型动词性语素为主。实际上，就是与典型动词性语素重出的语素其典型性也已经大打折扣，特别是自由度方面磨损得很不典型了，这里不具体比较它们。

顺便要指出的是，典型动词性语素、构成二字纯名词的动词性语素和构成二字名词兼类词的语素三者相重合的只有21个动词性语素，它们是：

开 考 谈 笑 望 唱 贴 收 改 打 学 转 关 写 提 变 进
修 问 想 建

2. 素位义的平移

从内部结构关系来看，二字“V+V”兼类词有并列、定中、主谓和动宾四种。“V+V”二字动词与对应的或同形的“V+V”二字名词在内部结构上可以保持一致，而有的则必须有所转换。并列、定中和主谓的“V+V”不管是名词还是动词，内部结构都没有变化，动宾的“V+V”二字动词分两种情况，一部分不发生变化，仍然是动宾式，而另一部分用作名词时宜看作定中式。具体来说：

表 4-2　“V+V”二字动词与二字名词的结构关系统计分析

	并列式	定中式	主谓式	动宾式
“V+V”二字动词	154	14	1	15
“V+V”二字名词	154	17	1	12

这也就是说，有三例动宾式动词用作名词时需要被理解成“V 的 N”，它们是“发言”“定点”“集邮”，而有 12 例动宾式在兼类前后可保持原来的语义结构，如“革命”“服务”“卫生”“打算”“生气”“化妆”“投诉”“录像”“积分”“无辜”“提成”“定制”。这可能与后者整体上的词汇化程度及其下字的漂白程度或虚化程度有关。

但是，不管这些二字词的内部结构变与不变，它们的上字与下字的素类与素位义没有发生变化，当二字动词用作二字名词时，素位义与素类是平行推进的。例如：

并列：发展　研究　生活　名动都是“V+V”
　　　困难　　　　　　　形名都是“A（形）+A”
定中：重点　　　　　　　名形都是“A+N（名）”
　　　清唱　　　　　　　动名都是“A+V”
　　　面试　　　　　　　动名都是“N+V”
主谓：面值　　　　　　　动名都是“N+V”
动宾：发言　定点　革命　录像等全是“V+N”

由于同形的“V+V”兼名动两类，这实际上表明这种形式既有陈述的功能，也具有指称的功能。素位义或素类的平移，可能显示陈述与指称之间的互转是在虚化程度比较低的层面运作的，这从这类二字词上字与下字意义的能见度或易分析性也可以看出来。

3. “V+V”二字动词的指称化模式

“V+V”二字动词指称化为二字名词，总体上呈现一定的倾向性，语义上并不是任意的、无章可循的。最主要的指称模式有三种：行为—行为母体，行为—行为结果，行为—行为责任者。

（1）行为—行为母体

这种模式里，“V+V”二字动词表示一种具体或个体的行为，而指称化之后的“V+V”二字名词则是一个笼统、概括而又宽泛的称属，行为只是称属的外延之一，动名之间如同是一种子母关系。例如，“教育孩子”和“兴办教育”，后一“教育”是前一“教育”基础上的泛称。这样的指称化模式构成的“V+V”二字词还有：

发展 生产 研究 生活 建设 活动 革命 教育 服务 运动 改革
开发 变化 计算 学习
处理 斗争 分析 比赛 竞争 宣传 旅游 战斗 运输 试验 习惯
批评 采访 选举 表演 教学 评论 批判 挑战 游戏 思考 休息
考试 负担 打算 旅行 进展 启示 装修 侵略
记载 呼吸 游击 感谢 写作 爆炸 翻译 发育 信任 供给 会谈
生气 化妆 练习 变革 迷信 招呼 争执 顾虑 猜想 论战 疑惑
面试 论争 尊称 漫谈 斜视 清唱

（2）行为—行为结果

行为通常会产生相应的结果，如果用表达行为相同的形式来表达这一结果，就是“行为—行为结果”的指称化模式。

二字名词所表达的指称义有笼统与明细之分。如果是前者，即二字名词用来统称二字动词所表达的行为，这时行为—行为结果模式就与行为—行为母体模式有相近、易于混淆的一面。如果二字名词表达的是一个相对明细的指称，它通常会变成“行为所造成的结果”。例如，“认识到严重性”和“对严重性有了一定的认识”，后一“认识”是前一“认识”产生的结果。符合这种模式的二字词还有：

要求　决定　发现　计划　理论　表现　报道　设计　认识　支持　报告
建筑　调查　困难　建议　感觉　创作　主张　损失　安排　命令　限制
贡献　发明　记录　发言　感受　指示　判断　请求　设置　包装　体会
教训　袭击　论述　汇报　设想　感想　配置　储蓄　恐惧　梦想　愤怒
遭遇　投诉　处分　收获　录像　雕塑　补贴　沉积　积分　赞助　感冒
咳嗽　挫折　误解　叛乱　重伤　标记　转折　冷笑　运算　定点　综述
损耗　集邮　批复　提成　指称　笑谈　节选

（3）行为—行为责任者

少量的二字“V+V”也可以指称人，表示行为的责任者。“领导革命”与“革命领导”中的“领导”就是“行为—行为责任者”的关系。还有：

组织　代表　指挥　编辑　教授　主持　教练　导演　裁判　主演
编导　编审

第三节　形容词化

一、二字“V+V”类序变异而来的形容词

形容词可以表示性质，也可以表示状态，前者一般称作性质形容词，如“伟大”“优秀”等，后者称作状态形容词（简称“状态词”），如“笔直”“碧绿”等。非谓形容词也称区别词，如“国营”“长期”等，一般不包含于形容词之中。我们这里将区别词也暂时并入了形容词，收入了如“上述”“成套”“现成”等区

别词。

1. 基本情况

二字“V+V”类序异化的形容词共有如下 241 个：

主要　重要　现代　充分　明显　相对　合理　少数　附近　绝对　封建
发达　紧张　适当　主动　生动　无限　显著　反动　正当　亲爱　轻轻
混乱　轻松　紧紧　无数　沉重　主观　亲切　过分　分明　透明　保守
清醒　活泼　无效　要紧　现行　无穷　糊涂　隆重　无比　过度　少量
冲动　对称　曲折　绝望　无知　连锁　团团　无聊　悲哀　慎重　上流
无偿　寄生　紧迫　难受　安宁　适量　委屈　体面　难看　适度　上等
含糊　悲观　过重　沉着　紧要　湿润　安分　得当　少许　无理　现成
隐隐　愚昧　润滑　下流　慌忙　无尽　反面　隐约　清凉　喜庆　立交
气派　松弛　别致　动感　开明　难堪　成套　呆呆　亲生　含蓄　无畏
执着　竞相　无害　过量　盈盈　集约　负面　动听　忧愁　镇定　得体
耐用　过气　执着　行销　沉闷　救生　联体　上乘　变相　游牧　冷清
轻率　疏松　过热　分批　热切　无端　松散　持稳　湿热　离休　慌张
买办　别扭　正派　派生　无敌　放荡　轻盈　悲愤　奔放　下等　考究
淘气　紧凑　轻度　审慎　穷困　安稳　稳重　愤愤　无助　惯用　依依
蒙蒙　明媚　做作　紧缺　入流　迷糊　扼要　下作　洒脱　迷离　对等
飘逸　霸道　凝重　漫漫　鼎盛　挺拔　等量　温热　闷热　沉稳　安逸
嘶哑　温顺　铺张　持重　绝顶　主打　融融　豁达　上列　轻浮　散乱
生疏　难听　悲凉　轻装　灼热　呆滞　干练　检点　支离　断代　贴切
谄媚　含混　忙乱　尽责　散漫　散装　标致　怪诞　应验　凌乱　悉数
委曲　摩登　稳当　偏执　难熬　歪斜　蒙昧　昭著　滚烫　干瘪　剔透
端重　穷尽　执迷　轻飘　奸诈　腾达　过紧　破落　破败　清冷　绝代
迷蒙　正点　悲切　活脱　迷乱　昏乱　干裂　夹生　上述　下述

经过去重后，这些二字词共包含以下 240 个单字语素：

无　重　轻　生　过　动　乱　热　上　悲　难　稳　明　分　要　迷　切
安　沉　蒙　主　等　当　散　执　量　绝　清　下　松　对　漫　干　穷
气　适　尽　派　着　隐　流　度　呆　现　亲　张　离　达　偏　体　盈
糊　愤　著　忙　面　连　少　代　正　含　相　数　慎　得　听　媚　依
脱　润　约　持　破　作　逸　冷　点　昧　活　理　观　装　放　显　凉
用　反　委　飘　温　别　透　湿　团　成　慌　端　述　曲　致　混　行
闷　融　疏　牧　摩　歪　扭　浮　买　昭　支　爱　休　究　顶　开　洒
奸　批　顺　登　贴　扼　灼　嘶　腾　偿　游　宁　锁　涂　庆　隆　率
守　霸　悉　夹　验　挺　缺　列　醒　应　愚　折　弛　落　定　喜　斜
望　办　审　交　接　感　标　负　合　助　熬　断　豁　附　冲　充　害
责　许　镇　屈　效　销　哀　检　裂　聊　练　寄　蓄　败　集　敌　考
诈　看　谄　立　凌　畏　限　救　凑　发　哑　滑　近　鼎　拔　比　受
变　汹　堪　打　滚　盛　保　凝　道　滞　竞　诞　剔　奔　联　套　知
忧　烫　迫　怪　惯　乘　困　称　做　瘪　荡　昏　封　愁　入　耐　建
铺　泼

继续把这些去重字与前文提供的典型动词性语素进行比较，发现只有以下 23 字相同，典型动词性语素占有率只有 9.9%：

开　考　看　望　听　脱　贴　挺　放　聊　打　做　扭　涂　醒　动　熬
寄　滑　拔　变　滚　建

这表明，形容词化的“V+V”二字词仍然是排斥典型动词性语素构词的。

2. 最多允许存在一个动词性素位义

“V+V”二字形容词不仅排斥典型动词性语素，就是那些包含典型动词性语素的二字形容词里，这些语素几乎已经不具备动词性素位义了。请看典型动词性语素构成的二字形容词：

开明　考究　难看　动听　绝望　洒脱　贴切　挺拔　放荡　无聊　主打
做作　别扭　糊涂　清醒　生动　主动　反动　冲动　动感　难熬　寄生
润滑　变相　滚烫　封建

似乎只有“难看”“主打”“难熬”“变相”中的“看”“打”“熬”“变”的动词义还一息尚存，但与之组合的其他另一个语素则明显丧失了动词义。这也就是说：二字形容词里，最多允许存在一个动词性素位义。二字“V+V”类序异化为形容词，核心的变化就是要异化动词性素位义，模糊它的动词素位义的能见度。以上的 246 个二字形容词都符合这一要求。更多的情况是两个语素都完全抛弃了动词性素位义。

二、二字“V+V”类序变异而来的形容词兼类

二字“V+V”兼类形容词数量不多，分形 / 动兼类（a/v）、形 / 名兼类（a/n）和形 / 名 / 动（a/n/v）兼类三种：

a/n　困难　重点　卫生　理想　腐败　愤怒　喜悦　无辜
a/v　肯定　团结　对立　温暖　封闭　亲热
a/n/v　麻烦

单从这些用例来看，可以说，当“V+V”为二字动词时，至少含有一个动词性语素；当“V+V”为二字名词或形容词时，最多可有一个动词性语素。名词和形容词形成同一个阵营与动词相对抗。比如，用作动词时“肯定”“团结”“对立”“温暖”“亲热”可以理解为两个动词性语素的组合，“麻烦”中的“烦”中动词义显著，用作非动词时，往往部分下字还保留有动词义，而上字难以分析为动词语素，如“团结”“对立”“封闭”。其他二字词原来的两个动词性语素都已经变异。

第四节　虚词化

一、基本情况

"V+V"类序也可以异化为副词、介词、连词和助词等几类虚词。总体上，这几类词数量都比较有限，以下悉数列出：

相当　尽管　更加　往往　始终　至少　相应　难道　立刻　到处　反复
恐怕　尽量　相继　难得　反正　明明　越发　难怪　批量　终究　愈加
偏要　切切　略略　宁肯　按说　约略　横竖　约莫　偷偷（副词及其兼类词）

按照　依据　依照　凭着　朝着　顺着　当着（介词及其兼类词）

尽管　无论（连词及其兼类词）

起见（助词）

这些虚词由以下57个语素构成：

着　尽　略　难　相　愈　当　按　照　偷　往　依　加　管　约　明　终
反　量　发　切　朝　据　究　怪　起　摸　批　顺　横　宁　要　越　应
得　到　刻　复　处　肯　论　偏　见　恐　始　立　少　道　正　竖　无
继　凭　至　更　说　怕

这些语素与典型动词性语素相比较，重出的只有两个："偷""摸"。重出率仅3.5%。

二、"V+V"二字虚词

"V+V"二字虚词里，两个"V"都要一齐虚化，原来包含的动词素位义全部丧失。就连其中的两个典型动词性语素"偷"和"摸"也不例外。例如：

更加　往往　始终　至少　相应　难道　立刻　到处　反复　恐怕　尽量
相继　难得　反正　明明　越发　难怪　终究　愈加　偏要　切切　略略
宁肯　按说　约略　横竖　约莫　偷偷　按照　依照　凭着　朝着　顺着
当着　无论　起见

这就是说，"V+V"二字虚词类序变异是一种整体性的变异。

三、"V+V"二字虚词兼类

二字"V+V"类序构成的兼类虚词，只有以下四个：

相当　动词 / 副词兼类
尽管　副词 / 连词兼类
批量　副词 / 名词兼类
依据　名词 / 介词 / 动词兼类

当"V+V"是二字动词时，"V"至少有一个动词性素位。当"V+V"是其他二字词时，它们不再拥有动词义，变异仍然是整体性的。

第五节　本章小结

"V+V"二字词一般是动词，但也会发生类序变异而成为名词、形容词和虚词（副词、介词、连词和助词）。名词化的二字"V+V"，虽然动词的典型性会有所消退，但仍然还维持着单典型原则和隐喻性附则，"V+V"兼类名词仍然以素位义平移的方式将动词素位义部分地保留下来。形容词化的二字“V+V”，动词性素位义的能见度和可分析性进一步被打了折扣，已经有相当数量的二字词动词性素位义散失殆尽，但依然有少量形容词残留着一个动词性素位（最多允许存在一个动词性素位义）。虚词化的二字“V+V”如果不是还兼类着动词，那么它们会发生整体性的变异，动词素位不复存在。“V+V”二字词的类序变异的核心变化是动词素位义的消退，从名词化、形容词化到虚词化动词的典型性逐步淡隐，计量的考察结果与人们的直观感受是一致的。

此外，二字“V+V”中“V”的素频与它的素类、素位和自由度关系密切。非音质音位与二字词的标记也有章可循：尽量避免使用动词性素位义对应的音节或非音质音位。表示陈述的二字动词兼类为指称化的二字名词时语义上主要是与三种模式相关联的。

第五章　动词性基本分词单位的组合顺序与语义分流

本章主要考察二字复义动词。二字复义词也是一种基本分词单位。我们对这种基本分词单位比较感兴趣的问题有两个，一个是二字复义词的语素组合顺序问题，一个是复义语素组合能力的强弱问题。以二字复义动词“种植”“咒骂”为例，“种”和“植”语义相近，“咒”和“骂”语义相近，但不说“植种”和“骂咒”，这是第一个问题；“种”和“植”组合新词的能力不同，前者强于后者，是“左强右弱”型，而“咒骂”刚好相反，是“左弱右强”型，不同组合类型反映了复义语素的语义分流规则，这是第二个问题。研究这两个问题，对于基本分词单位的判识是有益的。

我们对第 6 版《现代汉语词典》中的所有二字复义动词进行定量、封闭式研究，最终筛选出了 361 个研究对象。同素逆序词前后两语素顺序相同且顺序可任意颠倒，故不在本文的研究范围之内。这 361 个词共涉及了 516 个不同的动语素。研究中，我们自建了一个“二字复义动词”语料库。

第一节　二字复义动词语素组合情况

二字复义动词语素的组合情况涉及两方面。一方面，从同义联合和相容联合两个层次对二字复义动词语素的意义关系进行分类整理与描写；另一方面，在分类整理与描写的基础上进一步分析语素与二字复义动词的意义关系。

一、动语素的典型性

现代汉语动词性语素一般是单音节的，可以简称为动语素。从构词能力来看，同其他语素一样，有自由动语素与粘着动语素之分。与其他类型的语素不同的是，动语素还有典型性动语素与非典型性动语素之别。请看以下的动语素：

A. 按 摆 擦 唱 等 喊 哭 拦

B. 薄 反 明 轻 穷 曲 少 斜

C. 包 布 顶 费 歌 列 模 书

D. 并 从 得 跟 了 为 与

A、B、C、D 四组均为动语素。但 A 组语素才是典型性动语素，其他各组只能算是非典型性动语素。究其原因，A 是单一的动词性语素，其基本义项只关涉动词性语素义，没有动词性语素义之外的其他义项。而 B、C 和 D 的义项是跨类，有动词性语素义也有其他类型的语素义，而且动词性语素并不是其基本义。像 B 组语素的基本义是形容词性的，C 组语素的基本义是名词性的，D 组语素首先被看作虚语素，基本义更不是动词性义项。动词性用法只是 B、C 和 D 的次要用法。A、B、C 和 D 形成了一个动语素典型性的斜坡：A>B>C>D。

二、二字复义动词语素的意义关系

二字复义动词中包含两个不同的动语素，依照二者之间语义关系的不同，二字复义动词可以分出同义二字复义词和相容二字复义动词。

1. 同义联合

同义二字复义动词的两个语素在意义上是相近或相同的。这种复义动词占所有二字复义动词（361 个）的 96.4%，共有 348 个。其中，317 个复义动词的两个语素义相差较少，几尽相同，可看作同义语素联合，31 个复义动词的两个语素相近，是近义语素联合。前者约占二字复义动词总数的 87.81%，后者占 8.59%。这两种复义动词悉数列举如下。

同义语素联合：

安装 按压 把守 把握 罢免 罢休 摆列 搬迁 办理 扮饰 扮演

帮助 包裹 保护 保卫 暴露 爆炸 奔跑 崩裂 迸溅 迸裂 蹦跳

逼迫 比较 鄙薄 闭合 编织 编纂 变更 变化 变易 辨别 濒临

摈弃 搏斗 捕捉 擦拭 猜测 采摘 参与 残缺 残余 察看 差遣

掺兑 搀兑 缠绕 敞开 吵嚷 撤除 撤退 沉降 沉落 陈述 陈说

承担 惩罚 斥责 抽打 传递 吹捧 攒集 攒聚 搭乘 打击 逮捕

盗窃 等待 凋谢 调换 跌落 顶替 丢失 对待 躲避 翻越 放置

焚烧 拂拭 抚摸 腐朽 付与 覆盖 改变 告诉 跟从 跟随 更改

更换 哽噎 供给 躬亲 关闭 观察 观看 贯穿 灌注 归还 嗥叫

耗费 合并 轰赶 轰炸 烘焙 呼喊 呼号 呼叫 汇合 汇集 汇聚

绘画 获得 讥讽 积聚 稽查 集合 给予 给与 嘉奖 捡拾 奖赏

降落 搅拌 缴纳 教授 节省 竭尽 进入 浸泡 经过 拘捕 拘束

居住 具有 惧怕 开始 揩拭 砍伐 磕碰 扣减 哭泣 垮塌 诓骗

拉扯 拦截 愣怔 理睬 晾晒 了结 了解 瞭望 聆听 领取 笼罩

掳夺 掳掠 掠夺 裸露 冒充 蒙骗 免除 灭杀 明晓 逆反 凝结

挪移 殴打 呕吐 派遣 抛掷 陪伴 膨胀 碰撞 譬如 漂浮 撇弃

拼合 凭恃 泼洒 破损 曝晒 欺骗 契合 憩息 迁徙 迁移 牵涉

谴责 戕害 抢夺 抢掠 乔扮 轻蔑 倾斜 穷竭 穷尽 区别 区分

驱赶 祛除 缺乏 缺少 燃烧 忍耐 忍受 认识 融化 溶化 熔化

揉搓 丧失 删除 赊欠 舍弃 赦免 渗透 升腾 省略 使用 授予

售卖 书写 戍守 述说 思虑 思念 撕扯 死亡 搜寻 诉述 诉说

缩减 索要 坍塌 逃遁 逃逸 剔除 啼哭 挑选 眺望 跳跃 听闻

停止 偷盗 偷窃 投掷 屠杀 拖延 挖掘 完毕 完结 玩耍 违背

畏惧 畏怯 熄灭 洗涤 下降 嫌憎 显露 羡慕 镶嵌 想念 歇息

携带 休憩 休息 休止 叙述 叙说 畜养 选择 炫耀 学习 寻觅

言语 佯装 吆喝 邀请 摇摆 摇晃 摇荡 医治 疑惑 倚靠 迎接

萦绕　应答　拥抱　犹如　原谅　援助　怨恨　阅览　允许　栽植　栽种
增加　赠送　站立　招惹　整理　支撑　知晓　制造　治理　治疗　抓捕
撰写　撞击　追赶　坠落　租赁　阻挡　阻截　阻拦　作为

近义语素联合：

爱好　背负　裁减　宠爱　抽取　辞别　辞退　讹诈　建造　跨越　捆绑
弥补　描画　描绘　鸣叫　模仿　扭摆　拍打　刨除　喷涌　品尝　栖居
牵引　敲打　蜷曲　饶恕　闪耀　推搡　议论　遮盖　争辩

2. 相容联合

相容联合指构成二字复义动词的两个语素在意义上是相互包容，相互融合的。361 个二字复义动词中共有 13 个相容联合动词，约占 3.6%。它们是：

摆布　颁发　残损　拆解　赤露　倒退　歌唱　递送　堵塞　梗塞　讥嘲
给付　旷废

较之同义联合，相容联合的二字复义动词两语素之间的关系显得更有层次感。“摆布”的“摆”义项为“安排，排列”，“布”即“布置”，两者意义上存在涵盖与被涵盖的关系，构成了上下位概念。又如“倒退”的“倒”意为“使向相反的方向移动或颠倒”，“退”意为“向后移动（跟‘进’相对）”，两者也是包含与被包含的关系。再如“颁发”的“颁”意为“发布、颁发”，“发”即“送出、交付”或“表达、发表”，两者也是一种相容联系。

三、二字复义动词的意义关系

二字复义动词的两个语素与所构成的二字复义动词之间主要有重合与融合两种关系。为了方便书写，我们用 Z 代表整个词的意义，Q 代表前一语素的意义，

H 代表后一语素的意义，B 代表两语素意义之外的补充意义。

1. 重合

重合指二字复义动词前后两个语素的意义与整个词的意义相同，分为两种情况：全部重合，即词的整体意义分别与前后两个语素的意义相同，表示为：Z=Q=H；部分重合，即词的整体意义仅与前后两语素当中的一个语素意义相同，表示为 Z=Q 或 Z= H。重合类二字复义动词具体情况如下。

①全部重合（Z=Q=H）

爱好　把守　罢休　搬迁　扮饰　扮演　包裹　背负　奔跑　迸溅　蹦跳
比较　鄙薄　编织　变更　变化　变易　濒临　摈弃　捕捉　擦拭　猜测
裁减　采摘　残缺　残余　掺兑　搀兑　缠绕　敞开　惩罚　传递　攒集
攒聚　搭乘　逮捕　倒退　盗窃　凋谢　调换　丢失　放置　拂拭　腐朽
付与　告诉　跟从　跟随　更改　更换　哽噎　躬亲　关闭　贯穿　灌注
归还　歌唱　耗费　合并　轰赶　轰炸　烘焙　呼喊　呼叫　汇合　汇集
汇聚　绘画　获得　讥嘲　讥讽　积聚　集合　捡拾　建造　奖赏　降落
搅拌　缴纳　教授　节省　竭尽　进入　浸泡　经过　拘捕　拘束　具有
惧怕　揩拭　砍伐　磕碰　扣减　哭泣　垮塌　诓骗　拉扯　拦截　愣怔
理睬　了结　聆听　领取　掳夺　掳掠　掠夺　裸露　冒充　蒙骗　弥补
灭杀　明晓　模仿　逆反　凝结　扭摆　殴打　呕吐　抛掷　刨除　陪伴
喷涌　譬如　漂浮　撇弃　拼合　品尝　凭恃　泼洒　曝晒　欺骗　契合
缺少

憩息　迁徙　迁移　牵涉　谴责　戕害　抢夺　抢掠　敲打　轻蔑　倾斜
穷竭　穷尽　区别　区分　驱赶　缺乏　燃烧　饶恕　忍耐　忍受　认识
熔化　融化　溶化　揉搓　丧失　删除　闪耀　赊欠　舍弃　赦免　渗透
升腾　省略　使用　授予　售卖　书写　戍守　述说　思念　撕扯　死亡
搜寻　诉述　诉说　索要　坍塌　逃遁　逃逸　剔除　啼哭　挑选　跳跃

听闻　停止　偷盗　偷窃　投掷　屠杀　拖延　挖掘　完毕　完结　玩耍
违背　畏惧　畏怯　熄灭　洗涤　嫌憎　显露　羡慕　镶嵌　想念　歇息
携带　休憩　休止　叙述　叙说　畜养　选择　炫耀　寻觅　言语　佯装
吆喝　邀请　摇摆　摇晃　医治　议论　萦绕　应答　拥抱　犹如　原谅
怨恨　阅览　允许　栽植　栽种　增加　赠送　站立　争辩　整理　支撑
治疗　抓捕　撰写　撞击　租赁　阻挡　阻拦　作为

全部重合（Z=Q=H）的词有 251 个，约占二字复义动词的 69.53%。这说明绝大部分二字复义动词两语素的意义分别与二字复义动词整体的词义趋同，这类词单个语素的意义（大部分为语素字的意义）即可表示整个词的意义。

②部分重合（Z=Q 或 Z= H）

罢免　承担　赤露　宠爱　抽打　抽取　辞退　撤除　堵塞　梗塞　嗥叫
稽查　给付　给予　给与　鸣叫　遮盖

部分重合（Z=Q 或 Z= H）的词有 17 个，约占二字复义动词的 4.71%。较之全部重合这种类型来说，部分重合所占比例较小，数量较少。

全部重合和部分重合均属于重合类。按照这个标准，重合类共有 267 个词，约占二字复义动词的 74.24%。这样看来，二字复义动词内部语素之间主要是重合关系。

2. 融合

这里的融合是指整个词的意义是前后两个语素意义的总和。这里的“总和”又分为两种情况：简单组合，即整个词的意义是前后两个语素意义的简单相加，可表示为 Z=Q+H；“有机”组合，即整个词的意义不仅仅是前后两个语素意义的简单相加，而是两个语素意义相互融合，成词的过程中还伴有两语素意义之外的补充意义，可表示为 Z=Q+H+B。融合类二字复义动词具体情况如下。

①简单组合（Z=Q+H）

摆布　摆列　残损　吵嚷　沉落　吹捧　打击　递送　翻越　覆盖　嘉奖
免除　挪移　破损　栖居　乔扮　思虑　缩减　摇荡　疑惑　援助　知晓
阻截

简单组合（Z=Q+H）的词有 23 个，约占二字复义动词的 6.37%。

②有机组合（Z=Q+H+B）

安装　按压　把握　颁发　办理　帮助　保护　保卫　显露　爆炸　崩裂
迸裂　逼迫　闭合　编纂　辨别　搏斗　辞别　参与　察看　拆解　差遣
撤退　沉降　陈述　陈说　斥责　等待　跌落　顶替　对待　躲避　讹诈
焚烧　抚摸　改变　供给　观察　观看　呼号　居住　开始　跨越　旷废
捆绑　晾晒　了解　瞭望　描画　描绘　拍打　派遣　膨胀　碰撞　牵引
祛除　蜷曲　眺望　推搡　下降　休息　学习　倚靠　迎接　招惹　制造
治理　追赶　坠落　笼罩

有机组合（Z=Q+H+B）的词有 70 个，约占二字复义动词的 19.39%。这类词中整个词的意义不是两个语素意义的简单相加，而是两个语素意义的有机组合。所谓的“有机”指新词在程度、次数、状态、使用范围、适用对象等方面做了相应细致详尽的限定，使这个词更加立体，更加丰富。例如，“笼罩”意为“像笼子似的罩在上面”，因此人们往往将“笼罩”误认为是复合词中的偏正型（状中关系）。但事实并非如此。“笼”为多音字，有两个读音——阳平和上声，读阳平音时基本义为“笼子”，是名词；读上声音时基本义为“笼罩”，是动词。“笼罩”的“笼”读上声，是动词。由此看来，“笼罩”是二字复义动词，其释义中的“像笼子一样”是多出的意义 B。再如，“推”意为“向外用力使物体或物体的某一部分顺着用力的方向移动”，“搡”作为一个方言词，意为“猛推”，这两个语素结合构成二字复义动词“推搡”，前后两语素相互融合，在次数方面做了相应的限定，意为“推来推去”，而不仅仅是“推”一次或者“搡”一次。

四、小结

我们统计分析了二字动词复义语素音的几种意义关系，详见下表：

表 5-1　二字复义动词语素意义关系

意义关系	小类	数量（个）	所占比例
同义联合	意义相同	317	87.81%
	意义相近	31	8.59%
相容联合	意义相容	13	3.60%
合计		361	100%

表 5-2　两语素与二字复义动词的意义关系

意义关系	小类	数量（个）	所占比例
重合	全部重合（Z=Q=H）	251	69.53%
	部分重合（Z=Q 或 Z=H）	17	4.71%
融合	简单组合（Z=Q+H）	23	6.37%
	有机组合（Z=Q+H+B）	70	19.39%

研究发现，二字复义动词两语素之间的意义关系以同义联合占绝对主体地位，有 348 个二字复义动词，约占 96.40%。就两语素与二字复义动词的意义关系类别来说，重合类（包括全部重合与部分重合）共涉及 268 个词，约占 74.24%；融合类（简单组合与有机组合）共涉及 93 个词，约占 25.76%。二字复义动词内部的意义关系以重合类为主。

第二节　二字复义动词语素序的制约因素

语音、语用和语义三个层面都会影响到二字复义动词语素序。影响二字复义动词语素顺序的因素主要有声母、韵母、声调、元音舌位高低、显著度和信息量轻重等。

一、语音层面

二字复义动词前后两个语素的位置关系跟它们的语音形式关系比较密切。下面，我们从声母、韵母、声调、元音舌位几个方面来说明语音形式对二字复义动词位序的影响。

1. 声母对语素序的制约作用

声母对语素序的制约作用主要体现在两方面：①声母的清浊对立；②零声母的有无。

（1）声母的清浊对立

现代汉语中，根据发音时声带是否颤动可将辅音声母分为清声母和浊声母两类：发音时声带不颤动的为清声母，有 b、p、f、d、t、g、k、h、j、q、x、zh、ch、sh、z、c、s17 个；反之，发音时声带颤动的为浊声母，有 m、n、l、r 4 个。因此，从理论上来讲，以“清＋浊”的组合方式构成的二字复义动词在数量上应远远超过以“浊＋清”的组合方式构成的词。声母的清浊对立对二字复义动词语素顺序有一定的制约作用。

二字复义动词的清浊组合方式共有四种。首先，可以“清＋浊”的方式组合，例如：

罢免　摆列　办理　暴露　崩裂　迸裂　濒临　吵嚷　沉落　赤露　跌落
抚摸　譬如　抢掠　轻蔑　赦免　省略　售卖　思虑　思念　熄灭　显露
羡慕　想念　寻觅　议论　萦绕　犹如　原谅　阅览　站立　招惹　整理
治理　治疗　坠落　租赁　阻拦

第二，也可以“浊＋清”的方式组合，例如：

拉扯　拦截　愣怔　理睬　晾晒　了解　了结　瞭望　聆听　领取　笼罩

掳夺　掠夺　冒充　蒙骗　弥补　免除　描画　描绘　灭杀　明晓　鸣叫
模仿　逆反　凝结　扭摆　挪移　燃烧　饶恕　忍受　认识　熔化　融化
溶化　揉搓

第三，也可以“浊＋浊”的方式组合，这种方式组合出来的复义动词比较少。例如：

掳掠　裸露　忍耐

第四，也可以“清＋清”的方式组合，例如：

把守　罢休　颁发　搬迁　扮饰　帮助　采摘　残损　掺兑　敞开　传递
放置　焚烧　更换　歌唱　轰赶　呼喊　绘画　建造　奖赏　拘捕　居住
开始　捆绑　抛掷　迁徙　缺少　删除　撕扯　偷盗　选择　栽种　赠送

如果对361个二字复义动词进行清浊组合方式的统计，可得到下表：

表5-3　二字复义动词声母清浊的对立

组合方式	例词	数量（个）	所占比例
同清	把守 颁发 蹦跳 磕碰 抓捕	285	78.94%
同浊	掳掠 裸露 忍耐	3	0.83%
清＋浊	想念 寻觅 议论 售卖 思虑	38	10.53%
浊＋清	拉扯 拦截 愣怔 理睬 晾晒	35	9.70%

由此表可知，声母清浊的对立对二字复义动词语素位序的选择有一定的影响，“清＋清”是二字复义动词比较青睐的组合方式，而“浊＋浊”是二字复义动词使用最少的组合方式，清浊交叉的方式使用频率基本相当。

（2）零声母与非零声母之别

现代汉语中，音节根据是否以辅音开头，分为零声母音节和非零声母音节。

不以辅音开头的都是“零声母”。零声母和非零声母一共有四种组合方式，分别如下。

第一种组合是“非零声母＋零声母”，例如：

把握　保卫　变易　参与　残余　宠爱　翻越　付与　哽噎　给与　给予
具有　跨越　瞭望　闪耀　使用　授予　死亡　逃逸　眺望　跳跃　听闻
拖延　畜养　炫耀　作为

第二种组合是“零声母＋非零声母”，例如：

爱好　安装　讹诈　殴打　呕吐　挖掘　完毕　完结　玩耍　违背　畏惧
畏怯　佯装　吆喝　邀请　摇摆　摇晃　摇荡　医治　疑惑　倚靠　议论
迎接　萦绕　应答　拥抱　犹如　原谅　援助　怨恨　阅览　允许

第三种组合是“零声母＋零声母”，这种组合不多见。例如：

按压　言语

第四种组合是“非零声母＋非零声母”，例如：

罢免　摆布　搬迁　办理　猜测　陈述　抽取　攒聚　倒退　等待　躲避
耗费　集合　拘捕　惧怕　开始　哭泣　领取　掳夺　灭杀　扭摆　区分
丧失　思念　省略　熄灭　想念　学习　寻觅　遮盖　坠落　阻挡　追赶

总起来看，361 个二字复义动词的音节组合形式是：

表 5-4　二字复义动词零声母与非零声母组合情况

组合方式	例词	数量（个）	所占比例
非零 + 非零	耗费 集合 拘捕 惧怕 开始	301	83.38%
零 + 零	按压 言语	2	0.55%
非零 + 零	把握 保卫 变易 参与 残余	26	7.20%
零 + 非零	摇荡 医治 疑惑 倚靠 议论	32	8.87%

从统计数据来看，二字复义动词优先选择的是“非零声母 + 非零声母”的组合方式，零声母音节的数量越多选择性越差。

2. 韵母对语素序的制约作用

二字复义动词两语素的先后顺序在韵母方面主要受制于韵母韵腹、舌位的高低、前后和唇形圆展。

我们对 361 个二字复义动词语素的韵母结构进行了如下的初步分类：

表 5-5　韵腹对二字复义动词位序的影响

类别		数量（个）	所占比例
韵腹相同		28	7.76%
韵腹不同	带舌尖元音 [ɿ] 和 [ʅ]	32	8.86%
	不带舌尖元音 [ɿ] 和 [ʅ]	301	83.38%

由于要研究不同韵腹对二字复义动词语素序的制约作用，故不考虑韵腹相同的 28 个，只考虑 333 个韵腹不同的二字复义动词。

（1）韵腹不同且前后两语素韵腹不为舌尖元音 [ɿ] 和 [ʅ] 的 301 个词包含以下几种情况：

①前 + 后（24 个）

爱好　安装　按压　颁发　缠绕　观察　汇合　嘉奖　节省　拘捕　拘束

居住　砍伐　拍打　祛除　燃烧　闪耀　坍塌　玩耍　下降　嫌憎　叙述

炫耀　原谅

②低 + 高（38 个）

摆列　搬迁　办理　扮演　变易　裁减　残缺　拆解　差遣　掺兑　搀兑

抽取　传递　攒集　攒聚　搭乘　翻越　改变　关闭　耗费　汇集　拦截
裸露　描绘　派遣　撇弃　迁徙　迁移　牵引　完毕　完结　歇息　学习
吆喝　站立　招惹　撰写　犹如

③展＋圆（5个）

积聚　给予　给与　领取　栖居

④前低展＋后高圆（21个）

把守　把握　罢休　摆布　沉落　陈述　陈说　逮捕　跌落　跟从　灌注
掠夺　免除　忍受　删除　渗透　显露　羡慕　援助　栽种　赠送

⑤前低＋后高（10个）

变更　背负　猜测　残损　梗塞　拉扯　牵涉　谴责　选择　怨恨

⑥低展＋高圆（21个）

包裹　保护　暴露　参与　残余　撤除　告诉　汇聚　降落　教授　冒充
刨除　喷涌　漂浮　抢夺　蜷曲　畏惧　言语　抓捕　帮助　饶恕

⑦前展＋后圆（12个）

逼迫　鄙薄　递送　给付　进入　经过　弥补　譬如　疑惑　坠落　剔除
啼哭

⑧低后＋高前（29个）

保卫　打击　倒退　盗窃　凋谢　跟随　合并　跨越　诓骗　旷废　了结
了解　挪移　抢掠　授予　逃遁　逃逸　挖掘　镶嵌　想念　休憩　休息
邀请　整理　撞击　搜寻　舍弃　跳跃　躲避

⑨前高＋后低（28个）

蹦跳　比较　闭合　变化　沉降　吹捧　绘画　具有　惧怕　捆绑　明晓
鸣叫　膨胀　碰撞　品尝　契合　缺乏　缺少　听闻　推搡　叙说　倚靠
议论　萦绕　应答　拥抱　建造　拼合

⑩高＋低（33个）

奔跑　编纂　捕捉　惩罚　对待　焚烧　抚摸　腐朽　付与　歌唱　讥嘲
讥讽　稽查　集合　浸泡　理睬　掳夺　逆反　凝结　陪伴　欺骗　轻蔑
倾斜　戍守　述说　诉说　畏怯　熄灭　携带　迎接　阅览　增加　追赶

⑪拾壹后＋前（24 个）

罢免　爆炸　崩裂　迸溅　迸裂　察看　敞开　等待　调换　搅拌　缴纳
蒙骗　描画　描绘　戕害　敲打　乔扮　省略　挑选　摇摆　争辩　撤退
晾晒　曝晒

⑫圆＋展（1 个）

寻觅

⑬高后＋低前（11 个）

承担　讹诈　归还　磕碰　忍耐　赊欠　赦免　遮盖　更改　更换　哽噎

⑭高圆＋低展（13 个）

堵塞　呼号　呼叫　获得　模仿　偷盗　驱赶　畜养　阻挡　穷竭　区别
区分　笼罩

⑮后圆＋前展（8 个）

供给　躬亲　哭泣　缩减　索要　租赁　作为　烘焙

⑯高后圆＋低前展（23 个）

宠爱　抽打　覆盖　轰赶　轰炸　呼喊　扣减　掳掠　扭摆　殴打　泼洒
破损　融化　熔化　溶化　售卖　书写　缩减　偷窃　屠杀　拖延　阻截
阻拦

上述十六个小类分析的是二字复义动词前后音节中韵腹的构成情况，这些韵腹全部是舌面元音。舌面元音韵腹的构成对二字复义动词位序的影响情况可见下表。

表 5–6　舌面元音韵腹组合对二字复义动词位序的影响

单独 / 综合起作用	制约因素	小类	数量（个）	所占比例	小计
单独起作用	舌位前后	前＋后	24	7.97%	125 个 41.53%
		后＋前	24	7.97%	
	舌位高低	低＋高	38	12.62%	
		高＋低	33	10.96%	
	唇形圆展	展＋圆	5	1.66%	
		圆＋展	1	0.33%	

续表

单独 / 综合起作用	制约因素	小类	数量（个）	所占比例	小计
二者起作用	舌位前后 + 舌位高低	前低 + 后高	10	3.32%	132 个 43.85%
		后高 + 前低	11	3.65%	
		后低 + 前高	29	9.63%	
		前高 + 后低	28	9.3%	
	舌位前后 + 唇形圆展	前展 + 后圆	12	3.99%	
		后圆 + 前展	8	2.66%	
	舌位高低 + 唇形圆展	低展 + 高圆	21	6.98%	
		高圆 + 低展	13	4.32%	
三者起作用	舌位高低 + 舌位前后 + 唇形圆展	前低展 + 后高圆	21	6.98%	44 个 14.62%
		后高圆 + 前低展	23	7.64%	

由表中数据来看，含不同的舌面元音韵腹的 301 个二字复义动词，更倾向于用舌尖前后、舌位高低和唇形圆展等综合因素来控制它前后语素的位序，计 176 例。单一的发音动作对语素位序的影响略弱，计 125 例。总的看来，对二字复义动词内部语素位序的影响，舌位高低强于舌尖前后，而后者又强于唇形的圆展。

（2）舌尖元音韵腹对二字复义动词位序的影响

韵腹中含舌尖元音 -i（前）或 -i（后）的二字复义动词共有 32 个，它们的组合方式大体上包含两种。一是“舌面 + 舌尖”，即前字的韵腹是舌面元音，后字的韵腹为舌尖元音，这种组合共有 18 个：

扮饰　编织　擦拭　开始　揩拭　抛掷　认识　丧失　栽植　放置

捡拾　拂拭　投掷　休止　凭恃　停止　医治　丢失

另一种组合是“舌尖 + 舌面”，即前字韵腹是舌尖元音 -i（前）或 -i（后），后字韵腹为舌面元音。这种情况有 14 个：

斥责　辞别　辞退　思念　撕扯　死亡　支撑　知晓　制造　治疗　赤露
使用　思虑　治理

这两种组合似乎反映了这么一个规则：二字复义动词的后语素如果以舌尖元音为韵腹，它只能是后元音；二字复义动词前语素的韵腹可以是舌尖前元音，也可以舌尖后元音，舌尖后元音充当韵腹的情况更为多见。

比较奇怪的是，没有发现第三种情况，即“舌尖＋舌尖”的组合，无论是“-i（前）+-i（后）”还是“-i（后）+-i（前）”。是否可以说，汉语中全由舌尖元音充当韵腹的二字复义动词不存在，或韵腹为舌尖元音的动词语素互不构成复义词？这需要更多的数据支持。

3. 声调对语素序的制约作用

本文对 361 个二字复义动词进行了声调标注和分类，按照声调的异同和平仄（阴平、阳平为平声，上声、去声为仄声）将其分为以下六类。

（1）同声调（89 个）

爱好　安装　把守　颁发　搬迁　扮饰　暴露　爆炸　迸溅　迸裂　蹦跳
编织　变化　变易　摈弃　残余　吵嚷　惩罚　辞别　攒集　倒退　盗窃
递送　调换　丢失　对待　放置　腐朽　覆盖　躬亲　灌注　耗费　汇聚
绘画　集合　给予　给与　建造　奖赏　降落　进入　浸泡　惧怕　跨越
旷废　捆绑　拦截　理睬　晾晒　了解　瞭望　领取　凝结　扭摆　挪移
刨除　碰撞　曝晒　栖居　区分　穷竭　渗透　售卖　诉述　议论　增加
赠送　站立　整理　支撑　制造　坠落　阻挡　坍塌　眺望　跳跃　完结
畏惧　畏怯　下降　羡慕　叙述　炫耀　学习　犹如　怨恨　允许　撤退
赤露

（2）平声＋仄声（133 个）

帮助　包裹　背负　奔跑　崩裂　逼迫　编纂　搏斗　擦拭　猜测　裁减
参与　残损　察看　拆解　差遣　搀兑　掺兑　缠绕　沉降　沉落　陈述
抽打　抽取　传递　吹捧　辞退　攒聚　凋谢　跌落　讹诈　翻越　拂拭
更改　更换　关闭　观看　歌唱　嗥叫　合并　轰赶　轰炸　烘焙　呼喊

呼叫 讥讽 积聚 嘉奖 教授 节省 竭尽 经过 拘捕 拘束 居住
开始 揩拭 磕碰 哭泣 诓骗 拉扯 蒙骗 弥补 描画 描绘 明晓
鸣叫 模仿 殴打 拍打 抛掷 陪伴 喷涌 膨胀 撇弃 凭恃 泼洒
欺骗 迁徙 牵涉 牵引 戕害 敲打 乔扮 轻蔑 驱赶 缺少 饶恕
熔化 融化 溶化 赊欠 书写 思虑 思念 撕扯 逃遁 逃逸 挑选
停止 偷盗 偷窃 投掷 推搡 完毕 玩耍 违背 熄灭 镶嵌 携带
休憩 休止 寻觅 邀请 摇摆 摇晃 摇荡 医治 疑惑 萦绕 拥抱
原谅 援助 栽种 招惹 遮盖 争辩 知晓 抓捕 追赶 租赁 缩减
供给

（3）仄声 + 平声（48 个）

按压 罢休 扮演 鄙薄 闭合 变更 辨别 捕捉 掠夺 采摘 敞开
撤除 斥责 打击 抚摸 冒充 贯穿 汇合 汇集 获得 捡拾 砍伐
垮塌 了结 掳夺 免除 灭杀 譬如 品尝 契合 憩息 谴责 抢夺
穷尽 丧失 述说 死亡 诉说 洗涤 叙说 选择 应答 治疗 撞击
阻拦 阻截 哽噎 作为

（4）平声 + 平声（37 个）

① 55 调 +35 调（24 个）

濒临 搭乘 跟从 跟随 观察 归还 呼号 讥嘲 稽查 漂浮 拼合
迁移 倾斜 区别 祛除 缺乏 删除 升腾 搜寻 剔除 拖延 挖掘
栽植 听闻

② 35 调 +55 调（13 个）

残缺 陈说 承担 焚烧 聆听 蜷曲 燃烧 揉搓 啼哭 屠杀 嫌憎
佯装 迎接

（5）仄声 + 仄声（47 个）

① 214 调 +51 调（31 个）

摆布 摆列 保护 保卫 比较 把握 宠爱 等待 顶替 堵塞 躲避
改变 梗塞 给付 搅拌 缴纳 笼罩 裸露 呕吐 抢掠 忍耐 忍受
舍弃 闪耀 省略 使用 索要 显露 想念 倚靠 掳掠

② 51 调 +214 调（16 个）

罢免　办理　逮捕　付与　具有　扣减　逆反　派遣　破损　赦免　授予

戍守　畜养　阅览　治理　撰写

（6）后一语素为轻声（7 个）

告诉　愣怔　认识　歇息　休息　言语　吆喝

以声调为依据对上述六类词展开更细致的数据分析，详见下表：

表 5-7　声调分布情况统计表

<table>
<tr><th>声调</th><th>平 / 仄</th><th>数量（个）</th><th>所占比例</th><th>小计</th></tr>
<tr><td>同声调</td><td>声调相同</td><td>89</td><td>24.7%</td><td>89 个
24.7%</td></tr>
<tr><td rowspan="7">非同声调</td><td>仄 + 平</td><td>48</td><td>13.3%</td><td rowspan="3">77 个
21.3%</td></tr>
<tr><td>同平（35+55）</td><td>13</td><td>3.60%</td></tr>
<tr><td>同仄（51+214）</td><td>16</td><td>4.43%</td></tr>
<tr><td>平 + 仄</td><td>133</td><td>36.84%</td><td rowspan="3">188 个
52.08%</td></tr>
<tr><td>同平（55+35）</td><td>24</td><td>6.65%</td></tr>
<tr><td>同仄（214+51）</td><td>31</td><td>8.59%</td></tr>
<tr><td>非轻声 + 轻声</td><td>7</td><td>1.94%</td><td>7 个
1.94%</td></tr>
</table>

表中数据反映了一个较为明显的规则：二字复义动词语素的位序总体上与普通话阴平、阳平、上声和去声四种调类顺序一致。具体来说，调值低的语素更倾向于排列在前面，即：若两语素一平一仄，通常情况下平声语素更倾向于前置；若两语素同仄，往往上声（214 调）语素置于去声（51 调）语素之前；若两语素同平，往往阴平语素（55 调）置于阳平（35 调）语素之前。

4. 小结

现代汉语语音对二字复义动词位序的影响，往往是多方面因素的协同作用，而不单单是某一因素单独起作用。特别是当某些因素无法影响或控制二字复义动词的位序时，其他因素往往就会站出来，发挥出极其重要的作用。

韵腹的组合影响着二字复义动词前后语素的位序，如果前后语素的韵腹相同时，声调就发挥着比较重要的作用。例如下列二字复义动词前后语素的韵腹相同，位序就决定于声调在阴、阳、上、去四类调类中的位置，阴平字总是居前，去声字总是居尾，阳平后于阴平，但前于上声和去声，上声后于阴平和阳平，但前于去声。

濒临（阴＋阳） 搏斗（阳＋去） 顶替（阳＋去） 观看（阴＋去）
嗥叫（阳＋去） 竭尽（阳＋去） 呕吐（上＋去） 升腾（阴＋阳）
违背（阳＋去） 摇晃（阳＋去） 摇荡（阳＋去）

在包含舌尖元音 [ɿ] 和 [ʅ] 的那些二字复义动词前后语素的位序，也将按照阴、阳、上、去的先后顺序来排列，依然是阴平字居前，去声字居尾，阳平后于阴平，但前于上声和去声，上声后于阴平和阳平，但前于去声。例外较少，目前发现的只有“治理”和“治疗”。大部分均由声调决定其先后顺序。例如：

辞退 拂拭 凭恃 使用 思虑 思念 撕扯 停止 投掷 休止 医治
知晓 治理 治疗

二字复义动词前后语素的韵腹不同时，声调的作用也是比较突出的。例如：

奔跑 崩裂 编纂 察看 宠爱 抽打 等待 堵塞 躲避 讹诈 歌唱
供给 归还 轰赶 轰炸 呼喊 呼号 呼叫 讥嘲 讥讽 稽查 搅拌
缴纳 磕碰 哭泣 笼罩 掳掠 蒙骗 描画 模仿 殴打 陪伴 泼洒
欺骗 戕害 敲打 乔扮 轻蔑 倾斜 区别 驱赶 忍耐 熔化 融化
溶化 赊欠 省略 书写 缩减 索要 挑选 偷盗 拖欠 熄灭 携带
寻觅 摇摆 遮盖 争辩 追赶 租赁 穷尽 偷窃

在元音的一些发音特征，如舌位高低、前后和唇形圆展等因素影响着二字复义动词的位序时，声调所发挥的作用也是不可低估的，相当比例的二字复义动词仍然按照阴、阳、上、去四种调类的顺序来排序。例如：

把握 摆布 摆列 帮助 包裹 保护 保卫 背负 逼迫 比较 编纂
擦拭 猜测 裁减 参与 残损 拆解 差遣 缠绕 沉降 传递 搭乘
翻越 改变 更改 关闭 积聚 节省 居住 诓骗 裸露 漂浮 撇弃
迁移 抢掠 祛除 忍受 舍弃 推搡 挖掘 邀请 疑惑 萦绕 拥抱
援助 栽种 招惹 抓捕

在声调对二字复义动词语素先后顺序不起作用时，声母的清浊所发挥的作用就凸显出来了，呈现出前清后浊的趋势。“暴露”是“前b清，后l浊”，"抚摸"是“前f清，后m浊”，“阻拦”是“前z清，后l浊”，其他二字复义动词也都遵循这一规律。例词如下：

暴露　迸裂　吵嚷　降落　进入　议论　站立　整理　坠落　羡慕　犹如

赤露　抚摸　掳掠　譬如　治疗　阻拦

这种非单一因素制约二字复义动词语素顺序的例子还不少，有待进一步的探讨与研究。

二、语义层面

人类认知客观世界所取得的成果常常蕴含在语义信息之中。二字复义动词前后语素的位序往往隐藏着更更深层次的认知理据。

1. 显著度对语素序的制约作用

显著的事物是容易吸引人注意的事物，是容易识别、处理和记忆的事物（沈家煊，1999）。反映到二字复义动词两语素的先后顺序上，即为排在前面的语素更容易被识别、处理和记忆，显著度也要高于排在后面的语素。研究发现，361个二字动词复义词中，动词性语素的显著度与它们的认知度高低呈正相关。

现代汉语中，与词一样，组成二字复义动词的语素也可根据其核心义素聚合成语义场。动语素的语义认知度人们对语义场内语素的熟悉程度，同一语义场内，经常被人们使用的那个语素语义认知度高，更容易被人们从大脑的认知系统中提取出来。认知语义度高的语素在与其他语素组合成二字复义动词时，往往要前置。研究发现，动语素语义认知度的高低与动语素的“典型性”（语素本身的基本义）和动语素的成词能力或自由度。

（1）语义认知度的高低与动语素的“典型性”

构成二字复义动词的语素往往有基本义和转义之别。如果一个语素的基本义与动语素相关联，那么这个语素的“动”性就高，动语素的典型性就强，显著度就大。这样的动语素在构成二字复义动词时位置一般居前或靠左，这与我们“越典型、越显著就越优先被联想和提取”的认知规律相契合。“摆布”“摆列”“鄙薄”“获得”“付与”“作为”“合并”等二字复义动词，后一语素“布”“列”“薄”“得”“与”“为”“并”等都不是典型的动语素，通常还兼作其他类型的语素，而前一语素的“摆”“鄙”“获”“付”“作”“合”前置语素前置或被优先提取出来的原因是它们的基本义都与动语素相关联。

（2）语义认知度的高低与动语素的成词度

根据动语素的成词度，即动语素能否单独成词，361 个二字复义动词的构成情况是：

表 5-8　二字复义动词语素的成词度

影响因素	组合方式	例词	数量（个）	所占比例
语素本身能否单独成词	成词语素 + 成词语素	爱好　安装　按压　捉拿 吵嚷　抽打　吹捧　拉扯 磕碰　搅拌　挪移　栽种	160	44.32%
	成词语素 + 非成词语素	帮助　学习　保卫　变化 放置　理睬　陪伴　认识 死亡　跳跃　洗涤　治疗	125	34.63%
	非成词语素 + 成词语素	迸溅　迸裂　赤露　焚烧 哽噎　稽查　聆听　殴打 戕害　屠杀　犹如　撰写	76	21.05%

成词语素可单独使用，意义上具有更大的完整性和独立性，与非成词语素相比，显著度较高。显著度高的成词语素也更容易作为一个独立的单位或者个体被大脑的认知系统所识别。表中的“帮助”“变化”“保卫”“学习”“陪伴”“死亡”“跳跃”“洗涤”“治疗”等，其前一语素均为成词语素，完整性和独立性强，显著度大。人脑在提取包含独立、显著的信息单位时比不独立、不显著的单位要容易。因此，像“帮”“变”“保”“学”“陪”“死”“跳”“洗”“治”这些成词语素一律居前。

2. 信息量轻重原则对语素序的影响

Cooper 和 Ross（1975）探讨并列顺序的心理基础时，认为容易处理的并列信息成分排在前面。Allan 对英语并列性名词成分进行了研究，提出了七个决定其排列的层级。在此基础上，他根据 Bock（1982）的说法，认为这些层级反映了信息量的轻与重，即轻信息比重信息更容易在说话过程中从记忆里提取，所以出现在前面。同并列性名词成分一样，二字复义动词前后两语素的排列次序也遵循信息量轻重原则。动语素的信息量的轻重与两个因素关系密切：一是动语素操作域的大小，一是动语素的语义程度深浅。

（1）动语素操作域的大小

二字复义动词的两个语素可以互相构成一个同义义场。各动语素操作域的大小决定着语义场的面貌。动语素的操作域可以是施事域，它是动语素的行为主体，也可以是受事域，是动词素的支配对象。有的动语素操作域大，存在跨域的现象。动语素跨域项的多寡对二字复义动词语素位置也存在一定的影响。例如：

拘捕　掳夺　鸣叫　泼洒　扭摆　渗透　阅览

这些二字复义动词行为主体或支配对象的数量，或它们所构成的域不尽相同，一般而言，前一动语素一般不跨域，行为主体数或支配对象数为 1，而后一动语素则普遍存在跨域现象，行为主体数或支配对象数一般大于 1。详见下表：

表 5-9　动语素的跨域现象

例词	前 / 后语素	行为主体 支配对象	跨域项数量（个）
拘捕	拘	人	1
	捕	人或动物（鱼、虾等）	≥ 2
掳夺	掳	人	1
	夺	人或财物等	≥ 2
鸣叫	鸣	动物（鸟或虫）	1
	叫	人或动物	≥ 2
泼洒	泼	液体	1
	洒	水或其他东西	≥ 2
扭摆	扭	身体	1
	摆	人或物体	≥ 2

续表

例词	前 / 后语素	行为主体 支配对象	跨域项数量（个）
渗透	渗	液体	1
	透	液体或光线	≥ 2
阅览	阅	文字	1
	览	文字或景物等	≥ 2

二字复义动词前一语素所涉及的行为主体或支配对象跨域项个数基本为 1，而后一语素跨域项个数则≥ 2。跨域项多的包含信息量多，基本储存在大脑的深层；反之，跨域项少的包含信息量就少，一般储存在大脑的表层。通常情况下，当人类调动原本储存在大脑的信息时，受到外界刺激的大脑最先提取表层的轻信息，然后才是深层的重信息。反映到语素的顺序上，即为跨域项少的语素优先于跨域项多的排在前面。

（2）动语素语义程度之深浅

一些表示情感及触觉类的双音节动词常常遵循着语义程度由浅及深的排列顺序。例如：

宠爱　轻蔑　怨恨　嫌憎　拂拭　抚摸　碰撞

前四个情感类动词和后面三个触觉类动词在语义程度上是一致的。请看下表：

表 5-10　情感类动词和触觉类动词的语义程度

类别	例词	前 / 后语素	语义程度
情感类	宠爱	宠	浅
		爱	深
	轻蔑	轻	浅
		蔑	深
	怨恨	怨	浅
		恨	深
	嫌憎	嫌	浅
		憎	深

续表

类别	例词	前 / 后语素	语义程度
触觉类	拂拭	拂	浅
		拭	深
	抚摸	抚	浅
		摸	深
	碰撞	碰	浅
		撞	深

不难看出，不管是情感类还是触觉类的二字复义动词，前后两语素在组合上大致呈现以下规律，即语义程度浅 > 语义程度深（“>”意为“优先于”）。也就是说，通常情况下，这两类词前后两语素在排列组合时语义程度浅的语素排在语义程度深的语素之前。这表明人类对事物的认知一般都是由小到大，由简及繁，由浅入深，大小之别、繁简之差、深浅之分均与人类记忆提取的先后顺序呈正相关，即：小的、简单的、语义程度浅的信息，更容易被优先提取出来；反之，大的、复杂的、语义程度深的信息往往被后提取出来。

三、语用层面

二字复义动词的语序还跟语言的使用关系密切，它们前后两个语素常常用于不同的场合，有着不同的语体风格。语体风格制约着语序。例如：

鄙薄　摈弃　躬亲　聆听　憩息　戕害　萦绕　犹如　罢免　迸裂　迸溅
陈述　陈说　辞别　辞退　嘉奖　旷废　譬如　赦免　戍守　啼哭　佯装
倚靠　撰写

前一语素均带有明显的书面语色彩或者文言色彩。详见下表：

表 5-11　含有书面语色彩的语素

语素	含义	古汉语中例句	出处
鄙	鄙薄，轻视	孔子鄙其小气	《训俭示康》
聆	仔细听，认真听	得双石于潭，扣而聆之	《石钟山记》
憩	休息	予九岁，憩书斋，汝梳双髻、披单缣来	《祭妹文》
戕	杀害，残害	吾当焚汝庐，戕汝家矣	《书博鸡者事》
犹	如同，好像	孤之有孔明，犹鱼之有水也	《隆中对》
罢	停止	欲罢不能，既竭吾才	《论语·子罕》
迸	喷射，涌流	银瓶乍破水浆迸	《琵琶行》
陈	陈述，陈说	恐惧不敢自陈	《荆轲刺秦王》
辞	告别，离开	旦辞爷娘去，暮宿黄河边	《木兰辞》
嘉	嘉奖	余嘉其能行古道，作《师说》以贻之	《师说》
旷	荒废	楚四竟之田，旷芜而不可胜辟	《墨子·耕柱》
譬	打比方，比喻	譬之若良医，病万变，药亦万变	《察今》
赦	赦免	臣从其计，大王亦幸赦臣	《廉颇蔺相如列传》
戍	防守，守卫	三邺城戍	《石壕吏》
啼	哭，放声哭	见人方引婴儿投之江中，婴儿啼	《察今》
佯	装作	相如度秦王特以诈佯为予赵城，实不可得	《廉颇蔺相如列传》
倚	靠着	倚南窗以寄傲，审容膝之易安	《归去来辞》
撰	著述，写作	撰长书以贽，辞甚畅达	《送东阳马生序》

这些含有书面语色彩的语素或者说含有文言色彩的语素往往居于二字复义动词两语素之首。这些“典雅度”高的语素前置，这是汉语思维顺序和文化观念保持一致的一个重要表现。

四、小结

二字复义动词的位序受到语音、语义和语用等因素的影响。

从语音上看，存在以下若干规则：（1）声母清浊的对立对二字复义动词语素位序的选择有一定的影响，“清＋清”是二字复义动词比较青睐的组合方式，而“浊＋浊”是二字复义动词使用最少的组合方式，清浊交叉的方式使用频率基本相当。（2）二字复义动词优先选择的是“非零声母＋非零声母”的组合方式，零声母音节的数量越多选择性越差。（3）韵腹不同且前后两语素韵腹不为舌尖元音 [ɿ] 和 [ʅ] 的 301 个二字复义词，更倾向于用舌尖前后、舌位高低和唇形圆展等综合因素来控制它前后语素的位序，计 176 例。单一的发音动作对语素位序的影响略弱，计 125 例。总的看来，对二字复义动词内部语素位序的影响，舌位高低强于舌尖前后，而后者又强于唇形的圆展。（4）韵腹中含舌尖元音 -i（前）或 -i（后）的二字复义动词共有 32 个，它们的组合方式大体上包含两种。一是“舌面＋舌尖”，二是“舌尖＋舌面”，没有发现“舌尖＋舌尖”的组合。（5）二字复义动词语素的位序总体上与普通话阴平、阳平、上声和去声四种调类顺序一致。若两语素一平一仄，通常情况下平声语素更倾向于置前；若两语素同仄，往往上声（214 调）语素置于去声（51 调）语素之前；若两语素同平，往往阴平语素（55 调）置于阳平（35 调）语素之前。（6）通常情况下，语音层面的各制约因素往往共同作用于二字复义动词语素的先后顺序。

从语义上看，研究发现：（1）361 个双音节动词复义词中，语词性语素的显著度与它们的认知度高低呈正相关。（2）跨域项少的语素优先于跨域项多的，排在前面。（3）通常情况下，语义程度浅的语素排在语义程度深的语素之前。

从语用上看，含有书面语色彩的语素或者说含有文言色彩的语素往往居于二字复义动词两语素之首，“典雅度”高的语素前置。

第三节　二字复义动词语素分流情况

二字复义动词中的两个动词性语素语义上或相同或相容，其中由两个语义相同的语素构成的二字复义动词占 87.81%（317/361）。二字复义动词这样的内部构造会给人这样一个心理预期：二字复义动词内的语素的构词能力应该是相当的，均衡的。而实际情况却并非如此，二字复义动词里的前后两个语素各自与其他语素重组形成的分流长度并不相等，其中受到不同因素的影响。为称述方便，二字复义动词之外的其他语素统称为第三语素。

一、同义联合类二字复义动词语素的重组与分流

我们已经将二字复义动词按照内部语素的语义关系分为同义联合与相容联合，同义联合又包含同义和近义两种情况。下文将按照这样的分类来讨论二字复义动词内部语素的重组与分流情况。

1. 等义语素形成的语素分流

为了更好地梳理二字复义动词的两个语素的构词能力，描述其重组和分流规则，我们将由等义语素构成的 317 个二字复义动词进行了新的语义分类。具体如下。

（1）情感、心理活动类（22 个）

猜测 斥责 惧怕 哽噎 哭泣 轻蔑 忍耐 忍受 啼哭 嫌憎 羡慕 想念 炫耀 疑惑 思虑 思念 怨恨 畏惧 畏怯 鄙薄 讥讽 谴责

（2）吵闹、喊叫、诉说类（17 个）

吵嚷 嗥叫 呼喊 呼号 呼叫 吆喝 陈述 陈说 吹捧 告诉 述说 诉述 诉说 叙述 叙说 言语 答应

（3）位置发生位移类（63 个）

搬迁 奔跑 撤除 撤退 沉降 沉落 传递 跌落 翻越 跟从 跟随 轰赶 汇合 汇集 汇聚 积聚 集合 捡拾 降落 搅拌 进入 经过 拉扯 领取 掳夺 掳掠 掠夺 抢夺 挪移 派遣 抛掷 泼洒 迁移 迁徙 抢掠 删除 渗透 升腾 授予 搜寻 逃遁 逃逸 投掷 下降 寻觅 摇摆 摇晃 摇荡 赠送 追赶 坠落 攒集 攒聚 撕扯 迎接 归还 调换 垮塌 碰撞 驱赶 坍塌 剔除 携带

（4）开合类（5 个）

闭合 敞开 关闭 合并 拼合

（5）变化类（20个）

变更　变化　变易　掺兑　搀兑　改变　更改　改换　凝结　膨胀　乔扮
扮演　扮饰　倾斜　融化　熔化　溶化　缩减　耗费　腐朽

（6）由完整到非完整类（8个）

爆炸　崩裂　迸溅　迸裂　残余　残缺　轰炸　破损

（7）动作、动态明显类（83个）

安装　按压　把守　把握　摆列　包裹　蹦跳　编织　搏斗　捕捉　擦拭
采摘　缠绕　察看　抽打　打击　逮捕　躲避　放置　拂拭　抚摸　付与
覆盖　供给　观察　观看　贯穿　灌注　烘焙　绘画　稽查　给予　给与
缴纳　浸泡　拘捕　拘束　揩拭　砍伐　磕碰　扣减　拦截　殴打　呕吐
撇弃　祛除　揉搓　使用　售卖　书写　戍守　挑选　眺望　跳跃　听闻
偷盗　偷窃　屠杀　挖掘　玩耍　洗涤　镶嵌　选择　学习　佯装　邀请
医治　倚靠　萦绕　拥抱　阅览　栽植　栽种　站立　制造　治理　治疗
抓捕　撰写　撞击　阻挡　阻拦　阻截

（8）其他类（99个）

罢免　罢休　办理　帮助　保护　保卫　暴露　逼迫　比较　编纂　辨别
濒临　摈弃　参与　差遣　承担　惩罚　搭乘　盗窃　等待　凋谢　顶替
丢失　对待　焚烧　躬亲　获得　嘉奖　奖赏　教授　节省　竭尽　居住
具有　开始　诓骗　愣怔　理睬　晾晒　了结　了解　瞭望　聆听　笼罩
裸露　冒充　蒙骗　免除　灭杀　明晓　逆反　陪伴　譬如　漂浮　凭恃
曝晒　欺骗　契合　憩息　牵涉　戕害　穷竭　穷尽　区别　区分　缺乏
缺少　燃烧　认识　丧失　赊欠　舍弃　赦免　省略　死亡　索要　停止
拖延　完毕　完结　违背　熄灭　显露　歇息　休憩　休息　休止　畜养
犹如　原谅　援助　允许　增加　招惹　整理　支撑　知晓　租赁　作为

这八类二字复义动词的重组与分流，遵循着如下的规则：

表 5-12　等义二字复义动词语素的重组与分流

类别	前多后少型			前少后多型			前后相当型		
	例词	数量（个）	所占比例	例词	数量（个）	所占比例	例词	数量（个）	所占比例
情感心理	哭泣 畏惧	9	2.84%	斥责 惧怕	5	1.58%	猜测 怨恨	8	2.53%
吵闹喊叫	呼号 告诉	5	1.58%	嗥叫 诉说	6	1.89%	吹捧 答应	6	1.89%
发生位移	逃逸 翻越	21	6.62%	奔跑 坍塌	18	5.68%	搬迁 摇摆	24	7.57%
开合拼接	关闭	1	0.32%	闭合 拼合	2	0.63%	敞开 合并	2	0.63%
发生变化	变更 腐朽	6	1.89%	倾斜 乔扮	3	0.95%	改换 扮演	11	3.47%
完整到非完整	迸溅 破损	2	0.63%	爆炸 崩裂	6	1.89%	—	0	—
动态明显	擦拭 学习	28	8.84%	抚摸 邀请	29	9.15%	捕捉 采摘	26	8.20%
其他类别	帮助 比较	43	13.56%	焚烧 瞭望	39	12.30%	晾晒 增加	17	5.36%
合计	115 个　36.28%			108 个　34.07%			94 个　29.65%		

（注：“前多后少型”指可与前一语素组合的第三语素多
“前少后多型”指可与后一语素组合的第三语素多
“前后相当型”指可与前后两语素组合的第三语素数量相当）

由此表可知，等义二字复义动词中，前后两语素分别与第三语素重组时呈现明显的不对称分流现象：“前后相当型”仅占约 29.65%，“前多后少型”和“前少后多型”约占 70.35%。

下面，我们从不同二字复义动词中各列出若干组，比较详尽地描述它们的重组情形与分流情况。

（1）情感心理类

表 5-13　“猜测”的语义分流

语素	第三语素性质							
	动语素 V						名语素 N	
猜	猜度	猜忌	猜料	猜嫌	猜想	猜疑	猜拳	猜谜
测	测度	测忌 *	测料 *	测嫌 *	测想 *	测疑 *	测拳 *	测谜 *
测	测估	测绘	测控	测量	测评	测算	测候	测字
猜	猜估 *	猜绘 *	猜控 *	猜量 *	猜评 *	猜算 *	猜候 *	猜字

（说明：* 代表在现代汉语中该词不成立）

表 5-14　“哭泣”的语义分流

语素	第三语素性质					
	动语素 V			名语素 N		
哭	哭喊	哭诉	哭闹	哭丧	哭腔	哭灵
泣	泣喊 *	泣诉	泣闹 *	泣丧 *	泣腔 *	泣灵 *
泣	抽泣	饮泣	—	—	—	—
哭	抽哭 *	饮哭 *	—	—	—	—

（说明：—代表无相应的“第三语素”与之组合）

表 5-15　“畏惧”的语义分流

语素	第三语素性质					
	动语素 V				名语素 N	
畏	畏避	畏忌	畏怯	畏缩	畏难	畏光
惧	惧避 *	惧忌 *	惧怯 *	惧缩 *	惧难 *	惧光 *
惧	惧怕	—	—	—	惧内	—
畏	畏怕 *	—	—	—	畏内 *	—

表 5-16　“忍耐”的语义分流

语素	第三语素性质				
	动语素 V			名语素 N	
忍	忍让	忍受	容忍	忍痛	忍心
耐	耐让 *	耐受	容耐 *	耐痛 *	耐心
耐	耐看	耐用	难耐	耐劳	耐性
忍	忍看 *	忍用 *	难忍	忍劳 *	忍 * 性

（2）吵闹喊叫类

表 5-17　“吵嚷”的语义分流

语素	第三语素性质			
	动语素 V		名语素 N	
吵	吵闹	吵扰	吵架	吵嘴
嚷	嚷闹 *	嚷扰 *	嚷架 *	嚷嘴 *
嚷	嚷叫	—	—	—
吵	吵叫 *	—	—	—

表 5-18　“诉说”的语义分流

语素	第三语素性质				
	动语素 V			名语素 N	
诉	告诉	诉述	诉求	诉苦	诉冤
说	告说 *	* 说述	说求 *	说苦 *	说冤 *
说	说服	说笑	—	说谎	说话
诉	诉服 *	诉笑 *	—	诉谎 *	诉话 *

（3）位置发生位移类

表 5-19　“搬迁”的语义分流

语素	第三语素性质			
	动语素 V			名语素 N
搬	搬移	搬运	搬走	搬家
迁	迁移	迁运 *	迁走	迁家 *
迁	拆迁	迁飞	迁徙	迁居
搬	拆搬 *	搬飞 *	搬徙 *	搬居 *

表 5-20　“挪移”的语义分流

语素	第三语素性质				
	动语素 V			名语素 N	
挪	挪借	挪用	挪动	挪步	挪窝儿
移	移借 *	移用	移动	移步	移窝儿 *
移	移调	移交	移送	移情	移民
挪	挪调 *	挪交 *	挪送 *	挪情 *	挪民 *

（4）开合拼接类

表 5-21　“闭合”的语义分流

语素	第三语素性质				
	动语素 V	名语素 N			
闭	闭拢 *	闭关	闭幕	闭眼	闭嘴
合	合拢	合关 *	合幕 *	合眼	合嘴 *

表 5-22 “拼合”的语义分流

语素	第三语素性质				
	动语素 V			名语素 N	
拼	拼读	拼接	拼装	拼音	拼版
合	合读 *	合接 *	合装 *	合音 *	合版 *
合	合并	合成	合办	合股	合力
拼	拼并 *	拼成	拼办 *	拼股 *	拼力

（5）发生变化类

表 5-23 “变更”的语义分流

语素	第三语素性质						
	动语素 V				名语素 N		
变	变化	变换	变幻	变迁	变脸	变色	变形
更	更化 *	更换	更幻 *	更迁 *	更脸 *	更色 *	更形 *
更	更改	更动	更替	更易	更名	更衣	—
变	改变	变动	变替 *	变易	变名 *	变衣 *	—

（6）完整到非完整类

表 5-24 “残缺”的语义分流

语素	第三语素性质				
	动语素 V			名语素 N	
残	残破	残损	残余	残品	残局
缺	缺破 *	缺损	缺余 *	缺品 *	缺局 *
缺	—	—	—	缺口儿	缺页
残	—	—	—	残口儿 *	残页

（7）动态明显类

表 5-25　“搏斗”的语义分流

语素	第三语素性质				
	动语素 V				名语素 N
搏	拼搏	搏击	搏杀	搏战	肉搏
斗	拼斗 *	斗击 *	斗杀 *	战斗	肉斗 *
斗	斗殴	斗争	—	—	械斗
搏	搏殴 *	搏争 *	—	—	械搏 *

（8）其他类别

表 5-26　“区别”的语义分流

语素	第三语素性质		
	动语素 V		
区	区分	—	—
别	分别	—	—
别	辨别	鉴别	—
区	区辨 *	鉴区 *	—

综合起来看，二字复义动词的两个动词性语素的重组能力不尽相同，形成的分流呈现不对称态势。首先，前一语素形成的分流要大于后一语素。其次，形成的分流仍以动词为主，重组为其他词类的情形较为罕见。

2. 近义二字复义动词语素的重组与分流

近义二字复义动词虽然数量上远少于同义二字复义动词，但它们前后语素重组仍然形成前后不对称的分流。

表 5-27　语素意义相近类二字复义动词语素分流

类别	前多后少型			前少后多型			前后相当型		
	例词	数量（个）	所占比例	例词	数量（个）	所占比例	例词	数量（个）	所占比例
	爱好 讹诈 遮盖	7	22.58%	跨越 鸣叫 栖居	15	48.39%	扭摆 拍打 议论	9	29.03%
合计	22 个　70.97%						9 个　29.03%		

下面也示例说明这类二字复义动词的重组分流情况。

表 5-28　“抽取”的语义分流

语素	第三语素性质				
	动语素 V				名语素 N
抽	抽测	抽查	抽验	抽印	抽样
取	取测 *	取查 *	取验 *	取印 *	取样
取	—	—	—	—	取款
抽	—	—	—	—	抽款 *

表 5-29　“敲打”的语义分流

语素	第三语素性质			
	动语素 V	名语素 N		
敲	敲击	敲门	敲锣	敲鼓
打	打击	打门	打锣 *	打鼓

表 5-30　“品尝”的语义分流

语素	第三语素性质				
	动语素 V			名语素 N	
品	品读	品评	品赏	品味	品茶
尝	尝读 *	尝评 *	尝赏 *	尝味 *	尝茶 *
尝	—	—	—	尝鲜	尝新
品	—	—	—	品鲜 *	品新 *

显然，近义二字复义动词的两个语素所形成的分流仍然以动词为主，前一语素的重组能力仍然强于后一语素。

二、相容联合类二字复义动词语素的重组与分流

相容联合类二字复义动词的前后语素形成的分流仍然是不对称的。例如：

表 5-31　相关联合类二字复义动词语素分流情况表

类别	前多后少型			前少后多型			前后相当型		
	例词	数量（个）	所占比例	例词	数量（个）	所占比例	例词	数量（个）	所占比例
	残损 拆解 堵塞	5	38.46%	赤露 歌唱 旷废	4	30.77%	颁发 倒退 递送	4	30.77%
合计	9 个　69.23%						4 个　30.77%		

下面以”摆布“和”倒退“为例来说明它们的不对称分流。

表 5-32　“摆布”的语义分流

语素	第三语素性质			
	动语素 V			名语素 N
摆	摆放	摆列	摆设	摆件
布	布放 *	布列 *	布设 *	布件 *

续表

语素	第三语素性质			
	动语素 V			名语素 N
布	布控	布防	布置	布局
摆	摆控 *	摆防 *	摆置 *	摆局 *

表 5-33　“倒退”的语义分流

语素	第三语素性质			
	动语素 V			名语素 N
倒	倒灌	倒流	倒数	倒车
退	退灌 *	退流 *	退数 *	退车 *
退	退避	退让	退守	退兵
倒	倒避 *	倒让 *	倒守 *	倒兵 *

这表明，相容联合类二字复义动词的语素重组后仍然多是动词，其他词类仍然比较少见。

三、动名兼类的二字复义动词的重组与分流

动名兼类的二字复义动词数量少，共有以下五个词：爱好、把握、包裹、疑惑、经历。这几个动词形成的语义分流详如以下各表：

表 5-34　“爱好”的语义分流

语素	第三语素性质					
	动语素 V/ 动词 / 动宾短语				名语素 N	
爱	爱吃	—	—	—	爱国	—
好	好吃	—	—	—	好国 *	—
好	好学	好斗	好动	嗜好	好客	好色
爱	爱学	爱斗	爱动	嗜爱 *	爱客 *	爱色 *

表 5-35　“把握”的语义分流

语素	第三语素性质				
	动语素 V		名语素 N		
把	把玩	把捉	把盏	把舵	把酒
握	握玩 *	握捉 *	握盏 *	握舵 *	握酒 *
握	握别	—	握拳	握手	握笔
把	把别 *	—	把拳 *	把手	把笔 *

表 5-36　“包裹”的语义分流

语素	第三语素性质			
	动语素 V		名语素 N	
包	包扎	包装	包书	包金
裹	裹扎	裹装 *	裹书 *	裹金 *
裹	—	—	裹脚	裹腿
包	—	—	包脚 *	包腿 *

表 5-37　“疑惑”的语义分流

语素	第三语素性质					
	动语素 V				名语素 N	
疑	猜疑	疑忌	疑惧	疑虑	疑心	疑点
惑	猜惑 *	惑忌 *	惑惧 *	惑虑 *	惑心 *	惑点 *
惑	惶惑	惑乱	—	—	—	—
疑	惶疑 *	疑乱 *	—	—	—	—

表 5-38　“经历”与第三语素组合情况表

语素	第三语素性质					
	动语素 V			名语素 N		
经	经办	经管	经销	经手	经年	经久
历	历办 *	历管 *	历销 *	历手 *	历年	历久

续表

语素	第三语素性质					
	动语素 V			名语素 N		
历	历练	历尽	—	历程	历险	历时
经	经练 *	经尽 *	—	经程 *	经险 *	经时 *

动名兼类的二字复义动词的前后语素与第三语素重组时，分流出来的非动词较之其他类型的二字复义动词有一定的增加，但仍未打破基本格局：形成的动词性分流仍然是最大的。

第四节　二字复义动词语素分流的制约因素

二字复义动词的语素形成非对称的语义分流，这种不对称现象受到了某些因素的影响。

借用标记理论可以较好地说明二字复义动词语义分流上的不对称现象。标记理论将不同的成分分成有标记成分和无标记成分，并认为有标记成分通常会受到较多的限制，而无标记成分则受到较少的限制，具有较大程度上的自由。二字复义动词的无标记成分在使用上受到的限制少，因而可以较为自由地与其他成分组合，具有的构词能力强于有标记成分，有标记成分的构词能力被约束，因而无标记成分与有标记成分之间就呈现出非对称的状态。

研究发现，二字复义动词内部语素的标记性和非标记性至少可以表现在两个方面：一是动词性语素的及物性，二是自由度与粘合性。下面分别从这两个方面加以说明。

1. 动词性语素的及物性

动词性语素像动词一样有及物与非及物的不同，及物性动词语素通常可以支配一定数量的名词性成分，而不及物性动词语素则一般不能支配名词性成分。因此，及物性动词语素就是一个无标记成分，而不及物性动词语素就是有标记成分。

及物性差异形成不同的语义分流。例如，“好（念去声）”在古代汉语里及物性高（如“叶公好成”），但在现代汉语及物性较差，远不及“爱”。相对于“好”，“爱”就是一个无标记成分，因而形成的语义分流就大于有标记成分“爱”。有“爱国”而无“好国”可能就是二者不同的及物性造成的分流差异。

2. 动语素成词性高低

可单独成词的成词语素独立性强，自由度大，可与更多第三语素重新组合成新的词；反之，不可单独成词的非成词语素依附性强，独立性弱，自由度小，故与第三语素组合成词时受限多，不容易组合成新的词。例如，“哭泣”一词前后两语素的组合方式为“成词语素 + 非成词语素”，因此前一语素“哭”独立性强，可与更多第三语素组合成像“哭喊”“哭闹”“哭丧”“哭灵”“哭诉”等新词；而“泣”受制于非成词语素的依附性，只能组成少数的“抽泣”“饮泣”等词。由此可见，动语素的成词性也是导致二字复义动词语素分流呈明显不对称分布的一个原因。

第五节　本章小结

这一章我们集中讨论了二字复义动词这一现代汉语中较为特殊的基本分词单位。二字复义动词的两个语素在排序上有一定的规则，语音、语义和语用一定程度上影响了它们位序的选择。二字复义动词的两个语素通过与第三语素重组，形成大小不等的语义分流，呈现不对称的分流态势，这一态势几乎反映在每一个二字复义动词上，跟二字复义动词的语义类型关系不大。

二字复义动词的考察再一次表明，基本分词单位不是一般的分词单位，一定在形式、语义和句法上有其特异性。抓住了特异性就抓住了基本分词单位的基本特征，就可以较大程度上提高分词单位识别的准确度。

参考文献

[1] 陈昌来．“给予”类三价动词构成的句式及其论元缺省的认知解释，《汉语学习》，2007 年第 3 期．

[2] 董秀芳．《汉语的词库与词法》，北京：北京大学出版社，2005 年．

[3] 冯胜利．从韵律看汉语“词”“语”分流之大界，《中国语文》，2001 年第 1 期．

[4] 符淮青．《现代汉语词汇》，北京：北京大学出版，2004 年．

[5] 龚千炎．《汉语的时相 时制 时态》，北京：商务印书馆，1995 年．

[6] 国家语言文字工作委员会国家标准局．《现代汉语字频统计表》，北京：语文出版社，1992 年．

[7] 黎锦熙．《新著国语文法》，北京；商务印书馆，1933 年．

[8] 刘贤俊．“V+ 趋”二字词及其句法语义特质考察，《语言教学与研究》，2008 年第 5 期．

[9] 刘云．汉语构词的计量研究，《语文建设通讯》（香港），2001 第 2 期．

[10] 吕叔湘．《汉语语法分析问题》，北京：商务印书馆，1979 年．

[11] 木村英树．汉语被动句的意义特征及其结构上之反映，*Cahiers de Linguistique -Asie Orientale*(26),1997 年．

[12] 沈家煊．转指与转喻，《当代语言学》，1999 年第 1 期．

[13] 沈家煊．现代汉语“动补结构”的类型学考察，《世界汉语教学》，2003 年第 3 期．

[14] 宋文辉．《现代汉语动结式配价的认知研究》，中国社会科学院研究生院博士学位论文，2003 年．

[15] 孙茂松、王洪君等．《信息处理用词汇研究》九五项目结题汇报 信息处

理用现代汉语分词词表，《语言文字应用》，2001 年第 4 期．

[16] 孙茂松、邹嘉彦．汉语自动分词研究述评，《当代语言学》，2001 年第 1 期．

[17] 邢福义．《汉语语法学》，长春：东北师范大学出版社，1996 年．

[18] 袁毓林．述结式配价的控制—还原分析．《中国语文》，2001 年第 5 期．

[19] 苑春法、黄昌宁．基于语素数据库的汉语语素及构词研究，《世界汉语教学》，1998 年第 2 期．

[20] 张伯江．论把字句的句式语义，《语言研究》，2000 年第 1 期．

[21] 赵元任．《北京口语语法》(吕叔湘节译)，北京：商务印书馆，1979 年．

[22] 中华人民共和国机械电子工业部．《信息处理用现代汉语分词规范》，北京：中国标准出版社，1992 年．

[23] 朱德熙．《语法讲义》，北京：商务印书馆，1982 年．

[24] Allan, K. 1987 Hierarchies and the choice of left conjuncts (with particular attention to English). *Journal of Linguistics* 23.1 : 51–77.

[25] Aronoff, M. 1976 *Word Formation in Generative Grammar*. Cambridge, MA. : MIT Press.

[26] Aronoff, M. 1982 Potential words, actual words, productivity and frequency. In *Proceedings of the Thirteenth International Congress of Linguists*, 163–171.

[27] Bock, J.K. 1982 Toward a cognitive psychology of syntax : Information processing contributions to sentence formulation. P*sychological Review* 89 : 1–47.

[28] Brinton, Laurel J & Closs Traugott 2005 L*exicalization and Language Change*, Cambridge : Cambridge University Press.

[29] Cooper, W.E. & Ross J.R. 1975 Word order, Al.Gossman R.Eetal. (eds.) *Papers from the Parasession.*

[30] Erez Lieberman et al. 2007 Quantifying the evolutionary dynamics of language, *Nature*, Vol449, 713–716.

[31] Eve. V. Clark and Herbert H. Clark. 1979 When Nouns Surface as Verbs, *Language*, Vol.55, No.4, 767–811.

[32] Givón, T. 1982 Tense–Aspect–Modality : the creole proto – type and beyond. In Hopper, P.J. ed. *Tense - Aspect : Between semantics and pragmatics*. Amsterdam : Benjamins. 115–63.

[33] Heine, B., U. Claudi, & F. Hunnemeyer 1991 *Grammaticalization : A conceptual framework*. Chicago : The University of Chicago Press.

[34] Hopper, P. & E.C. Traugott. 1993 *Grammaticalization*. Cambridge : Cambridge University Press.

[35] Li, Yafei. 1990 On Chinese V2V compounds. *Natural Language and Linguistic Theory*, No. 2 : 177–207.

[36] Mark Pagel et al. 2007 Frequency of word–use predicts rates of lexical evolution throughout Indo–European history, *Nature* , Vol449, 717–720.

[37] Packard, JL 1998 New Approaches to Chinese Word Formation : Morphology, *Phonology and the Lexicon in Modern and Ancient Chinese*. Mouton de Gruyter.

[38] Sweetser, Eve.1990 *From etymology to pragmatics : Metaphorical and cultural aspects of semantic structure*. Cambridge : Cambridge University Press.

[39] Traugott, E. C. 1989 From propositional to textual to expressive meanings : some semantic – pragmatic aspects of grammaticalization. In Lehmann, W. P. & Y. Malkiel eds. *Perspectives in historical linguistics*. Amsterdam : John Benjamins. 245–71.

[40] W.Tecumseh. Fitch. 2007 An invisible hand, *Nature*, Vol449, 665–667.

附 录

附录1：GBK单音节动词性语素

哀 挨 爱 碍 安 按 熬 扒 拔 把 罢 霸 掰 摆 败 拜 扳
颁 搬 办 伴 扮 拌 绊 帮 绑 傍 谤 包 煲 褒 保 报 抱
爆 悲 背 奔 崩 绷 迸 蹦 逼 比 毕 闭 毙 辟 蔽 避 编
贬 扁 变 辨 辩 标 表 憋 别 瘪 濒 摈 秉 禀 并 病 摒
拨 剥 播 驳 泊 搏 补 哺 捕 擦 猜 裁 采 睬 踩 参 藏
操 测 蹭 插 查 拆 掺 搀 馋 缠 产 谄 铲 阐 颤 尝 偿
敞 倡 唱 抄 超 朝 嘲 吵 炒 扯 掣 撤 沉 闯 衬 称 趁
撑 成 呈 承 乘 惩 逞 骋 吃 弛 驰 持 斥 充 冲 崇 宠
抽 愁 筹 酬 瞅 出 除 锄 储 处 搐 触 矗 揣 踹 穿 传
喘 串 创 吹 垂 捶 戳 赐 凑 促 蹿 窜 篡 催 摧 啐 搓
撮 挫 搭 达 答 打 呆 代 带 待 怠 贷 逮 戴 担 耽 掸
诞 弹 惮 当 挡 荡 导 倒 捣 祷 祷 到 悼 盗 道 得 登
蹬 等 瞪 滴 籴 敌 诋 抵 递 缔 掂 颠 典 点 垫 惦 叼
雕 吊 钓 调 掉 跌 迭 叠 叮 盯 钉 顶 鼎 订 定 丢 懂
动 冻 恫 兜 斗 抖 逗 督 读 渎 堵 赌 睹 妒 度 渡 镀
端 断 煅 锻 堆 对 兑 蹲 囤 炖 遁 夺 掇 踱 躲 剁 堕
跺 屙 讹 扼 饿 遏 发 乏 伐 罚 翻 烦 反 返 犯 贩 防
妨 仿 访 纺 放 飞 诽 吠 废 分 焚 愤 封 逢 缝 讽 奉
否 孵 敷 伏 扶 拂 服 俘 浮 符 抚 辅 腐 付 负 附 咐

复 赴 赋 缚 覆 该 改 盖 干 赶 敢 感 搞 告 割 搁 歌

革 给 跟 更 耕 攻 供 巩 拱 共 贡 勾 购 估 沽 辜 蛊

鼓 故 顾 雇 刮 剐 挂 拐 怪 关 观 冠 管 惯 灌 逛 跪

滚 裹 过 害 含 喊 捍 焊 撼 夯 耗 喝 合 劾 核 贺 恨

哼 横 轰 哄 烘 吼 候 呼 糊 唬 护 花 滑 化 划 画 怀

还 唤 换 浣 患 慌 晃 挥 回 悔 汇 会 讳 绘 贿 惠 毁

昏 混 豁 活 获 惑 讥 击 积 缉 及 汲 集 辑 挤 计 记

忌 济 继 寄 悸 祭 冀 加 夹 驾 嫁 奸 歼 兼 监 煎 拣

捡 减 剪 检 见 建 荐 谏 溅 讲 奖 降 交 浇 绞 搅 剿

缴 叫 教 接 揭 节 劫 结 截 解 介 戒 借 紧 尽 近 进

浸 禁 惊 警 竞 敬 纠 究 揪 咎 救 居 拘 咀 举 拒 惧

据 距 锯 聚 踞 捐 卷 决 绝 觉 掘 嚼 攫 卡 开 揩 刊

勘 堪 砍 看 瞰 扛 抗 考 拷 烤 犒 靠 磕 咳 渴 克 刻

肯 垦 啃 吭 坑 恐 控 抠 扣 哭 夸 垮 挎 跨 亏 窥 馈

捆 困 扩 拉 刺 来 赖 拦 揽 捞 勒 垒 累 擂 冷 离 犁

理 立 莅 连 怜 联 练 炼 恋 凉 谅 晾 量 疗 聊 撩 料

撂 列 猎 裂 临 淋 拎 凌 领 令 溜 流 留 遛 隆 垄 拢

搂 漏 镂 露 掳 录 滤 旅 履 律 虑 率 乱 掠 略 抡 沦

轮 论 裸 落 麻 骂 埋 买 迈 卖 瞒 漫 忙 猫 冒 没 昧

媚 寐 闷 焖 萌 蒙 梦 迷 眯 觅 眠 免 勉 娩 面 描 瞄

灭 蔑 抿 悯 明 鸣 铭 命 谬 摸 摩 抹 牧 募 慕 拿 纳

耐 难 挠 恼 拟 逆 匿 溺 腻 拈 捻 撵 碾 念 酿 尿 捏

宁 拧 凝 扭 弄 怒 虐 暖 挪 殴 呕 怄 趴 爬 耙 怕 拍

排 派 攀 盘 判 叛 盼 抛 刨 跑 泡 陪 培 赔 佩 配 喷

抨 烹 捧 碰 批 披 劈 疲 偏 骗 剽 漂 飘 瞟 嫖 撇 瞥

拼 品 聘 评 凭 屏 泼 迫 破 剖 扑 铺 谱 曝 沏 栖 欺

祈 骑 乞 启 起 气 讫 迄 弃 泣 砌 掐 迁 牵 签 掮 潜

遣 谴 欠 嵌 抢 敲 瞧 翘 撬 切 怯 窃 挈 亲 侵 擒 寝

沁 轻 倾 清 擎 请 庆 穷 囚 求 曲 驱 屈 趋 取 娶 去
圈 劝 缺 却 燃 染 嚷 攘 让 饶 扰 绕 惹 热 忍 认 任
扔 容 溶 熔 融 揉 辱 入 润 撒 洒 塞 赛 散 丧 搔 扫
杀 筛 晒 删 煽 闪 缮 赡 伤 商 赏 上 捎 烧 少 赊 舍
设 射 赦 慑 申 伸 审 渗 慎 升 生 胜 省 盛 剩 失 施
湿 识 拾 蚀 食 使 始 驶 示 侍 视 试 饰 恃 拭 适 逝
释 嗜 誓 噬 收 守 受 售 授 抒 梳 疏 输 赎 署 束 述
树 竖 恕 数 漱 刷 耍 摔 甩 拴 涮 睡 吮 顺 说 烁 嗽
司 思 嘶 撕 死 伺 松 诵 送 颂 搜 擞 诉 肃 宿 塑 溯
算 遂 碎 损 缩 索 锁 塌 挞 踏 蹋 抬 贪 摊 瘫 谈 叹
探 淌 躺 烫 掏 逃 淘 讨 套 疼 腾 剔 踢 啼 提 题 体
剃 替 添 填 舔 挑 眺 跳 贴 听 停 挺 捅 偷 投 透 凸
图 涂 屠 吐 团 推 退 蜕 褪 吞 屯 托 拖 脱 驮 挖 歪
弯 剜 玩 挽 网 往 忘 望 煨 围 违 委 萎 卫 畏 谓 喂
慰 温 纹 闻 刎 吻 稳 问 卧 握 污 诬 无 侮 捂 舞 勿
务 误 悟 晤 吸 希 息 悉 惜 熄 习 袭 喜 戏 系 瞎 辖
下 吓 衔 嫌 显 现 限 陷 羡 献 相 镶 享 响 想 像 削
消 销 晓 哮 效 校 笑 歇 协 挟 斜 携 写 泄 泻 卸 亵
谢 信 行 醒 姓 休 修 羞 绣 锈 需 许 叙 恤 续 嗅 蓄
宣 悬 旋 选 学 熏 寻 巡 驯 询 训 殉 压 押 哑 咽 淹
阉 延 言 研 衍 掩 演 厌 验 央 殃 扬 佯 仰 养 邀 摇
咬 舀 要 耀 噎 冶 掖 谒 依 揖 夷 移 遗 疑 已 倚 议
役 抑 译 诣 翌 逸 溢 臆 吟 引 饮 隐 印 应 迎 盈 赢
映 拥 咏 用 忧 邮 游 佑 诱 予 娱 逾 愚 驭 吁 育 浴
寓 御 遇 愈 冤 援 怨 愿 曰 约 悦 阅 跃 越 孕 运 晕
熨 咂 砸 栽 宰 载 攒 赞 葬 遭 凿 造 择 责 增 憎 赠
扎 轧 铡 眨 诈 炸 榨 摘 沾 粘 瞻 斩 展 辗 占 战 站
绽 蘸 张 涨 掌 仗 胀 招 昭 找 召 照 罩 肇 遮 折 谪

侦 斟 诊 枕 赈 镇 震 争 征 怔 挣 睁 蒸 拯 整 正 支
知 织 执 值 植 指 至 制 治 致 掷 滞 置 终 种 重 谄
诛 逐 主 拄 煮 嘱 瞩 住 助 注 贮 驻 祝 著 蛀 筑 铸
抓 拽 转 赚 撰 妆 装 撞 追 坠 缀 捉 灼 酌 啄 着 琢
咨 滋 综 纵 走 奏 揍 租 卒 诅 阻 组 钻 醉 尊 遵 佐
作 坐

附录2：“V+趋”二字词句法语义特质分析

过去 162332	漂白		转类	不及物	转型				词典收录
下去 77684	漂白			不及物	转型				词典收录
出去 61141	漂白			不及物	转型				词典收录
上去 48260	漂白			不及物	转型				词典收录
失去 47302	漂白				转型				词典收录
回去 30794	漂白			不及物	转型				词典收录
进去 28428	漂白			不及物	转型				词典收录
除去 7294	漂白		转类		转型				词典收录
免去 3220	漂白	专门化					抽象化		中性标准
抹去 1329	漂白						半抽象化		中性标准
引起 130705	漂白				转型		抽象化	带 V	词典收录
发起 22046	漂白				转型		抽象化	带 V	词典收录
掀起 14784	漂白						抽象化		词典收录
兴起 14638	漂白			不及物	转型				词典收录
崛起 4748	漂白			不及物	转型				词典收录

续表

唤起 4771	漂白						抽象化		词典收录
隆起 2732			转类	不及物	转型				中性标准
鼓起 2678	漂白						抽象化		中性标准
勾起 1128	漂白				转型		抽象化	可带V	中性标准
凸起 864	漂白		转类	不及物	转型				词典收录
促进 97100	漂白						抽象化	可带V	词典收录
推进 45176	漂白						抽象化	可带V	词典收录
引进 40211	漂白						抽象化		词典收录
改进 28963	漂白						抽象化		词典收录
上进 11862	漂白		转类	不及物	转型				词典收录
增进 9197	漂白				转型		抽象化		词典收录
行进 6990	漂白	专门化		不及物	转型				词典收录
迈进 5602	漂白						半抽象化		词典收录
挺进 4873	漂白	专门化							词典收录
跃进 4134	漂白			不及物			抽象化		词典收录
演进 1842	漂白	专门化		不及物	转型				词典收录
跟进 1589	漂白			不及物	转型				词典收录
冒进 1392	漂白	专门化		不及物	转型				词典收录

续表

掘进 1027	漂白	专门化		不及物					词典收录
劝进 337	漂白	专门化		不及物	转型				词典收录
返回 32983	漂白				转型		半抽象化		词典收录
收回 12344	漂白						半抽象化		词典收录
来回 9697			转类	不及物	转型				词典收录
巡回 5313	漂白		转类	不及物	转型				词典收录
挽回 5312	漂白						抽象化		词典收录
退回 4802	漂白				转型		半抽象化		词典收录
召回 3837	漂白	专门化					半抽象化		中性标准
撤回 3559	漂白						半抽象化		词典收录
驳回 2764	漂白	专门化					抽象化		词典收录
轮回 1845	漂白		转类	不及物	转型				词典收录
追回 1592	漂白	专门化					抽象化		中性标准
折回 1033				不及物	转型				词典收录
超过 83214	漂白				转型		抽象化		词典收录
通过 75632	漂白		转类		转型		抽象化	可带V	词典收录
经过 73254	漂白		转类		转型		抽象化	可带V	词典收录
错过 11239	漂白				转型		抽象化		词典收录

续表

难过 9317	漂白		转类	不及物	转型				词典收录
透过 8676			转类		转型				刚性标准
越过 7946					转型				词典收录
渡过 6403					转型		半抽象化		刚性标准
胜过 4217	漂白				转型		抽象化		中性标准
跨过 2179					转型				中性标准
赛过 888	漂白				转型		半抽象化		中性标准
起来 333453	漂白			不及物	转型				词典收录
出来 225184	漂白			不及物	转型				词典收录
下来 124359	漂白			不及物	转型				词典收录
回来 75134	漂白			不及物	转型				词典收录
看来 64732	漂白		转类	不及物	转型				刚性标准
过来 64459	漂白			不及物	转型				词典收录
上来 39486	漂白			不及物	转型				词典收录
进来 33976				不及物	转型				词典收录
用来 30987	漂白		转类	不及物	转型				刚性标准
到来 26418	漂白			不及物	转型				词典收录
往来 15500	漂白			不及物	转型				词典收录

续表

近来 13013	漂白		转类	不及物	转型				词典收录
生来 8157	漂白		转类	不及物	转型				词典收录
想来 6828	漂白			不及物	转型				词典收录
留下 47888	漂白				转型		半抽象化	可带V	刚性标准
剩下 18509	漂白				转型		半抽象化		刚性标准
放下 14023	漂白				转型		半抽象化		柔性标准
拿下 3884	漂白				转型		半抽象化		中性标准
抛下 1240	漂白				转型	整合	半抽象化	可带V	中性标准
撇下 872	漂白				转型	整合	半抽象化	可带V	中性标准
提出 245781	漂白				转型		抽象化，从句化		刚性标准
指出 124006	漂白				转型		抽象化，从句化		刚性标准
作出 94792	漂白				转型		抽象化	可带V	刚性标准
推出 70305	漂白				转型		抽象化		刚性标准
发出 69728	漂白				转型		抽象化		词典收录
演出 55158	漂白		转类		转型		抽象化		词典收录
现出 41256	漂白				转型		抽象化		刚性标准
做出 39907	漂白				转型		抽象化	可带V	刚性标准
看出 29793	漂白				转型		抽象化		刚性标准

续表

走出 29771	漂白						半抽象化		柔性标准
得出 29134	漂白				转型		抽象化	定从	刚性标准
露出 27134	漂白				转型		抽象化	可带V	刚性标准
刊出 25275	漂白						半抽象化		柔性标准
派出 24084	漂白								柔性标准
进出 21934				不及物	转型				词典收录
拿出 21765	漂白						半抽象化		柔性标准
支出 20114	漂白	专门化	转类		转型				词典收录
输出 18329	漂白				转型		抽象化		词典收录
退出 17795					转型				词典收录
付出 17045	漂白				转型		抽象化		词典收录
播出 13177	漂白	专门化			转型		抽象化		刚性标准
超出 11104	漂白				转型		抽象化	可带V	词典收录
展出 11034	漂白				转型		半抽象化		词典收录
显出 7390	漂白				转型		抽象化		刚性标准
迈出 6163							抽象化		刚性标准
撤出 5616	漂白						半抽象化		柔性标准
给出 5307	漂白				转型		抽象化	可带V	刚性标准

续表

析出 4635		专门化							词典收录
列出 4440	漂白				转型		抽象化		中性标准
逐出 4203	漂白	专门化							中性标准
引出 4193	漂白						抽象化	可带V	中性标准
献出 4179	漂白	专门化					半抽象化		中性标准
冒出 4055	漂白	专门化							中性标准
评出 3954	漂白	专门化							中性标准
复出 3805	漂白			不及物	转型				词典收录
售出 3457	漂白	专门化							中性标准
导出 2962		专门化							中性标准
摆出 3136	漂白					整合	半抽象化		中性标准
抛出 2600	漂白					整合	抽象化		中性标准
透出 2414									中性标准
腾出 2335		专门化							中性标准
浮出 2049	漂白	专门化							中性标准
调出 1937	漂白								中性标准
渗出 1762		专门化							中性标准
供出 1534	漂白	专门化					抽象化		中性标准

续表

悟出 1372	漂白	专门化					抽象化		中性标准
登出 1308		专门化							中性标准
弹出 1121		专门化							中性标准
迁出 1047	漂白	专门化							中性标准
胜出 1005	漂白			不及物	转型				词典收录
革出 397	漂白	专门化							词典收录
祭出 83	漂白	专门化							中性标准
召开 76389	漂白				转型		抽象化		词典收录
离开 74023	漂白				转型				词典收录
展开 38127	漂白				转型		抽象化	可带 V	词典收录
打开 36732	漂白						半抽象化		词典收录
公开 26984	漂白				转型		抽象化		词典收录
分开 15943	漂白								词典收录
放开 10195	漂白						半抽象化		柔性标准
揭开 6571	漂白						半抽象化		柔性标准
避开 6528	漂白						半抽象化		柔性标准
推开 6219	漂白						半抽象化		柔性标准
敞开 5722	漂白						半抽象化		词典收录

续表

解开 4662	漂白						半抽象化		中性标准
翻开 3092	漂白						半抽象化		中性标准
撇开 2946	漂白				转型	整合	抽象化		词典收录
断开 2423		专门化							中性标准
抛开 2416	漂白					整合	抽象化		中性标准
躲开 2201	漂白						半抽象化		中性标准
散开 1677				不及物					中性标准
想开 1649	漂白			不及物	转型	整合			词典收录
铺开 1518	漂白						抽象化		中性标准
摊开 1399	漂白						半抽象化		中性标准
丢开 1239	漂白				转型		抽象化		中性标准
裂开 1226				不及物					中性标准
除开 1191	漂白		转类		转型				词典收录
摆开 1099	漂白						抽象化		中性标准
滚开 863				不及物					中性标准
绕开 515	漂白						抽象化		中性标准
看开 321	漂白			不及物		整合	抽象化		词典收录
加上 44862	漂白		转类	不及物	转型				词典收录

续表

赶上 8941	漂白				转型		抽象化	可带V	刚性标准
至上 5432	漂白		转类	不及物	转型				词典收录
看上 3065	漂白				转型	整合			词典收录
合计	139	30	21	47	95	10	55+32		
百分比	85.80%	18.50%	13.00%	29%	58.60%	6.17%	53.70%		

附录3：“V+趋”语义串、语法串和语用串

一、语义串

过去　下去　出去　上去　失去　回去　进去　死去　离去　除去　来去
免去　夺去　减去　省去　逝去　退去　脱去　赶去　抹去　隐去　舍去
故去　革去　罢去
返回　收回　来回　巡回　挽回　退回　召回　撤回　驳回　轮回　追回
折回　扳回　打回　迁回　索回　押回　解回　潜回　遣回
促进　推进　引进　走进　改进　上进　增进　行进　迈进　挺进　开进
跃进　演进　跟进　冒进　掘进　劝进　免进
起来　出来　下来　带来　回来　看来　过来　上来　进来　用来　到来
说来　传来　往来　近来　生来　得来　拿来　想来
召开　离开　展开　打开　分开　放开　揭开　避开　推开　敞开　解开
翻开　撇开　断开　抛开　躲开　散开　想开　铺开　摊开　丢开　裂开
除开　摆开　让开　迈开　滚开　甩开　闪开　绕开　看开　引开
加上　走上　登上　穿上　背上　赶上　带上　用上　爱上　关上　踏上
戴上　当上　碰上　遇上　过上　至上　告上　染上　跟上　写上　考上
看上　打上　迈上　轮上　算上　拼上　瞅上
留下　剩下　放下　写下　打下　拿下　丢下　扔下　抛下　撇下　罚下
提出　指出　作出　推出　发出　演出　现出　做出　看出　走出　得出
露出　刊出　派出　进出　支出　输出　退出　付出　播出　取出　伸出
产出　超出　展出　显出　迈出　撤出　给出　列出　逐出　引出　献出
冒出　评出　复出　使出　售出　摆出　导出　抛出　透出　腾出　浮出
调出　渗出　供出　悟出　登出　弹出　迁出　胜出　革出　祭出

引起　想起　发起　说起　谈起　唤起　隆起　鼓起　勾起　凸起
超过　通过　经过　走过　度过　穿过　难过　透过　越过　渡过　胜过
跨过　赛过

二、语法串

望去　看去　占去　瞧去　躲去　跃去　挪去　吻去　捅去　瞅去　瞥去
听来　道来　写来　算来　读来
讲开　哭开　骂开　聊开
点上　顶上　报上　对上　发上　装上　送上　换上　闭上　活上　站上
配上　画上　合上　献上　续上　念上　接上　说上　附上　见上　化上
使上　吃上　搬上　定上　种上　呈上　推上　放上　服上　花上　找上
标上　搭上　套上　拉上　住上　开上　给上　摊上　相上　占上　提上
干上　患上　按上　管上　奉上　跑上　排上　寄上　卡上　划上　约上
迷上　撞上　派上　择上　锁上　省上　拜上　取上　记上　喝上　录上
迎上　教上　忙上　称上　抢上　乘上　买上　攀上　领上　选上　做上
还上　压上　枕上　盯上　弹上　演上　钉上　拿上　叫上　捧上　养上
练上　押上　淋上　刷上　浇上　评上　转上　骗上　扶上　托上　圈上
署上　睡上　谱上　候上　抵上　听上　泡上　奏上　勒上　付上　粘上
认上　斟上　掩上　拖上　待上　堵上　握上　缝上　缠上　蘸上　洒上
敬上　帮上　恋上　唱上　凑上　栽上　读上　扯上　抱上　扎上　卖上
倒上　修上　讲上　玩上　弄上　怀上　拌上　查上　停上　抽上　汇上
挑上　聊上　惹上　捆上　搞上　热上　瞧上　糊上　聘上　咬上　蹬上
擦上　逢上　钓上　绣上　订上　投上　吹上　滴上　邀上　租上　露上
烧上　盛上　赚上　揣上　沏上　踢上　死上　埋上　绘上　捎上　雕上
赖上　骂上　含上　混上　讨上　娶上　牵上　滚上　泼上　抓上　耗上
躺上　闯上　煮上　喊上　挣上　遮上　灌上　钩上　驾上　招上　挎上
拧上　蒸上　哭上　熬上　焊上　撑上　冻上　审上　撵上　逛上　炒上
歇上　烫上　拎上　割上　享上　傍上　砍上　雇上　叼上　挽上　蹲上

躲上 捏上 揽上 跪上 晒上 绷上 捅上 铸上 饿上 嚷上 截上
携上 烤上 舀上 酿上 凿上 煎上 焖上 煨上 煲上 剥上
买下 创下 定下 停下 立下 记下 攻下 犯下 收下 结下 录下
住下 种下 接下 埋下 许下 省下 设下 拍下 欠下 扎下 做下
安下 订下 租下 撂下 横下 摆下 救下 积下 包下 攒下 扣下
舍下 画下 装下 摄下 闯下 纳下 植下 替下 铺下 瞒下 背下
认下 报下 跨下 挣下 忍下 拦下 保下 惹下 聘下 赢下 骗下
占下 揽下 敲下
造出 写出 选出 找出 生出 制出 打出 学出 映出 想出 品出
定出 放出 卖出 抽出 认出 闻出 育出 查出 算出 道出 分出
举出 装出 画出 理出 点出 求出 划出 结出 养出 译出 量出
断出 测出 绘出 听出 干出 让出 决出 订出 标出 唱出 拍出
种出 爆出 报出 少出 讲出 留出 检出 搞出 叫出 织出 用出
奏出 炼出 编出 辟出 省出 笑出 约出 办出 猜出 挂出 活出
清出 捐出 校出 管出 惹出 数出 变出 练出 赛出 游出 气出
吹出 孵出 端出 问出 站出 漏出 称出 投出 验出 借出 谈出
吃出 追出 比出 整出 衬出 切出 刷出 踏出 吸出 撞出 忙出
择出 瞧出 压出 坐出 嗅出 教出 花出 抢出 抄出 拼出 豁出
换出 凿出 堆出 雕出 答出 盖出 吓出 改出 敲出 染出 背出
玩出 建出 烧出 惊出 修出 擦出 拆出 迎出 炸出 尝出 踩出
跌出 拽出 咳出 混出 铺出 包出 描出 买出 折出 绣出 骂出
扮出 砌出 纺出 塑出 谱出 捅出 碰出 咬出 喝出 泡出 添出
砍出 憋出 砸出 斗出 审出 犯出 丢出 扣出 劈出 嚼出 窥出
讨出 估出 搓出 晒出 吼出 绑出 淋出 截出 撑出 闯出 拱出
磕出 猫出 兑出 插出 钓出 冻出 拐出 捣出 浇出 琢出 赔出
梳出 抹出 聊出 沏出 撂出
提起 拿起 响起 比起 做起 抓起 挑起 办起 负起 上起 装起
打起 代起 问起 记起 动起 燃起 讲起 担起 收起 唱起 点起

下起 算起 生起 行起 撑起 当起 挂起 作起 织起 干起 吹起

关起 种起 搞起 学起 盖起 刻起 排起 论起 树起 背起 穿起

惹起 走起 开起 写起 用起 放起 捧起 爬起 念起 奏起 着起

聊起 荡起 过起 叫起 查起 搬起 造起 忙起 包起 化起 烧起

数起 眯起 藏起 量起 挥起 翻起 养起 玩起 接起 吃起 飘起

敲起 摆起 使起 读起 修起 告起 喝起 划起 叠起 拍起 演起

练起 管起 品起 搁起 革起 串起 抽起 喊起 哼起 骂起 卖起

求起 戴起 表起 转起 弄起 驾起 斜起 画起 睡起 祭起 擦起

害起 斗起 缝起 恨起 挖起 怕起 推起 跑起 扳起 吸起 踢起

播起 整起 笑起 蓄起 耍起 杀起 认起 花起 买起 诉起 钓起

编起 吵起 批起 按起 铺起 舀起 套起 攻起 闪起 相起 抖起

切起 叙起 许起 兜起 怨起 踱起 束起 训起 插起 游起 征起

恋起 遮起 评起 逗起 临起 兼起 拧起 拨起 服起 考起 降起

付起 扮起 拜起 撞起 灭起 甩起 赏起 酿起 验起 鸣起 列起

梳起 绑起 蒙起 赶起 怪起 烫起 绷起 补起 充起 揪起 照起

讨起 抗起 捉起 横起 哭起 吟起 焚起 蹬起 叹起 拼起 炒起

磕起 招起 贴起 扫起 选起 啃起 扣起 抵起 煮起 捻起 染起

刷起 吐起 拦起 罩起 脱起 追起 掩起 搓起 泡起 订起 滑起

培起 栽起 烤起 饮起 喘起 绕起 绘起 喂起 夺起 扔起 摘起

逛起 咒起 掰起 斟起 刨起 攀起 犁起 劝起 掏起 耕起 赚起

逃起 钻起 剔起 割起 劁起 砍起 绣起 踩起 纺起 熬起 筛起

缠起 搜起 淘起 锄起 剥起 摔起 洒起 猜起 拆起 抠起 捐起

炖起 劈起 揍起 锯起 驱起 撕起 沏起 舔起 漱起 焖起 煨起

说过 见过 到过 看过 作过 受过 做过 得过 用过 生过 出过

写过 动过 回过 读过 去过 吃过 想过 当过 加过 化过 理过

要过 起过 讲过 打过 学过 上过 问过 开过 谈过 听过 任过

种过 量过 流过 住过 表过 会过 演过 对过 发过 下过 变过

办过 爱过 造过 干过 翻过 闪过 改过 换过 算过 育过 教过

求过 进过 验过 试过 查过 访过 拿过 取过 犯过 点过 提过
立过 定过 供过 免过 喝过 坐过 找过 等过 跑过 冲过 尝过
逃过 给过 买过 谢过 掉过 递过 念过 断过 送过 养过 待过
扭过 斗过 结过 带过 练过 闯过 解过 拍过 争过 拉过 革过
搞过 卖过 睡过 修过 热过 压过 烧过 收过 夺过 响过 唱过
摇过 举过 登过 熬过 抢过 告过 输过 挨过 游过 记过 请过
分过 交过 扫过 瞒过 哭过 离过 服过 务过 还过 爬过 玩过
叫过 治过 盖过 约过 救过 除过 背过 品过 杀过 译过 害过
数过 传过 画过 挥过 使过 骗过 擦过 混过 装过 笑过 整过
考过 射过 避过 摄过 补过 选过 织过 播过 留过 滑过 许过
付过 落过 飘过 战过 获过 调过 售过 横过 炼过 建过 待过
运过 摸过 认过 染过 移过 订过 伤过 骂过 代过 死过 失过
跃过 照过 议过 拜过 怕过 赶过 评过 碰过 踏过 抓过 遇过
编过 涨过 刮过 配过 患过 抱过 管过 讨过 败过 亲过 吵过
握过 报过 松过 赏过 病过 让过 印过 切过 吻过 测过 藏过
偷过 引过 领过 倒过 泡过 滚过 敲过 探过 帮过 浸过 支过
奏过 负过 缩过 信过 劝过 拖过 花过 关过 借过 反过 耗过
升过 刷过 晃过 钻过 题过 吸过 标过 破过 闻过 降过 扬过
踢过 喊过 停过 戴过 炸过 投过 煮过 拐过 称过 咬过 签过
纳过 迁过 毁过 罚过 弄过 撞过 审过 批过 逛过 集过 排过
折过 训过 怨过 购过 注过 献过 挺过 灭过 寄过 娶过 割过
站过 恨过 绘过 剪过 安过 搬过 丢过 涂过 刻过 洒过 挤过
骑过 烫过 偏过 溜过 喘过 踩过 录过 跌过 尽过 荡过 淌过
捕过 答过 捧过 授过 包过 掘过 恋过 漏过 脱过 防过 休过
抽过 牵过 奖过 围过 瞧过 卷过 炒过 端过 插过 劫过 抹过
押过 派过 歪过 追过 削过 弹过 征过 聚过 聊过 喂过 抄过
推过 唤过 采过 搁过 醉过 抬过 消过 筛过 校过 贴过 保过
托过 挂过 跟过 扯过 沾过 享过 圈过 守过 攻过 歇过 扮过

宣过 扔过 捐过 禀过 辱过 嚼过 撤过 斥过 烤过 扰过 欠过

窜过 植过 撒过 冷过 按过 清过 搅过 磕过 摆过 耕过 辗过

迷过 弯过 漂过 充过 占过 挖过 裁过 酿过 盘过 诵过 蹲过

顶过 吐过 嫁过 拾过 挑过 拨过 淹过 减过 乘过 戒过 拔过

套过 抵过 忍过 拟过 租过 轧过 捞过 晒过 督过 禁过 冒过

盼过 伐过 梳过 检过 袭过 闭过 怀过 摔过 驳过 要过 赌过

省过 诊过 扛过 捉过 撰过 操过 湿过 泄过 盛过 缠过 缺过

蓄过 挡过 援过 截过 敬过 扳过 搂过 祭过 聘过 缝过 迎过

冻过 咒过 掩过 搜过 朝过 犁过 舍过 添过 砸过 著过 驻过

填过 夸过 拌过 浇过 浮过 盗过 糊过 赔过 饿过 参过 叹过

哄过 梦过 熏过 铺过 含过 塞过 延过 描过 钓过 偿过 吓过

掷过 渗过 缴过 封过 搭过 忘过 叛过 招过 摘过 束过 栽过

腾过 贷过 驾过 剃过 砍过 挪过 卡过 拧过 揭过 赚过 返过

啃过 拆过 葬过 树过 沉过 甩过 勒过 埋过 镇过 催过 培过

赋过 堆过 尿过 拽过 紧过 谱过 隆过 喷过 掏过 揍过 泊过

蒸过 典过 吟过 挣过 捡过 淋过 赠过 卸过 增过 镀过 诱过

刊过 怪过 扣过 抛过 撑过 曝过 剖过 宰过 榨过 爆过 闷过

陪过 勘过 嗅过 塑过 嫖过 揪过 疼过 砌过 锄过 丧过 汇过

灌过 逼过 吊过 毙过 纹过 贩过 跪过 夹过 惹过 拈过 撇过

拦过 拼过 掇过 锁过 伏过 兑过 吞过 捏过 捣过 揩过 赎过

哼过 拣过 昏过 晕过 泼过 煎过 纺过 兼过 垫过 扶过 斟过

赐过 雇过 叠过 拭过 捎过 涮过 滴过 蛀过 遮过 劈过 搓过

鼓过 凿过 宠过 蘸过 裹过 蹿过 锯过 阉过 剥过 废过 漱过

瞥过 舔过 逮过 卧过 吮过 咽过 掂过 蹦过 蹭过 刨过 堵过

披过 拢过 挠过 揉过 敷过 淘过 焊过 焚过 绑过 贬过 赦过

蹬过 邀过 怯过 扒过 挽过 捅过 捆过 捻过 撕过 斩过 烘过

嗽过 崩过 怜过 抖过 掳过 撩过 晾过 泻过 筹过 钉过 驱过

坑过 垒过 掐过 掰过 瞅过 瞟过 耙过 觅过 俘过 剔过 灼过

炖过　粘过　绞过　驮过　叮过　吭过　拎过　搀过　煨过　眨过　绊过
绣过　罢过　踹过　铲过　雕过　傍过　兜过　勾过　拴过　捶过　搅过
摊过　撬过　沏过　罩过　遛过　剿过　啄过　堕过　怠过　戳过　抡过
攫过　枕过　猜过　盯过　瞄过　删过　孵过　擒过　逗过　剐过　剜过
揣过　煲过　赊过　邮过　叼过　捂过　撵过　烹过　焖过　舀过　剁过
屙过　汆过

三、语用串

送去　跑去　拿去　带去　寄去　飞去　删去　散去　派去　奔去　睡去
发去　转去　冲去　驶去　花去　学去　请去　抢去　打去　剪去　略去
剥去　擦去　撤去　逃去　抓去　接去　拉去　找去　扑去　砍去　遁去
投去　割去　削去　取去　买去　叫去　偷去　划去　追去　爬去　调去
抽去　拭去　运去　拔去　消去　约去　捉去　倒去　揭去　摘去　切去
刮去　跟去　驰去　窜去　射去　移去　解去　挤去　滚去　卸去　撕去
拂去　搬去　抛去　截去　滤去　邀去　撞去　推去　拆去　领去　毁去
荡去　掳去　收去　换去　飘去　挖去　耗去　扫去　借去　骗去　砸去
排去　摸去　纳去　卖去　废去　吃去　扔去　掠去　褪去　召去　吹去
漂去　撇去　捎去　烧去　杀去　汇去　挥去　扣去　剃去　拍去　劫去
拖去　挑去　索去　弄去　盗去　弹去　拐去　揩去　裁去　剔去　劈去
扯去　溜去　抬去　擒去　筛去　逸去　忘去　提去　征去　抄去　牵去
咬去　喝去　摔去　背去　勾去　唤去　携去　迁去　丢去　刷去　拨去
甩去　刨去　折去　摄去　涂去　押去　交去　窃去　撒去　铲去　赚去
圈去　掸去　泼去　戳去　扒去　敲去　剜去　捞去　招去　购去　邮去
逼去　销去　俘去　抖去　喊去　喷去　搓去　吐去　搞去　绑去　蜕去
掏去　逮去　缴去　踩去　凿去　讨去　揪去　诱去　炸去　掐去　掘去
揉去　锯去　赖去　吞去　舔去　碾去　叼去　啄去　拽去　贬去　吮去
缩去　抠去　撬去　葬去　抵去　剖去　埋去　撵去　阉去　掰去
带回　要回　送回　赶回　夺回　买回　想回　走回　找回　发回　放回

跑回 调回 运回 取回 接回 飞回 拿回 逃回 请回 转回 流回
赎回 拉回 寄回 换回 气回 讨回 搬回 迎回 领回 还回 求回
缩回 等回 交回 开回 捧回 按回 抱回 跌回 购回 唤回 分回
算回 赚回 救回 杀回 坐回 抬回 推回 拖回 梦回 驶回 抢回
吃回 招回 溜回 采回 引回 寻回 倒回 派回 抓回 叫回 汇回
弹回 败回 弄回 批回 赢回 游回 缴回 提回 托回 拨回 盼回
跳回 扭回 荡回 爬回 移回 窜回 扔回 拣回 捉回 偷回 扛回
挖回 扣回 踱回 扯回 拽回 揪回 考回 躲回 聘回 踢回 丢回
吹回 滑回 撵回 擒回 拐回 揽回 订回 认回 录回 贩回 逮回
盗回 催回 撞回 叼回 哭回 喊回 掳回 邮回 涨回 坠回 吓回
诱回 哄回 签回 蹬回 舀回
并进 钻进 放进 送进 住进 买进 购进 冲进 关进 带进 打进
装进 闯进 接进 塞进 跨进 搬进 跑进 加进 踏进 写进 掉进
跳进 请进 划进 伸进 插进 流进 收进 挤进 投进 攻进 躲进
驶进 扎进 调进 拉进 射进 飞进 倒进 领进 混进 卷进 考进
陷进 溜进 坐进 落进 选进 爬进 吹进 让进 埋进 吸进 扑进
抬进 丢进 吃进 跌进 灌进 藏进 逼进 拖进 杀进 逃进 踢进
拐进 照进 端进 召进 抛进 缩进 补进 掺进 吞进 抓进 撞进
渗进 顶进 叫进 游进 换进 滚进 勒进 按进 探进 锁进 穿进
滑进 旋进 朝进 抱进 窜进 押进 招进 栽进 嵌进 编进 飘进
揉进 摸进 闪进 注进 播进 填进 听进 摆进 赚进 滴进 翻进
捅进 踱进 弄进 圈进 潜进 踩进 趋进 贩进 摔进 扫进 扣进
驻进 撒进 弯进 洒进 邀进 搀进 喝进 搅进 诱进 缝进 骗进
拽进 搂进 挪进 贷进 蹿进 凿进 踹进 撂进 劫进 哄进 拦进
焊进 诈进 扳进 撵进 煨进 煮进
开来 送来 走来 赶来 醒来 请来 迎来 寄来 买来 引来 发来
飞来 跑来 找来 换来 派来 转来 招来 调来 运来 叫来 等来
分来 袭来 借来 吹来 取来 搬来 接来 翻来 弄来 端来 扑来

报来 召来 驶来 拢来 追来 拉来 射来 飘来 偷来 奔来 邀来
抓来 杀来 收来 领来 冲来 挣来 游来 租来 投来 交来 迁来
夺来 刮来 解来 汇来 雇来 捎来 拈来 抢来 捉来 唤来 跟来
赢来 跳来 盼来 采来 抄来 抱来 推来 购来 惹来 喊来 聘来
卷来 牵来 递来 摇来 骗来 擒来 搞来 弹来 抬来 套来 讨来
窜来 逃来 拾来 携来 献来 背来 砍来 募来 骑来 拖来 漂来
摘来 娶来 抛来 押来 衔来 捧来 钻来 逼来 贩来 扫来 伸来
捐来 劫来 缴来 掠来 掳来 盛来 诱来 叼来 赊来 捆来 拽来
撵来 揪来 逮来 贬来 搀来
拉开 走开 张开 睁开 点开 切开 拆开 松开 传开 站开 敲开
移开 拨开 排开 烧开 绽开 撕开 炸开 游开 踢开 伸开 跑开
撬开 劈开 扯开 逃开 搞开 调开 脱开 撒开 撩开 撞开 挖开
煮开 谈开 拿开 撑开 割开 挪开 告开 取开 攻开 端开 弹开
扒开 搬开 砸开 拧开 掰开 掘开 剥开 启开 挡开 杀开 剪开
凿开 抖开 盘开 支开 顶开 跳开 扭开 征开 荡开 赶开 吹开
找开 决开 裁开 轰开 锯开 摔开 泡开 扳开 踹开 拽开 捅开
扬开 扔开 刨开 弄开 刮开 拖开 磕开 挤开 咬开 砍开 逼开
闯开 辟开 骗开 蹬开 喊开 扫开 浇开 腾开 驱开 截开 爬开
唤开 梳开 剁开 抬开 灌开 碰开 熬开 捣开 剜开 哄开 捏开
漂开 碾开 摧开 踩开 沏开 浸开 炖开 煨开 掐开 晒开 烘开
烤开 焊开
系上 刊上 爬上 织上 盘上 盖上 坐上 挂上 插上 交上 披上
摆上 涂上 蒙上 追上 贴上 补上 铺上 跳上 跃上 冲上 添上
骑上 包上 飞上 安上 卷上 朝上 请上 端上 跨上 撒上 封上
签上 别上 递上 堆上 沾上 扣上 塞上 抹上 垫上 连上 罩上
传上 刻上 围上 印上 升上 引上 填上 逼上 列上 抬上 驶上
浮上 扑上 挤上 裹上 征上 注上 绑上 镶上 赔上 敷上 拴上
喷上 翻上 举上 踩上 捞上 绕上 窜上 杀上 吊上 扛上 射上

抛上　溅上　捂上　佩上　摸上　拽上　漫上　缴上　蹿上　穿上　滑上
涨上　飘上　扔上　晾上　踹上　搂上　眯上　辗上　掰上　镂上
坐下　落下　走下　按下　生下　脱下　跳下　倒下　跪下　流下　取下
压下　摘下　躺下　垂下　投下　弯下　掉下　解下　卸下　降下　拉下
吞下　产下　断下　射下　换下　睡下　喝下　撕下　点下　刻下　退下
划下　吃下　蹲下　题下　剪下　咽下　败下　签下　割下　播下　织下
砍下　服下　传下　赶下　跑下　夺下　盖下　洒下　撒下　搁下　滚下
拔下　沉下　冲下　扯下　顶下　卷下　请下　摔下　趴下　爬下　切下
栽下　剥下　拆下　滑下　伏下　推下　跌下　撤下　滴下　坠下　注下
逼下　飞下　拖下　批下　甩下　淌下　溜下　揭下　咬下　抄下　削下
灌下　吐下　刮下　挤下　卧下　弹下　扒下　撞下　截下　刷下　劈下
踢下　斩下　啃下　蹿下　轰下　裁下　吹下　拽下　锯下　扫下　泼下
擦下　掐下　撬下　刨下　屙下　赊下
拿出　说出　排出　掏出　传出　开出　射出　流出　交出　冲出　跳出
挤出　逃出　没出　吐出　拔出　救出　赶出　喷出　带出　送出　跑出
飞出　拨出　托出　捞出　寄出　掘出　挖出　印出　拉出　跨出　摸出
喊出　搬出　杀出　探出　闯出　运出　溢出　越出　抓出　贴出　闪出
读出　请出　勒出　搜出　钻出　弄出　挑出　觉出　驶出　倒出　跃出
凸出　翻出　邀出　奏出　呼出　奔出　念出　辨出　逸出　穿出　接出
捧出　抬出　转出　汇出　爬出　窜出　拖出　哭出　贷出　迸出　踢出
溜出　牵出　甩出　移出　扑出　扔出　考出　盘出　罚出　唤出　递出
滑出　逼出　飘出　滚出　套出　领出　娩出　揭出　撵出　酿出　摄出
沁出　租出　蹦出　扯出　揪出　泄出　抱出　摔出　摘出　炒出　招出
剪出　绽出　榨出　偷出　拣出　顶出　保出　圈出　滤出　抖出　溅出
扫出　熬出　蹿出　捏出　泻出　轰出　洒出　盗出　押出　捡出　割出
盛出　摇出　撒出　荡出　剔出　掉出　落出　偏出　刮出　哼出　拈出
抠出　滴出　扶出　踱出　骗出　烤出　拎出　赎出　扎出　煮出　挪出
刨出　泼出　轧出　扒出　诵出　淘出　扬出　裁出　舀出　诱出　削出

筛出　签出　剥出　曝出　贩出　拧出　漫出　煎出　颁出　减出　剜出
锯出　碾出　捉出　拦出　漂出　铲出　劝出　喘出　熏出　扭出　遁出
扛出　掐出　搅出　揉出　镂出　尿出　缚出　啄出　垒出　搀出　贬出
叼出　邮出　屙出　汲出　咂出　兜出　捻出　炖出　踹出　吮出　扳出
锄出　煲出　掰出　焖出　舔出　辗出　煨出　瞅出　遛出
立起　抬起　举起　站起　建起　升起　会起　竖起　扬起　拾起　拉起
筑起　卷起　端起　跳起　抱起　搭起　刮起　托起　扶起　挺起　跃起
浮起　仰起　捡起　翘起　支起　腾起　捞起　救起　弹起　拔起　撩起
抄起　挽起　惊起　抡起　扯起　溅起　吊起　堆起　揭起　扛起　拎起
冒起　拣起　夹起　擎起　团起　拱起　扎起　伸起　顶起　盘起　搀起
拽起　盛起　攒起　蹿起　叼起　屈起　衔起　漂起　漫起　塑起　探起
猫起　跪起　驮起
转过　接过　放过　来过　掠过　绕过　没过　活过　飞过　驶过　跳过
吹过　划过　伸过　略过　漫过　比过　迈过　拂过　饶过　赢过　碾过
忙过　敌过　踱过　溢过　溅过

附录4：词库内动结式“V+V”二字词句法特征分析

逃走　人或非人 / 无受影响者 / 一价 /– 小时 / 左指

纠正　人 / 抽象 / 二价 /+ 小时 / 右指

端正　人 / 抽象 / 二价 /+ 小时 / 右指

矫正　人 / 抽象 / 二价 /+ 小时 / 右指

修正　人 / 抽象 / 二价 /+ 小时 / 右指

改正　人 / 抽象 / 二价 /+ 小时 / 右指

校正　人 / 抽象 / 二价 /+ 小时 / 右指

立正　人 / 无受影响者 / 一价 /– 小时 / 左指

更正　人 / 抽象 / 二价 /+ 小时 / 右指

订正　人 / 抽象 / 二价 /+ 小时 / 右指

扶正　人 / 抽象 / 二价 /+ 小时 / 右指

指正　人 / 抽象 / 二价 /+ 小时 / 右指

转正　人 / 抽象 / 二价 /+ 小时 / 右指

补正　人 / 抽象 / 二价 /+ 小时 / 右指

指定　人 / 抽象 / 二价 /+ 小时 / 右指

认定　人 / 抽象 / 二价 /+ 小时 / 右指

约定　人 / 抽象 / 二价 /+ 小时 / 右指

测定　人 / 抽象 / 二价 /+ 小时 / 右指

安定　人 / 抽象 / 二价 /+ 小时 / 右指

裁定　人 / 抽象 / 二价 /+ 小时 / 右指

断定　人 / 抽象 / 二价 /+ 小时 / 右指

注定　非责任者 / 抽象 / 二价 /+ 小时 / 右指

拟定 人 / 抽象 / 二价 /+ 小时 / 右指

评定 人 / 抽象 / 二价 /+ 小时 / 右指

审定 人 / 抽象 / 二价 /+ 小时 / 右指

判定 人 / 抽象 / 二价 /+ 小时 / 右指

限定 人或非人 / 抽象 / 二价 /+ 小时 / 右指

镇定 人 / 抽象 / 二价 /+ 小时 / 右指

核定 人 / 抽象 / 二价 /+ 小时 / 右指

锁定 人 / 抽象 / 二价 /+ 小时 / 右指

校定 人 / 抽象 / 二价 /+ 小时 / 右指

勘定 人 / 抽象 / 二价 /+ 小时 / 右指

靠近 人或非人 / 具体 / 二价 /– 小时 / 左指

逼近 人或非人 / 抽象 / 二价 /– 小时 / 左指

亲近 人 / 具体 / 二价 /– 小时 / 左指

贴近 人 / 抽象 / 二价 /– 小时 / 左指

迫近 人或非人 / 具体 / 二价 /– 小时 / 左指

凑近 人 / 具体 / 二价 /– 小时 / 左指

挨近 人 / 具体 / 二价 /– 小时 / 左指

推动 人 / 抽象 / 二价 /+ 小时 / 右指

发动 人 / 抽象 / 二价 /+ 小时 / 右指

移动 人或非人 / 具体 / 二价 /– 小时 / 右指

启动 人或非人 / 抽象 / 二价 /+ 小时 / 右指

感动 人或非人 / 人（受影响者）/ 二价 /– 小时 / 右指

变动 人或非人 / 抽象 / 二价 /+ 小时 / 右指

带动 人 / 抽象具体 /+ 小时 / 右指

调动 人 / 抽象 / 二价 /+ 小时 / 右指

驱动 人或非人 / 抽象人（受影响者）/– 小时 / 右指

转动 人或非人 / 具体 / 二价 /– 小时 / 右指

震动 非人 / 无受影响者 / 一价 /– 小时 / 右指

鼓动　人 / 抽象 / 二价 /+ 小时 / 右指

轰动　人或非人 / 抽象 / 二价 /+ 小时 / 右指

打动　人或非人 / 抽象 / 二价 /+ 小时 / 右指

煽动　人 / 抽象 / 二价 /+ 小时 / 右指

触动　人或非人 / 抽象 / 二价 /+ 小时 / 右指

惊动　人或非人 / 人（受影响者）/ 二价 /+ 小时 / 右指

摆动　人或非人 / 具体 / 二价 /– 小时 / 右指

牵动　人或非人 / 抽象 / 二价 /+ 小时 / 右指

摇动　人 / 具体 / 二价 /– 小时 / 右指

挥动　人 / 具体 / 二价 /– 小时 / 右指

抖动　人或非人 / 具体 / 二价 /– 小时 / 右指

滑动　人或非人 / 具体 / 二价 /– 小时 / 右指

松动　人 / 抽象具体 / 二价 /– 小时 / 右指

挪动　人 / 抽象具体 / 二价 /– 小时 / 右指

处死　人 / 人（受影响者）/ 二价 /– 小时 / 右指

站住　人或非人 / 抽象 / 一价 /– 小时 / 右指

克服　人 / 抽象 / 二价 /+ 小时 / 右指

征服　人 / 抽象人（受影响者）/ 二价 /+ 小时 / 右指

说服　人 / 人（受影响者）/ 二价 /+ 小时 / 右指

制服　人 / 人（受影响者）/ 二价 /+ 小时 / 右指

佩服　人 / 抽象人（受影响者）/ 二价 /+ 小时 / 左指

屈服　人 / 抽象人（受影响者）/ 二价 /+ 小时 / 左指

信服　人 / 抽象人（受影响者）/ 二价 /+ 小时 / 左指

驯服　人 / 抽象具体人（受影响者）/ 二价 /+ 小时 / 右指

折服　人 / 抽象人（受影响者）/ 二价 /+ 小时 / 右指

叹服　人 / 抽象人（受影响者）/ 二价 /+ 小时 / 左指

降服　人 / 抽象具体人（受影响者）/ 二价 /+ 小时 / 右指

搞活　人 / 抽象具体 / 二价 /+ 小时 / 右指

养活　人 / 抽象具体 / 二价 /+ 小时 / 右指
盘活　人 / 抽象具体人（受影响者）/ 二价 /+ 小时 / 右指
分清　人 / 抽象 / 二价 /+ 小时 / 右指
肃清　人 / 抽象人（受影响者）/ 二价 /+ 小时 / 右指
划清　人 / 抽象 / 二价 /+ 小时 / 右指
忘掉　人 / 抽象人（受影响者）/ 二价 /+ 小时 / 右指
失掉　人 / 抽象人（受影响者）/ 二价 /+ 小时 / 右指
丢掉　人 / 抽象具体 / 二价 /+ 小时 / 右指
干掉　人 / 抽象具体人（受影响者）/ 二价 /+ 小时 / 右指
打倒　人 / 抽象人（受影响者）/ 二价 /+ 小时 / 右指
颠倒　人或非人 / 抽象 / 二价 /+ 小时 / 右指
压倒　人或非人 / 抽象 / 二价 /+ 小时 / 右指
摔倒　人或非人 / 无受影响者 / 一价 /+ 小时 / 右指
跌倒　人或非人 / 无受影响者 / 一价 /– 小时 / 右指
推倒　人 / 抽象具体 / 二价 /+ 小时 / 右指
驳倒　人 / 抽象 / 二价 /+ 小时 / 右指
拉倒　人 / 无受影响者 / 一价 /+ 小时 / 右指
扳倒　人 / 抽象人（受影响者）/ 二价 /+ 小时 / 右指
揭穿　人 / 抽象 / 二价 /+ 小时 / 右指
说穿　人 / 抽象 / 二价 /+ 小时 / 右指
戳穿　人 / 抽象 / 二价 /+ 小时 / 右指
拆穿　人 / 抽象 / 二价 /+ 小时 / 右指
杀伤　人 / 人（受影响者）/ 二价 /– 小时 / 右指
挫伤　人 / 抽象 / 二价 /+ 小时 / 右指
截断　人 / 抽象具体 / 二价 /+ 小时 / 右指
割断　人或非人 / 抽象具体 / 二价 /+ 小时 / 右指
买断　人 / 抽象 / 二价 /+ 小时 / 右指
战胜　人 / 抽象人（受影响者）/ 二价 /+ 小时 / 左指

扰乱　人 / 抽象 / 二价 /+ 小时 / 右指

捣乱　人 / 抽象 / 二价 /+ 小时 / 右指

搅乱　人 / 抽象 / 二价 /+ 小时 / 右指

打破　人 / 抽象 / 二价 /+ 小时 / 右指

爆破　人 / 具体 / 二价 /– 小时 / 右指

侦破　人 / 抽象 / 二价 /+ 小时 / 右指

击破　人 / 具体 / 二价 /– 小时 / 右指

攻破　人 / 抽象具体 / 二价 /+ 小时 / 右指

识破　人 / 抽象 / 二价 /+ 小时 / 右指

跌破　非人 / 无受影响者 / 一价 /– 小时 / 左指

看破　人 / 抽象 / 二价 /+ 小时 / 右指

点破　人 / 抽象 / 二价 /+ 小时 / 右指

打响　人 / 抽象具体 / 二价 /– 小时 / 右指

引爆　人 / 抽象具体 / 二价 /– 小时 / 右指

禁绝　人 / 抽象具体 / 二价 /– 小时 / 右指

抓紧　人 / 抽象 / 二价 /+ 小时 / 右指

解散　人 / 抽象具体 / 二价 /– 小时 / 右指

驱散　人 / 抽象具体人（受影响者）/ 二价 /– 小时 / 右指

拆散　人 / 抽象 / 二价 /– 小时 / 右指

遣散　人 / 人（受影响者）/ 二价 /– 小时 / 右指

认输　人 / 无受影响者 / 一价 /– 小时 / 左指

服输　人 / 无受影响者 / 一价 /– 小时 / 左指

推翻　人 / 抽象具体 / 二价 /+ 小时 / 右指

浸透　非人 / 具体 / 二价 /– 小时 / 右指

看透　人 / 抽象 / 二价 /+ 小时 / 右指

提醒　人或非人 / 抽象人（受影响者）/ 二价 /– 小时 / 右指

惊醒　人或非人 / 人（受影响者）/ 二价 /– 小时 / 右指

唤醒　人或非人 / 抽象人（受影响者）/ 二价 /+ 小时 / 右指

打败 人 / 人（受影响者）/ 二价 /+ 小时 / 右指

战败 人 / 人（受影响者）/ 二价 /+ 小时 / 右指

挫败 人 / 抽象 / 二价 /+ 小时 / 右指

击败 人 / 人（受影响者）/ 二价 /+ 小时 / 右指

取消 人 / 抽象 / 二价 /– 小时 / 右指

打消 人 / 抽象 / 二价 /– 小时 / 右指

抵消 人 / 抽象 / 二价 /+ 小时 / 右指

撤销 人 / 抽象 / 二价 /– 小时 / 右指

报销 人 / 抽象 / 二价 /+ 小时 / 右指

消灭 人 / 抽象人（受影响者）/ 二价 /+ 小时 / 右指

毁灭 人 / 抽象 / 二价 /+ 小时 / 右指

歼灭 人 / 人（受影响者）/ 二价 /+ 小时 / 右指

熄灭 人或非人 / 无受影响者 / 一价 /– 小时 / 左指

破灭 人或非人 / 无受影响者 / 一价 /+ 小时 / 左指

扑灭 人 / 抽象具体 / 二价 /– 小时 / 右指

覆灭 人 / 无受影响者 / 一价 /+ 小时 / 左指

剿灭 人 / 人（受影响者）/ 二价 /+ 小时 / 右指

诛灭 人 / 人（受影响者）/ 二价 /+ 小时 / 右指

吞灭 人或非人 / 抽象具体人（受影响者）/ 二价 /+ 小时 / 右指

扫灭 人 / 人（受影响者）/ 二价 /+ 小时 / 右指

摧毁 人 / 抽象具体人（受影响者）/ 二价 /+ 小时 / 右指

销毁 人 / 抽象 / 二价 /– 小时 / 右指

坠毁 非人 / 无受影响者 / 一价 /– 小时 / 左指

捣毁 人 / 抽象具体 / 二价 /+ 小时 / 右指

击毁 人 / 抽象具体 / 二价 /– 小时 / 右指

诋毁 人 / 抽象 / 二价 /+ 小时 / 右指

撕毁 人 / 抽象具体 / 二价 /– 小时 / 右指

拆毁 人 / 抽象具体 / 二价 /– 小时 / 右指

泄漏　人 / 抽象 / 二价 /+ 小时 / 右指
走漏　人 / 抽象具体 / 二价 /+ 小时 / 右指
拖累　人或非人 / 人（受影响者）/ 二价 /+ 小时 / 右指
牵累　人或非人 / 人（受影响者）/ 二价 /+ 小时 / 右指
攻陷　人 / 抽象具体 / 二价 /+ 小时 / 右指
降落　非人 / 无受影响者 / 一价 /– 小时 / 右指
脱落　非人 / 无受影响者 / 一价 /– 小时 / 右指
击落　人 / 具体 / 二价 /– 小时 / 右指
陷落　非人 / 无受影响者 / 一价 /– 小时 / 左指
跌落　非人 / 无受影响者 / 一价 /– 小时 / 左指
飘落　非人 / 无受影响者 / 一价 /– 小时 / 左指
剥落　人或非人 / 无受影响者 / 一价 /– 小时 / 左指
听取　人 / 抽象 / 二价 /+ 小时 / 左指
获取　人 / 抽象 / 二价 /– 小时 / 左指
收取　人 / 抽象 / 二价 /– 小时 / 左指
提取　人 / 抽象具体 / 二价 /+ 小时 / 左指
领取　人 / 具体 / 二价 /– 小时 / 左指
录取　人 / 具体 / 二价 /– 小时 / 左指
吸取　人 / 抽象 / 二价 /+ 小时 / 左指
换取　人 / 抽象 / 二价 /+ 小时 / 左指
索取　人 / 抽象 / 二价 /+ 小时 / 左指
汲取　人 / 抽象 / 二价 /+ 小时 / 左指
选取　人 / 抽象具体 / 二价 /+ 小时 / 左指
骗取　人 / 抽象具体 / 二价 /+ 小时 / 左指
摄取　人 / 抽象具体 / 二价 /+ 小时 / 左指
窃取　人 / 抽象具体 / 二价 /+ 小时 / 左指
抽取　人 / 抽象具体 / 二价 /+ 小时 / 左指
攫取　人 / 抽象具体 / 二价 /– 小时 / 左指

考取 人 / 抽象具体 / 二价 /+ 小时 / 左指

榨取 人 / 抽象 / 二价 /+ 小时 / 左指

猎取 人 / 抽象具体 / 二价 /+ 小时 / 左指

捞取 人 / 抽象 / 二价 /+ 小时 / 左指

摆脱 人或非人 / 抽象 / 二价 /+ 小时 / 右指

解脱 人 / 抽象 / 二价 /+ 小时 / 右指

逃脱 人或非人 / 无受影响者 / 一价 /– 小时 / 左指

看见 人或非人 / 抽象具体 / 二价 /– 小时 / 左指

梦见 人 / 抽象具体 / 二价 /– 小时 / 左指

碰见 人 / 具体 / 二价 /– 小时 / 左指

窥见 人 / 抽象具体 / 二价 /– 小时 / 左指

撞见 人 / 具体 / 二价 /– 小时 / 左指

瞅见 人 / 具体 / 二价 /– 小时 / 左指

达成 人 / 抽象 / 二价 /+ 小时 / 右指

集成 人 / 抽象具体 / 二价 /+ 小时 / 右指

促成 人或非人 / 抽象 / 二价 /+ 小时 / 右指

损失 人或非人 / 抽象具体 / 二价 /+ 小时 / 右指

丧失 人或非人 / 抽象具体 / 二价 /+ 小时 / 右指

攻克 人 / 抽象具体 / 二价 /+ 小时 / 右指

叫停 人 / 抽象 / 二价 /+ 小时 / 右指

倒塌 非人 / 无受影响者 / 一价 /– 小时 / 左指

崩塌 非人 / 无受影响者 / 一价 /– 小时 / 左指

扭转 人 / 抽象 / 二价 /+ 小时 / 右指

掉转 人 / 抽象 / 二价 /– 小时 / 右指

说明 人或非人 / 抽象 / 二价 /– 小时 / 右指

申明 人或非人 / 抽象 / 二价 /– 小时 / 右指

标明 人或非人 / 抽象 / 二价 /– 小时 / 右指

阐明 人或非人 / 抽象 / 二价 /– 小时 / 右指

指明　人或非人 / 抽象 / 二价 /+ 小时 / 右指

判明　人或非人 / 抽象 / 二价 /+ 小时 / 右指

上涨　非人 / 无受影响者 / 一价 /+ 小时 / 左指

抛光　人 / 具体 / 二价 /– 小时 / 右指

撤退　人 / 人（受影响者）/ 二价 /+ 小时 / 右指

斥退　人 / 人（受影响者）/ 二价 /+ 小时 / 右指

减退　非人 / 无受影响者 / 一价 /+ 小时 / 左指

倒退　人或非人 / 无受影响者 / 一价 /+ 小时 / 左指

败退　人 / 无受影响者 / 一价 /+ 小时 / 左指

清退　人 / 抽象人（受影响者）/ 二价 /+ 小时 / 右指

斥退　人 / 人（受影响者）/ 二价 /+ 小时 / 右指

转化　人或非人 / 抽象或人（受影响者）/ 二价 /+ 小时 / 右指

驯化　人或非人 / 抽象具体人（受影响者）/ 二价 /+ 小时 / 右指

蜕化　人或非人 / 无受影响者 / 一价 /+ 小时 / 左指

催化　人或非人 / 抽象 / 二价 /+ 小时 / 右指

退化　人或非人 / 无受影响者 / 一价 /+ 小时 / 左指

融化　非人 / 抽象具体 / 二价 /+ 小时 / 右指

摧残　人 / 抽象 / 二价 /+ 小时 / 右指

加重　人或非人 / 抽象 / 二价 /+ 小时 / 右指

看重　人 / 抽象 / 二价 /+ 小时 / 右指

覆没　人 / 无受影响者 / 一价 /+ 小时 / 左指

浸没　非人 / 具体 / 二价 /– 小时 / 右指

埋没　人或非人 / 抽象 / 二价 /– 小时 / 右指

吞没　人或非人 / 抽象具体 / 二价 /– 小时 / 右指

淹没　人或非人 / 抽象具体人（受影响者）/ 二价 /– 小时 / 右指

沉没　非人 / 无受影响者 / 一价 /– 小时 / 左指

辱没　人或非人 / 抽象 / 二价 /+ 小时 / 右指

打蔫　人或非人 / 无受影响者 / 一价 /+ 小时 / 左指

厌倦　人 / 抽象 / 二价 /+ 小时 / 左指

镂空　人 / 具体 / 二价 /– 小时 / 右指

扑空　人 / 无受影响者 / 一价 /– 小时 / 右指

清空　人 / 具体 / 二价 /– 小时 / 右指

放空　人 / 无受影响者 / 一价 /– 小时 / 右指

凿空　人 / 具体 / 二价 /– 小时 / 右指

看中　人 / 抽象具体人（受影响者）/ 二价 /– 小时 / 右指

命中　人 / 具体 / 二价 /– 小时 / 右指

相中　人 / 具体 / 二价 /– 小时 / 右指

充满　人或非人 / 抽象 / 二价 /+ 小时 / 右指

补足　人 / 抽象 / 二价 /+ 小时 / 右指

扳平　人 / 抽象 / 二价 /+ 小时 / 右指

逼平　人 / 抽象 / 二价 /+ 小时 / 右指

拉平　人 / 抽象 / 二价 /+ 小时 / 右指

摆平　人 / 抽象 / 二价 /+ 小时 / 右指

扫平　人 / 抽象 / 二价 /+ 小时 / 右指

荡平　人 / 抽象 / 二价 /+ 小时 / 右指

开通　人 / 抽象或人（受影响者）/ 二价 /+ 小时 / 右指

买通　人 / 抽象或人（受影响者）/ 二价 /+ 小时 / 右指

勾通　人 / 抽象 / 二价 /+ 小时 / 右指

打通　人 / 抽象 / 二价 /+ 小时 / 右指

串通　人 / 人（受影响者）/ 二价 /+ 小时 / 右指

损坏　人或非人 / 抽象 / 二价 /+ 小时 / 右指

败坏　人或非人 / 抽象 / 二价 /+ 小时 / 右指

毁坏　人或非人 / 抽象 / 二价 /+ 小时 / 右指

破坏　人或非人 / 抽象 / 二价 /+ 小时 / 右指

附录5：词库外二字“V+V”动结式句法特征分析

学会　人 / 抽象 / 二价 /– 小时 / 左指

教会　人 / 抽象 / 三价 /– 小时 / 右指

唱会　人 / 抽象 / 二价 /– 小时 / 左指

念会　人 / 具体 / 二价 /– 小时 / 左指

用会　人 / 具体 / 二价 /– 小时 / 左指

玩会　人 / 具体 / 二价 /– 小时 / 左指

背会　人 / 具体 / 二价 /– 小时 / 左指

骑会　人 / 具体 / 二价 /– 小时 / 左指

揉会　人 / 具体 / 二价 /– 小时 / 左指

带走　人 / 具体或人 / 二价 /– 小时 / 右指

赶走　人或非人 / 具体或人 / 二价 /– 小时 / 右指

拿走　人 / 具体或人 / 二价 /– 小时 / 右指 /d

夺走　人 / 具体、抽象或人 / 二价 /– 小时 / 右指

抢走　人 / 具体、抽象或人 / 二价 /– 小时 / 右指

送走　人 / 具体、抽象或人 / 二价 /– 小时 / 右指

撤走　人 / 具体或人 / 二价 /– 小时 / 右指

搬走　人 / 具体 / 二价 /+ 小时 / 右指

溜走　人 / 无受影响者 / 一价 /– 小时 / 左指

飞走　人或非人 / 无受影响者 / 一价 /– 小时 / 左指

偷走　人 / 具体 / 二价 /– 小时 / 右指

取走　人 / 具体 / 二价 /– 小时 / 右指

放走　人 / 具体或人 / 二价 /– 小时 / 右指

运走　人 / 具体或人 / 二价 /+ 小时 / 右指

拉走 人 / 具体或人 / 二价 /– 小时 / 右指

买走 人 / 具体 / 二价 /– 小时 / 右指

调走 人 / 人（受影响者）/ 二价 /+ 小时 / 右指

抓走 人 / 具体或人 / 二价 /– 小时 / 右指

冲走 非人 / 具体或人 / 二价 /– 小时 / 右指

游走 人或非人 / 无受影响者 / 一价 /– 小时 / 左指

败走 人 / 无受影响者 / 一价 /– 小时 / 左指

卷走 人或非人 / 具体或人 / 二价 /– 小时 / 右指

说走 人 / 具体或人 / 二价 /– 小时 / 右指

接走 人 / 具体或人 / 二价 /– 小时 / 右指

盗走 人 / 具体 / 二价 /– 小时 / 右指

撵走 人 / 人（受影响者）/ 二价 /– 小时 / 右指

流走 非人 / 无受影响者 / 一价 /– 小时 / 左指

气走 人 / 人（受影响者）/ 二价 /– 小时 / 右指

驱走 人 / 具体或人 / 二价 /– 小时 / 右指

骗走 人 / 具体或人 / 二价 /– 小时 / 右指

劫走 人 / 具体或人 / 二价 /– 小时 / 右指

拖走 人 / 具体或人 / 二价 /– 小时 / 右指

领走 人 / 具体或人 / 二价 /– 小时 / 右指

捧走 人 / 具体 / 二价 /– 小时 / 右指

分走 人 / 具体 / 二价 /– 小时 / 右指

抬走 人 / 具体或人 / 二价 /– 小时 / 右指

摘走 人 / 具体 / 二价 /– 小时 / 右指

拐走 人 / 具体或人 / 二价 /+ 小时 / 右指

移走 人 / 具体 / 二价 /– 小时 / 右指

收走 人 / 具体 / 二价 /– 小时 / 右指

抽走 人 / 具体 / 二价 /– 小时 / 右指

挖走 人 / 具体或人 / 二价 /– 小时 / 右指

迁走　人 / 具体或抽象 / 二价 /+ 小时 / 右指

算走　人 / 具体 / 二价 /– 小时 / 右指

吹走　非人 / 具体 / 二价 /– 小时 / 右指

掠走　人 / 具体 / 二价 /+ 小时 / 右指

提走　人 / 具体 / 二价 /– 小时 / 右指

抱走　人 / 具体或人 / 二价 /– 小时 / 右指

弄走　人 / 具体或人 / 二价 /– 小时 / 右指

看走　人 / 具体或人 / 二价 /– 小时 / 右指

轰走　人 / 具体或人 / 二价 /– 小时 / 右指

端走　人 / 具体 / 二价 /– 小时 / 右指

包走　人 / 具体 / 二价 /– 小时 / 右指

逼走　人 / 具体或人 / 二价 /– 小时 / 右指

吓走　人或非人 / 具体或人 / 二价 /– 小时 / 右指

挤走　人 / 具体或人 / 二价 /– 小时 / 右指

逐走　人 / 具体或人 / 二价 /– 小时 / 右指

抄走　人 / 具体 / 二价 /– 小时 / 右指

整走　人 / 具体或人 / 二价 /+ 小时 / 右指

刮走　非人 / 具体 / 二价 /– 小时 / 右指

窃走　人 / 具体 / 二价 /– 小时 / 右指

打走　人 / 具体或人 / 二价 /– 小时 / 右指

清走　人 / 具体 / 二价 /– 小时 / 右指

牵走　人 / 具体或人 / 二价 /– 小时 / 右指

转走　人 / 具体或抽象 / 二价 /+ 小时 / 右指

划走　人 / 具体或抽象 / 二价 /– 小时 / 右指

押走　人 / 具体或人 / 二价 /– 小时 / 右指

叫走　人 / 人（受影响者）/ 二价 /– 小时 / 右指

掳走　人 / 具体或人 / 二价 /– 小时 / 右指

支走　人 / 人（受影响者）/ 二价 /– 小时 / 右指

叼走 非人 / 具体 / 二价 /– 小时 / 右指

吸走 非人 / 具体 / 二价 /– 小时 / 右指

寄走 人 / 具体 / 二价 /– 小时 / 右指

借走 人 / 具体或人 / 二价 /– 小时 / 右指

征走 人 / 具体或抽象 / 二价 /– 小时 / 右指

骑走 人 / 具体 / 二价 /– 小时 / 右指

飘走 非人 / 无受影响者 / 一价 /– 小时 / 左指

背走 人 / 具体或抽象 / 二价 /– 小时 / 右指

圈走 人 / 具体 / 二价 /– 小时 / 右指

摸走 人 / 具体 / 二价 /– 小时 / 右指

赚走 人 / 具体或抽象 / 二价 /– 小时 / 右指

救走 人或非人 / 具体或人 / 二价 /+ 小时 / 右指

换走 人 / 具体或人 / 二价 /– 小时 / 右指

漂走 非人 / 无受影响者 / 一价 /– 小时 / 左指

推走 人 / 具体或人 / 二价 /– 小时 / 右指

拆走 人 / 具体 / 二价 /– 小时 / 右指

搜走 人 / 具体或人 / 二价 /– 小时 / 右指

挑走 人 / 具体或人 / 二价 /– 小时 / 右指

购走 人 / 具体 / 二价 /– 小时 / 右指

捉走 人 / 具体或人 / 二价 /+ 小时 / 右指

穿走 人 / 具体 / 二价 /– 小时 / 右指

滑走 非人 / 无受影响者 / 一价 /– 小时 / 左指

掏走 人 / 具体 / 二价 /– 小时 / 右指

截走 人 / 具体或人 / 二价 /– 小时 / 右指

搞走 人 / 具体或人 / 二价 /– 小时 / 右指

爬走 人或非人 / 无受影响者 / 一价 /– 小时 / 左指

挪走 人 / 具体 / 二价 /– 小时 / 右指

逮走 人 / 具体或人 / 二价 /– 小时 / 右指

劝走　人 / 人（受影响者）/– 小时 / 右指

找走　人 / 具体或人 / 二价 /– 小时 / 右指

跳走　人或非人 / 无受影响者 / 一价 /– 小时 / 左指

拽走　人 / 具体或人 / 二价 /– 小时 / 右指

拔走　人 / 具体 / 二价 /– 小时 / 右指

拎走　人 / 具体 / 二价 /– 小时 / 右指

割走　人 / 具体 / 二价 /– 小时 / 右指

拍走　人 / 具体 / 二价 /– 小时 / 右指

娶走　人 / 人（受影响者）/+ 小时 / 右指

贩走　人 / 具体 / 二价 /– 小时 / 右指

衔走　人 / 具体 / 二价 /– 小时 / 右指

扛走　人 / 具体 / 二价 /– 小时 / 右指

扫走　人 / 具体 / 二价 /– 小时 / 右指

揪走　人 / 具体或人 / 二价 /– 小时 / 右指

哄走　人 / 具体或人 / 二价 /– 小时 / 右指

裹走　人 / 具体 / 二价 /– 小时 / 右指

招走　人 / 人（受影响者）/ 二价 /– 小时 / 右指

唱走　人 / 具体 / 二价 /– 小时 / 右指

捞走　人 / 具体或抽象 / 二价 /– 小时 / 右指

勾走　人 / 抽象 / 二价 /– 小时 / 右指

摇走　人 / 具体 / 二价 /– 小时 / 右指

唤走　人 / 人（受影响者）/ 二价 /– 小时 / 右指

汇走　人 / 具体 / 二价 /– 小时 / 右指

咬走　人或非人 / 具体 / 二价 /– 小时 / 右指

吊走　人 / 具体 / 二价 /– 小时 / 右指

揭走　人 / 具体 / 二价 /– 小时 / 右指

扯走　人 / 具体或人 / 二价 /– 小时 / 右指

扣走　人 / 具体或人 / 二价 /– 小时 / 右指

选走 人 / 具体或人 / 二价 /– 小时 / 右指

蒙走 人 / 具体或人 / 二价 /– 小时 / 右指

卸走 人 / 具体 / 二价 /– 小时 / 右指

兜走 人 / 具体 / 二价 /– 小时 / 右指

聘走 人 / 人（受影响者）/ 二价 /+ 小时 / 右指

烧走 人 / 具体 / 二价 /– 小时 / 右指

滚走 人 / 具体 / 二价 /– 小时 / 右指

撬走 人 / 具体 / 二价 /– 小时 / 右指

揽走 人 / 具体或人 / 二价 /– 小时 / 右指

掀走 人 / 具体 / 二价 /– 小时 / 右指

撤走 人 / 具体或人 / 二价 /+ 小时 / 右指

喊走 人 / 人（受影响者）/ 二价 /– 小时 / 右指

邀走 人 / 人（受影响者）/ 二价 /– 小时 / 右指

赢走 人 / 具体或人 / 二价 /– 小时 / 右指

赎走 人 / 具体或人 / 二价 /+ 小时 / 右指

猎走 人 / 具体 / 二价 /– 小时 / 右指

捆走 人 / 具体 / 二价 /– 小时 / 右指

喝走 人 / 具体 / 二价 /– 小时 / 右指

邮走 人 / 具体 / 二价 /– 小时 / 右指

驮走 人 / 具体或人 / 二价 /– 小时 / 右指

雇走 人 / 人（受影响者）/ 二价 /– 小时 / 右指

钓走 人 / 具体 / 二价 /– 小时 / 右指

贷走 人 / 具体 / 二价 /– 小时 / 右指

拣走 人 / 具体或人 / 二价 /– 小时 / 右指

砍走 人 / 具体 / 二价 /– 小时 / 右指

捎走 人 / 具体 / 二价 /– 小时 / 右指

嫁走 人 / 人（受影响者）/ 二价 /+ 小时 / 右指

驾走 人 / 具体 / 二价 /– 小时 / 右指

缴走　人 / 具体 / 二价 /– 小时 / 右指

租走　人 / 具体或人 / 二价 /+ 小时 / 右指

诱走　人 / 具体或人 / 二价 /+ 小时 / 右指

掘走　人 / 具体 / 二价 /– 小时 / 右指

剪走　人 / 具体 / 二价 /– 小时 / 右指

剥走　人 / 具体 / 二价 /– 小时 / 右指

翻走　人 / 具体 / 二价 /– 小时 / 右指

擒走　人 / 具体或人 / 二价 /– 小时 / 右指

搀走　人 / 人（受影响者）/ 二价 /– 小时 / 右指

拨走　人 / 具体、抽象或人 / 二价 /– 小时 / 右指

慑走　人 / 抽象 / 二价 /– 小时 / 右指

拴走　人 / 具体 / 二价 /– 小时 / 右指

哭走　人 / 人（受影响者）/ 二价 /– 小时 / 右指

粘走　人 / 具体或人 / 二价 /– 小时 / 右指

敲走　人 / 具体 / 二价 /– 小时 / 右指

揣走　人 / 具体 / 二价 /– 小时 / 右指

掐走　人 / 具体 / 二价 /– 小时 / 右指

筛走　人 / 具体或人 / 二价 /– 小时 / 右指

摆正　人 / 抽象 / 二价 /+ 小时 / 右指

坐正　人 / 具体或抽象 / 二价 /– 小时 / 右指

放正　人 / 具体或抽象 / 二价 /– 小时 / 右指

选定　人 / 具体或抽象 / 二价 /+ 小时 / 右指

设定　人 / 具体或抽象 / 二价 /– 小时 / 右指

议定　人 / 具体或抽象 / 二价 /+ 小时 / 右指

商定　人 / 抽象 / 二价 /+ 小时 / 右指

下定　人 / 抽象 / 二价 /+ 小时 / 右指

划定　人 / 抽象 / 二价 /+ 小时 / 右指

给定　人 / 抽象 / 三价 /+ 小时 / 右指

签定 人 / 抽象 / 二价 /+ 小时 / 右指

打定 人 / 抽象 / 二价 /+ 小时 / 右指

坐定 人 / 抽象 / 二价 /– 小时 / 右指

敲定 人 / 抽象 / 二价 /+ 小时 / 右指

咬定 人 / 抽象 / 二价 /+ 小时 / 右指

立定 人 / 无受影响者 / 一价 /– 小时 / 左指

拿定 人 / 抽象 / 二价 /+ 小时 / 右指

抱定 人 / 抽象 / 二价 /+ 小时 / 右指

理定 人 / 抽象 / 二价 /+ 小时 / 右指

料定 人 / 抽象 / 二价 /– 小时 / 右指

说定 人 / 抽象 / 二价 /– 小时 / 右指

改定 人 / 抽象 / 二价 /+ 小时 / 右指

圈定 人 / 抽象 / 二价 /– 小时 / 右指

搞定 人 / 抽象 / 二价 /– 小时 / 右指

看定 人 / 抽象 / 二价 /– 小时 / 右指

死定 人或非人 / 无受影响者 / 一价 /+ 小时 / 左指

讲定 人 / 抽象 / 二价 /+ 小时 / 右指

写定 人 / 抽象 / 二价 /+ 小时 / 右指

跟定 人 / 人（受影响者）/ 二价 /+ 小时 / 右指

购定 人 / 具体 / 二价 /+ 小时 / 右指

刊定 人 / 具体 / 二价 /+ 小时 / 右指

谈定 人 / 抽象 / 二价 /+ 小时 / 右指

验定 人 / 抽象 / 二价 /+ 小时 / 右指

输定 人 / 无受影响者 / 一价 /– 小时 / 左指

胜定 人 / 无受影响者 / 一价 /+ 小时 / 左指

买定 人 / 具体 / 二价 /+ 小时 / 右指

租定 人 / 具体 / 二价 /+ 小时 / 右指

套定 人 / 具体 / 二价 /+ 小时 / 右指

赢定 人 / 抽象 / 二价 /+ 小时 / 右指

拍定 人 / 抽象 / 二价 /+ 小时 / 右指

挑定 人 / 抽象 / 二价 /+ 小时 / 右指

译定 人 / 具体 / 二价 /+ 小时 / 右指

赔定 人 / 无受影响者 / 一价 /+ 小时 / 左指

娶定 人 / 人（受影响者）/ 二价 /+ 小时 / 右指

睡定 人 / 无受影响者 / 一价 /– 小时 / 左指

走近 人或非人 / 具体或人 / 二价 /+ 小时 / 右指

拉近 人 / 具体、抽象或人 / 二价 /– 小时 / 右指

驶近 非人 / 具体 / 二价 /– 小时 / 右指

趋近 非人 / 具体、抽象或人 / 二价 /+ 小时 / 右指

游近 人或非人 / 无受影响者 / 一价 /– 小时 / 左指

爬近 人或非人 / 无受影响者 / 一价 /– 小时 / 左指

拉动 人 / 具体、抽象或人 / 二价 /+ 小时 / 右指

改动 人 / 具体或抽象 / 二价 /– 小时 / 右指

起动 人 / 具体 / 二价 /+ 小时 / 右指

游动 人或非人 / 无受影响者 / 一价 /– 小时 / 左指

闪动 人或非人 / 无受影响者 / 一价 /– 小时 / 左指

扭动 人或非人 / 具体 / 二价 /– 小时 / 右指

飘动 非人 / 无受影响者 / 一价 /– 小时 / 左指

翻动 人 / 具体或人 / 二价 /– 小时 / 右指

拨动 人 / 具体 / 二价 /– 小时 / 右指

舞动 人 / 无受影响者 / 一价 /– 小时 / 左指

搅动 人 / 具体 / 二价 /– 小时 / 右指

更动 人 / 抽象 / 二价 /– 小时 / 右指

搬动 人 / 具体 / 二价 /– 小时 / 右指

说动 人 / 人（受影响者）/ 二价 /– 小时 / 右指

抽动 人 / 具体 / 二价 /– 小时 / 右指

吹动　人或非人 / 具体 / 二价 /– 小时 / 右指

萌动　人 / 抽象 / 二价 /+ 小时 / 右指

撼动　人 / 抽象 / 二价 /+ 小时 / 右指

套动　人 / 具体 / 二价 /– 小时 / 右指

掀动　人 / 具体 / 二价 /– 小时 / 右指

撬动　人 / 具体 / 二价 /– 小时 / 右指

扣动　人 / 具体或抽象 / 二价 /– 小时 / 右指

促动　人 / 抽象 / 三价 /+ 小时 / 右指

轰动　人 / 具体 / 二价 /+ 小时 / 右指

催动　人 / 具体或人 / 二价 /+ 小时 / 右指

扳动　人 / 具体 / 二价 /– 小时 / 右指

扯动　人 / 具体或抽象 / 二价 /– 小时 / 右指

甩动　人或非人 / 具体 / 二价 /– 小时 / 右指

惹动　人 / 具体 / 二价 /– 小时 / 右指

搐动　人 / 无受影响者 / 一价 /– 小时 / 左指

换动　人 / 具体或人 / 二价 /– 小时 / 右指

敲动　人 / 具体 / 二价 /– 小时 / 右指

咬动　人或非人 / 具体 / 二价 /– 小时 / 右指

杀死　人 / 具体或人 / 二价 /– 小时 / 右指

打死　人 / 具体或人 / 二价 /– 小时 / 右指

病死　人 / 具体或人 / 二价 /+ 小时 / 右指

饿死　人或非人 / 无受影响者 / 一价 /+ 小时 / 左指

战死　人 / 无受影响者）/ 一价 /+ 小时 / 左指

害死　人 / 人（受影响者）/ 二价 /+ 小时 / 右指

淹死　非人 / 具体或人 / 二价 /– 小时 / 右指

烧死　非人 / 具体或人 / 二价 /– 小时 / 右指

炸死　非人 / 具体或人 / 二价 /– 小时 / 右指

冻死　非人 / 具体或人 / 二价 /+ 小时 / 右指

吊死　人 / 具体或人 / 二价 /– 小时 / 右指

绞死　人 / 具体或人 / 二价 /– 小时 / 右指

气死　人 / 人（受影响者）/ 二价 /+ 小时 / 右指

累死　人或非人 / 具体或人 / 二价 /+ 小时 / 右指

溺死　人或非人 / 具体或人 / 二价 /– 小时 / 右指

想死　人 / 人（受影响者）/ 二价 /+ 小时 / 左指

撞死　人或非人 / 具体或人 / 二价 /– 小时 / 右指

吓死　人或非人 / 人（受影响者）/ 二价 /– 小时 / 右指

摔死　人或非人 / 具体或人 / 二价 /– 小时 / 右指

咬死　人或非人 / 具体或人 / 二价 /+ 小时 / 右指

压死　人或非人 / 具体或人 / 二价 /– 小时 / 右指

弄死　人 / 具体或人 / 二价 /+ 小时 / 右指

射死　人 / 具体或人 / 二价 /– 小时 / 右指

堵死　人 / 具体 / 二价 /+ 小时 / 右指

勒死　人 / 具体或人 / 二价 /– 小时 / 右指

砍死　人 / 具体或人 / 二价 /– 小时 / 右指

闷死　人或非人 / 具体或人 / 二价 /+ 小时 / 右指

钉死　人 / 具体或人 / 二价 /– 小时 / 右指

逼死　人 / 人（受影响者）/ 二价 /+ 小时 / 右指

砸死　人 / 具体或人 / 二价 /– 小时 / 右指

掐死　人 / 具体或人 / 二价 /– 小时 / 右指

恨死　人 / 人（受影响者）/ 二价 /+ 小时 / 左指

烦死　人 / 人（受影响者）/ 二价 /+ 小时 / 左指

踩死　人 / 具体或人 / 二价 /– 小时 / 右指

冤死　人 / 人（受影响者）/ 二价 /+ 小时 / 右指

憋死　人 / 具体或人 / 二价 /+ 小时 / 右指

笑死　人 / 人（受影响者）/ 二价 /– 小时 / 左指

渴死　人 / 具体或人 / 二价 /+ 小时 / 左指

羞死 人 / 人（受影响者）/ 二价 /– 小时 / 左指
卡死 人 / 具体或人 / 二价 /– 小时 / 右指
轧死 人 / 具体或人 / 二价 /– 小时 / 右指
捅死 人 / 具体或人 / 二价 /– 小时 / 右指
吃死 人 / 具体或人 / 二价 /+ 小时 / 右指
整死 人 / 人（受影响者）/ 二价 /+ 小时 / 右指
劈死 人 / 具体或人 / 二价 /– 小时 / 右指
热死 非人 / 具体或人 / 二价 /+ 小时 / 右指
醉死 非人 / 具体或人 / 二价 /+ 小时 / 右指
锁死 人 / 具体 / 二价 /– 小时 / 右指
拉死 人 / 具体或人 / 二价 /+ 小时 / 右指
踢死 人 / 具体或人 / 二价 /– 小时 / 右指
烫死 非人 / 具体或人 / 二价 /– 小时 / 右指
挤死 人 / 具体或人 / 二价 /+ 小时 / 右指
拖死 人或非人 / 具体或人 / 二价 /– 小时 / 右指
扎死 人 / 具体或人 / 二价 /– 小时 / 右指
疼死 人或非人 / 具体或人 / 二价 /+ 小时 / 左指
焚死 人 / 具体或人 / 二价 /– 小时 / 右指
踏死 人或非人 / 具体或人 / 二价 /– 小时 / 右指
愁死 人 / 人（受影响者）/ 二价 /+ 小时 / 左指
骂死 人 / 人（受影响者）/ 二价 /+ 小时 / 右指
哭死 人 / 人（受影响者）/ 二价 /+ 小时 / 右指
碾死 人或非人 / 具体或人 / 二价 /– 小时 / 右指
搞死 人 / 人（受影响者）/ 二价 /– 小时 / 右指
胀死 非人 / 具体 / 二价 /+ 小时 / 右指
喝死 非人 / 具体 / 二价 /+ 小时 / 右指
挑死 人 / 具体 / 二价 /– 小时 / 右指
烤死 非人 / 具体 / 二价 /– 小时 / 右指

晒死　非人 / 具体 / 二价 /+ 小时 / 右指

悔死　非人 / 人（受影响者）/ 二价 /+ 小时 / 左指

拦死　人 / 具体 / 二价 /– 小时 / 左指

焊死　人 / 具体 / 二价 /– 小时 / 左指

拧死　人 / 具体 / 二价 /– 小时 / 右指

铡死　人 / 具体或人 / 二价 /– 小时 / 右指

触死　非人 / 具体或人 / 二价 /– 小时 / 右指

顶死　人或非人 / 具体或人 / 二价 /– 小时 / 右指

抽死　人 / 具体或人 / 二价 /– 小时 / 右指

剁死　人 / 具体或人 / 二价 /– 小时 / 右指

扣死　人 / 具体或人 / 二价 /– 小时 / 右指

逗死　人或非人 / 具体或人 / 二价 /– 小时 / 左指

踹死　人 / 具体或人 / 二价 /– 小时 / 右指

捆死　人 / 具体或人 / 二价 /– 小时 / 右指

踏死　人 / 具体或人 / 二价 /– 小时 / 右指

玩死　人 / 具体或人 / 二价 /+ 小时 / 右指

浇死　人 / 具体或人 / 二价 /– 小时 / 右指

逗笑　人 / 人（受影响者）/ 二价 /– 小时 / 右指

惹笑　人或非人 / 人（受影响者）/ 二价 /– 小时 / 右指

打飞　人 / 具体 / 二价 /– 小时 / 右指

炸飞　非人 / 具体或人 / 二价 /– 小时 / 右指

射飞　人 / 具体 / 二价 /– 小时 / 右指

踢飞　人 / 具体 / 二价 /– 小时 / 右指

撞飞　人或非人 / 具体或人 / 二价 /– 小时 / 右指

抓住　人或非人 / 具体、抽象或人 / 二价 /+ 小时 / 右指

记住　人 / 具体、抽象或人 / 二价 /– 小时 / 右指

握住　人 / 具体 / 二价 /– 小时 / 右指

抱住　人 / 具体或人 / 二价 /– 小时 / 右指

保住　人 / 具体、抽象或人 / 二价 /– 小时 / 右指
挡住　人或非人 / 具体或人 / 二价 /– 小时 / 右指
拉住　人 / 具体或人 / 二价 /– 小时 / 右指
停住　人 / 无受影响者 / 一价 /– 小时 / 左指
拦住　人 / 具体或人 / 二价 /– 小时 / 右指
留住　人 / 具体或人 / 二价 /– 小时 / 右指
围住　人 / 具体或人 / 二价 /– 小时 / 右指
堵住　人 / 具体或人 / 二价 /– 小时 / 右指
捉住　人 / 具体或人 / 二价 /– 小时 / 右指
遮住　人 / 具体或人 / 二价 /– 小时 / 右指
守住　人 / 具体、抽象或人 / 二价 /+ 小时 / 左指
盯住　人 / 具体、抽象或人 / 二价 /+ 小时 / 左指
顶住　人 / 具体、抽象或人 / 二价 /+ 小时 / 右指
按住　人 / 具体、抽象或人 / 二价 /– 小时 / 右指
套住　人 / 具体或人 / 二价 /– 小时 / 右指
搂住　人 / 具体或人 / 二价 /– 小时 / 右指
忍住　人 / 抽象 / 二价 /+ 小时 / 右指
稳住　人 / 抽象或人 / 二价 /+ 小时 / 右指
咬住　人 / 具体、抽象或人 / 二价 /– 小时 / 右指
盖住　人 / 具体、抽象或人 / 二价 /– 小时 / 右指
压住　人或非人 / 具体或人 / 二价 /– 小时 / 右指
迷住　人或非人 / 人（受影响者）/ 二价 /+ 小时 / 右指
揪住　人 / 具体、抽象或人 / 二价 /– 小时 / 右指
缠住　人 / 抽象或人 / 二价 /+ 小时 / 右指
截住　人 / 具体或人 / 二价 /– 小时 / 右指
捂住　人 / 具体、抽象或人 / 二价 /– 小时 / 右指
扶住　人 / 具体或人 / 二价 /– 小时 / 右指
蒙住　人 / 具体 / 二价 /– 小时 / 右指

立住　人 / 无受影响者 / 一价 /– 小时 / 左指
镇住　人 / 人（受影响者）/ 二价 /– 小时 / 右指
拿住　人 / 具体或人 / 二价 /+ 小时 / 右指
接住　人 / 具体或人 / 二价 /– 小时 / 右指
逮住　人 / 具体或人 / 二价 /+ 小时 / 右指
锁住　人 / 具体 / 二价 /– 小时 / 右指
叫住　人 / 人（受影响者）/ 二价 /– 小时 / 右指
管住　人 / 具体或人 / 二价 /+ 小时 / 右指
擒住　人 / 具体或人 / 二价 /+ 小时 / 右指
卡住　人或非人 / 具体 / 二价 /– 小时 / 右指
缚住　人 / 具体或人 / 二价 /– 小时 / 右指
打住　人 / 无受影响者 / 一价 /– 小时 / 左指
掩住　人 / 抽象或人 / 二价 /+ 小时 / 右指
夹住　人或非人 / 具体或人 / 二价 /– 小时 / 右指
扯住　人或非人 / 具体或人 / 二价 /– 小时 / 右指
勒住　人 / 具体或人 / 二价 /– 小时 / 右指
扣住　人 / 具体或人 / 二价 /– 小时 / 右指
抵住　人 / 具体或人 / 二价 /– 小时 / 右指
捏住　人 / 具体或人 / 二价 /– 小时 / 右指
挽住　人 / 具体 / 二价 /– 小时 / 右指
捆住　人 / 具体或人 / 二价 /– 小时 / 右指
怔住　人 / 无受影响者 / 一价 /– 小时 / 左指
吓住　人 / 人（受影响者）/ 二价 /– 小时 / 右指
罩住　人 / 具体或人 / 二价 /– 小时 / 右指
塞住　人 / 具体 / 二价 /– 小时 / 右指
包住　人 / 具体 / 二价 /– 小时 / 右指
裹住　人 / 具体或人 / 二价 /– 小时 / 右指
掩住　人 / 具体 / 二价 /– 小时 / 右指

扭住 人 / 具体或人 / 二价 /– 小时 / 右指
托住 人 / 具体或人 / 二价 /– 小时 / 右指
拴住 人 / 具体或人 / 二价 /– 小时 / 右指
钉住 人 / 具体 / 二价 /– 小时 / 右指
撑住 人 / 具体 / 二价 /– 小时 / 右指
看住 人 / 具体或人 / 二价 /+ 小时 / 右指
粘住 人或非人 / 具体或人 / 二价 /+ 小时 / 右指
拽住 人 / 具体或人 / 二价 /– 小时 / 右指
牵住 人 / 具体、抽象或人 / 二价 /– 小时 / 右指
捧住 人 / 具体 / 二价 /– 小时 / 右指
揽住 人 / 具体或人 / 二价 /– 小时 / 右指
挺住 人 / 抽象 / 二价 /+ 小时 / 右指
喝住 人 / 具体或人 / 二价 /– 小时 / 右指
吸住 人或非人 / 具体 / 二价 /– 小时 / 右指
绑住 人 / 具体或人 / 二价 /– 小时 / 右指
掐住 人 / 具体 / 二价 /– 小时 / 右指
咽住 人 / 具体 / 二价 /– 小时 / 右指
瞒住 人 / 人（受影响者）/ 二价 /– 小时 / 右指
扎住 人 / 具体 / 二价 /– 小时 / 右指
绊住 人 / 具体 / 二价 /– 小时 / 右指
劝住 人 / 人（受影响者）/ 二价 /– 小时 / 右指
贴住 人 / 具体 / 二价 /– 小时 / 右指
喊住 人 / 人（受影响者）/ 二价 /– 小时 / 右指
网住 人 / 具体或人 / 二价 /– 小时 / 右指
挂住 人 / 具体或人 / 二价 /– 小时 / 右指
踩住 人 / 具体或人 / 二价 /– 小时 / 右指
圈住 人 / 具体或人 / 二价 /– 小时 / 右指
挤住 人 / 具体 / 二价 /– 小时 / 右指

凝住　非人 / 具体 / 二价 /+ 小时 / 右指
慑住　人 / 具体或人 / 二价 /– 小时 / 右指
噎住　人 / 具体或人 / 二价 /– 小时 / 右指
挟住　人 / 具体 / 二价 /– 小时 / 右指
扳住　人 / 具体 / 二价 /– 小时 / 右指
憋住　人 / 具体 / 二价 /+ 小时 / 右指
踏住　人 / 具体或人 / 二价 /– 小时 / 右指
兜住　人 / 具体或抽象 / 二价 /– 小时 / 右指
搀住　人 / 具体或人 / 二价 /– 小时 / 右指
拢住　人 / 具体 / 二价 /– 小时 / 右指
叼住　人或非人 / 具体 / 二价 /– 小时 / 右指
糊住　人 / 具体 / 二价 /– 小时 / 右指
衔住　人或非人 / 具体 / 二价 /– 小时 / 右指
骗住　人 / 人（受影响者）/ 二价 /+ 小时 / 右指
含住　人或非人 / 具体 / 二价 /– 小时 / 右指
扛住　人 / 具体或人 / 二价 /– 小时 / 右指
绷住　人 / 具体 / 二价 /– 小时 / 右指
搁住　人 / 具体 / 二价 /– 小时 / 右指
哄住　人 / 人（受影响者）/ 二价 /– 小时 / 右指
插住　人 / 具体 / 二价 /– 小时 / 右指
焊住　人 / 具体 / 二价 /– 小时 / 右指
吼住　人 / 具体或人 / 二价 /– 小时 / 右指
摒住　人 / 抽象 / 二价 /+ 小时 / 右指
杀住　人 / 抽象 / 二价 /– 小时 / 右指
劝服　人 / 人（受影响者）/ 二价 /+ 小时 / 右指
搞反　人 / 具体 / 二价 /– 小时 / 右指
写反　人 / 具体 / 二价 /– 小时 / 右指
标反　人 / 具体 / 二价 /– 小时 / 右指

握反　人 / 具体 / 二价 /– 小时 / 右指
画反　人 / 具体 / 二价 /– 小时 / 右指
拿反　人 / 具体 / 二价 /– 小时 / 右指
穿反　人 / 具体 / 二价 /– 小时 / 右指
弄反　人 / 具体或抽象 / 二价 /– 小时 / 右指
逼反　人 / 具体 / 二价 /– 小时 / 右指
戴反　人 / 具体 / 二价 /– 小时 / 右指
插反　人 / 具体 / 二价 /– 小时 / 右指
铺反　人 / 具体 / 二价 /– 小时 / 右指
缝反　人 / 具体 / 二价 /– 小时 / 右指
摆反　人 / 具体 / 二价 /– 小时 / 右指
钉反　人 / 具体 / 二价 /– 小时 / 右指
粘反　人 / 具体 / 二价 /– 小时 / 右指
抄反　人 / 具体 / 二价 /– 小时 / 右指
填反　人 / 具体 / 二价 /– 小时 / 右指
剪反　人 / 具体 / 二价 /– 小时 / 右指
学活　人 / 具体或抽象 / 二价 /+ 小时 / 右指
教活　人 / 具体或抽象 / 三价 /+ 小时 / 右指
救活　人 / 具体或人 / 二价 /+ 小时 / 右指
演活　人 / 具体或人 / 二价 /+ 小时 / 右指
说活　人 / 抽象或人 / 二价 /+ 小时 / 右指
练活　人 / 抽象 / 二价 /+ 小时 / 右指
整活　人 / 具体 / 二价 /+ 小时 / 右指
玩活　人 / 具体 / 二价 /+ 小时 / 右指
催活　人 / 具体 / 二价 /+ 小时 / 右指
用尽　人 / 抽象 / 二价 /+ 小时 / 右指
想尽　人 / 抽象 / 二价 /+ 小时 / 右指
耗尽　人或非人 / 具体或抽象 / 二价 /+ 小时 / 右指

受尽　人 / 抽象 / 二价 /+ 小时 / 右指
绞尽　人 / 抽象 / 二价 /+ 小时 / 右指
打尽　人 / 抽象 / 二价 /+ 小时 / 右指
望尽　人 / 具体 / 二价 /+ 小时 / 右指
吃尽　人 / 具体 / 二价 /+ 小时 / 右指
使尽　人 / 抽象 / 二价 /+ 小时 / 右指
占尽　人 / 抽象 / 二价 /+ 小时 / 右指
弄清　人 / 抽象 / 二价 /+ 小时 / 右指
看清　人 / 抽象 / 二价 /+ 小时 / 右指
认清　人 / 抽象 / 二价 /+ 小时 / 右指
查清　人 / 抽象 / 二价 /+ 小时 / 右指
说清　人 / 抽象 / 二价 /+ 小时 / 右指
搞清　人 / 抽象 / 二价 /+ 小时 / 右指
还清　人 / 具体 / 二价 /+ 小时 / 右指
付清　人 / 具体 / 二价 /+ 小时 / 右指
讲清　人 / 抽象 / 二价 /+ 小时 / 右指
摸清　人 / 具体或抽象 / 二价 /+ 小时 / 右指
听清　人 / 具体 / 二价 /– 小时 / 右指
扫清　人 / 抽象 / 二价 /+ 小时 / 右指
厘清　人 / 抽象 / 二价 /+ 小时 / 右指
写清　人 / 具体或抽象 / 二价 /– 小时 / 右指
算清　人 / 抽象 / 二价 /+ 小时 / 右指
结清　人 / 具体 / 二价 /+ 小时 / 右指
点清　人 / 具体 / 二价 /– 小时 / 右指
交清　人 / 具体 / 二价 /– 小时 / 右指
谈清　人 / 抽象 / 二价 /– 小时 / 右指
审清　人 / 抽象 / 二价 /+ 小时 / 右指
卖掉　人 / 具体或人 / 二价 /– 小时 / 右指

去掉　人 / 具体或抽象 / 二价 /– 小时 / 右指

吃掉　人或非人 / 具体 / 二价 /– 小时 / 右指

除掉　人 / 具体、抽象或人 / 二价 /+ 小时 / 右指

毁掉　人 / 具体、抽象或人 / 二价 /+ 小时 / 右指

扔掉　人 / 具体 / 二价 /– 小时 / 右指

烧掉　人或非人 / 具体 / 二价 /– 小时 / 右指

脱掉　人 / 具体 / 二价 /– 小时 / 右指

死掉　人 / 无受影响者 / 一价 /+ 小时 / 左指

杀掉　人 / 具体或人 / 二价 /– 小时 / 右指

打掉　人 / 具体或人 / 二价 /– 小时 / 右指

甩掉　人 / 具体、抽象或人 / 二价 /+ 小时 / 右指

砍掉　人 / 具体 / 二价 /+ 小时 / 右指

摘掉　人 / 具体 / 二价 /– 小时 / 右指

花掉　人 / 具体 / 二价 /– 小时 / 右指

跑掉　人或非人 / 无受影响者 / 一价 /– 小时 / 左指

删掉　人 / 具体或抽象 / 二价 /– 小时 / 右指

关掉　人 / 具体 / 二价 /– 小时 / 右指

拆掉　人 / 具体 / 二价 /– 小时 / 右指

输掉　人 / 具体、抽象或人 / 二价 /+ 小时 / 右指

拔掉　人 / 具体 / 二价 /– 小时 / 右指

灭掉　人 / 具体或人 / 二价 /+ 小时 / 右指

漏掉　人 / 具体或人 / 二价 /– 小时 / 右指

走掉　人或非人 / 无受影响者 / 一价 /+ 小时 / 左指

改掉　人 / 抽象 / 二价 /+ 小时 / 右指

剪掉　人 / 具体 / 二价 /– 小时 / 右指

抹掉　人 / 具体 / 二价 /– 小时 / 右指

挤掉　人 / 具体 / 二价 /– 小时 / 右指

撤掉　人 / 具体或抽象 / 二价 /– 小时 / 右指

换掉　人 / 具体或人 / 二价 /– 小时 / 右指
抛掉　人 / 具体或人 / 二价 /– 小时 / 右指
撕掉　人 / 具体 / 二价 /– 小时 / 右指
送掉　人 / 具体 / 二价 /– 小时 / 右指
倒掉　非人 / 具体 / 二价 /– 小时 / 右指
擦掉　人 / 具体 / 二价 /– 小时 / 右指
下掉　人 / 具体 / 二价 /– 小时 / 右指
割掉　人 / 具体 / 二价 /– 小时 / 右指
耗掉　人 / 具体或抽象 / 二价 /– 小时 / 右指
放掉　人 / 具体或人 / 二价 /– 小时 / 右指
拿掉　人 / 具体或抽象 / 二价 /– 小时 / 右指
抽掉　人 / 具体、抽象或人 / 二价 /– 小时 / 右指
用掉　人 / 具体 / 二价 /– 小时 / 右指
吞掉　人或非人 / 具体 / 二价 /– 小时 / 右指
垮掉　非人 / 无受影响者 / 一价 /+ 小时 / 左指
炸掉　人 / 具体 / 二价 /– 小时 / 右指
戒掉　人 / 具体或抽象 / 二价 /+ 小时 / 右指
挖掉　人 / 具体 / 二价 /– 小时 / 右指
退掉　人 / 具体或人 / 二价 /– 小时 / 右指
逃掉　人或非人 / 无受影响者 / 一价 /+ 小时 / 左指
溜掉　人或非人 / 无受影响者 / 一价 /+ 小时 / 左指
卸掉　人 / 具体 / 二价 /– 小时 / 右指
搞掉　人 / 具体 / 二价 /– 小时 / 右指
减掉　人 / 具体或抽象 / 二价 /– 小时 / 右指
推掉　人 / 具体或抽象 / 二价 /– 小时 / 右指
剥掉　人 / 具体 / 二价 /– 小时 / 右指
免掉　人 / 具体或抽象 / 二价 /– 小时 / 右指
废掉　人 / 抽象或人 / 二价 /– 小时 / 右指

埋掉　人 / 具体或人 / 二价 /– 小时 / 右指

冲掉　人或非人 / 具体 / 二价 /– 小时 / 右指

划掉　人 / 具体 / 二价 /– 小时 / 右指

喝掉　人 / 具体 / 二价 /– 小时 / 右指

摔掉　人 / 具体 / 二价 /– 小时 / 右指

锯掉　人 / 具体 / 二价 /– 小时 / 右指

刮掉　人 / 具体 / 二价 /– 小时 / 右指

断掉　人 / 具体 / 二价 /– 小时 / 右指

搬掉　人 / 具体 / 二价 /– 小时 / 右指

刷掉　人 / 具体 / 二价 /– 小时 / 右指

扯掉　人 / 具体 / 二价 /– 小时 / 右指

敲掉　人 / 具体 / 二价 /– 小时 / 右指

掀掉　人 / 具体 / 二价 /– 小时 / 右指

咬掉　人或非人 / 具体 / 二价 /– 小时 / 右指

扣掉　人 / 具体 / 二价 /– 小时 / 右指

剃掉　人 / 具体 / 二价 /– 小时 / 右指

吹掉　人 / 具体 / 二价 /– 小时 / 右指

切掉　人 / 具体 / 二价 /– 小时 / 右指

分掉　人 / 具体 / 二价 /– 小时 / 右指

削掉　人 / 具体 / 二价 /– 小时 / 右指

笑掉　人 / 具体 / 二价 /– 小时 / 右指

解掉　人 / 具体 / 二价 /– 小时 / 右指

砸掉　人 / 具体 / 二价 /– 小时 / 右指

革掉　人 / 具体或抽象 / 二价 /– 小时 / 右指

弄掉　人 / 具体 / 二价 /– 小时 / 右指

扫掉　人 / 具体 / 二价 /– 小时 / 右指

裁掉　人 / 抽象或人 / 二价 /– 小时 / 右指

碰掉　人 / 具体 / 二价 /– 小时 / 右指

揭掉　人 / 具体 / 二价 /– 小时 / 右指
扒掉　人 / 具体 / 二价 /– 小时 / 右指
销掉　人 / 具体 / 二价 /+ 小时 / 右指
截掉　人 / 具体 / 二价 /– 小时 / 右指
赖掉　人 / 具体 / 二价 /+ 小时 / 右指
踢掉　人 / 具体 / 二价 /– 小时 / 右指
剁掉　人 / 具体 / 二价 /– 小时 / 右指
吐掉　人 / 具体 / 二价 /– 小时 / 右指
滑掉　人 / 具体 / 二价 /– 小时 / 右指
踏掉　非人 / 无受影响者 / 一价 /– 小时 / 左指
啃掉　人或非人 / 具体 / 二价 /– 小时 / 右指
掐掉　人 / 具体 / 二价 /– 小时 / 右指
嫁掉　人 / 人（受影响者）/ 二价 /+ 小时 / 右指
踩掉　人 / 具体 / 二价 /– 小时 / 右指
拍掉　人 / 具体 / 二价 /– 小时 / 右指
拂掉　人 / 具体 / 二价 /– 小时 / 右指
剜掉　人 / 具体 / 二价 /– 小时 / 右指
筛掉　人 / 具体 / 二价 /– 小时 / 右指
选掉　人 / 具体或人 / 二价 /– 小时 / 右指
躲掉　人 / 抽象 / 二价 /+ 小时 / 右指
斩掉　人 / 具体 / 二价 /– 小时 / 右指
拧掉　人 / 具体 / 二价 /– 小时 / 右指
锄掉　人 / 具体 / 二价 /– 小时 / 右指
抠掉　人 / 具体 / 二价 /– 小时 / 右指
移掉　人 / 具体 / 二价 /– 小时 / 右指
蹬掉　人 / 具体 / 二价 /– 小时 / 右指
凿掉　人 / 具体 / 二价 /– 小时 / 右指
撬掉　人 / 具体 / 二价 /– 小时 / 右指

掰掉　人 / 具体 / 二价 /– 小时 / 右指

病倒　人 / 无受影响者 / 一价 /+ 小时 / 左指

晕倒　人 / 无受影响者 / 一价 /– 小时 / 左指

跪倒　人 / 无受影响者 / 一价 /– 小时 / 左指

吓倒　人 / 人（受影响者）/ 二价 /– 小时 / 右指

昏倒　人 / 无受影响者 / 一价 /– 小时 / 左指

击倒　人或非人 / 具体或人 / 二价 /– 小时 / 右指

撞倒　人 / 具体或人 / 二价 /– 小时 / 右指

扑倒　人或非人 / 具体或人 / 二价 /– 小时 / 右指

绊倒　人或非人 / 具体或人 / 二价 /– 小时 / 右指

砍倒　人 / 具体 / 二价 /– 小时 / 右指

迷倒　人或非人 / 人（受影响者）/ 二价 /+ 小时 / 右指

踢倒　人 / 具体或人 / 二价 /– 小时 / 右指

累倒　人 / 人（受影响者）/ 二价 /+ 小时 / 右指

哭倒　人 / 具体 / 二价 /– 小时 / 右指

喝倒　人 / 人（受影响者）/ 二价 /+ 小时 / 右指

碰倒　人 / 具体或人 / 二价 /– 小时 / 右指

射倒　人 / 具体或人 / 二价 /– 小时 / 右指

拖倒　人 / 具体或人 / 二价 /– 小时 / 右指

挤倒　人 / 具体或人 / 二价 /– 小时 / 右指

惊倒　人 / 具体或人 / 二价 /– 小时 / 右指

量倒　人 / 人（受影响者）/ 二价 /– 小时 / 右指

震倒　非人 / 具体或人 / 二价 /– 小时 / 右指

掀倒　人 / 具体或人 / 二价 /– 小时 / 右指

炸倒　人 / 具体或人 / 二价 /– 小时 / 右指

铲倒　人 / 具体或人 / 二价 /– 小时 / 右指

砸倒　人 / 具体或人 / 二价 /– 小时 / 右指

踩倒　人 / 具体或人 / 二价 /– 小时 / 右指

踹倒　人 / 具体或人 / 二价 /– 小时 / 右指

熏倒　非人 / 具体或人 / 二价 /+ 小时 / 右指

劈倒　人 / 具体或人 / 二价 /– 小时 / 右指

饿倒　人 / 无受影响者 / 一价 /+ 小时 / 左指

拽倒　人 / 具体或人 / 二价 /– 小时 / 右指

搞倒　人 / 具体或人 / 二价 /– 小时 / 右指

挂倒　人 / 具体 / 二价 /– 小时 / 右指

挖倒　人 / 具体或人 / 二价 /– 小时 / 右指

写倒　人 / 具体 / 二价 /– 小时 / 右指

捅倒　人 / 具体或人 / 二价 /– 小时 / 右指

钩倒　人 / 具体或人 / 二价 /– 小时 / 右指

揪倒　人 / 具体或人 / 二价 /– 小时 / 右指

教对　人 / 具体或抽象 / 三价 /+ 小时 / 右指

答对　人 / 具体或抽象 / 二价 /– 小时 / 右指

找对　人 / 具体、抽象或人 / 二价 /– 小时 / 右指

看对　人 / 具体、抽象或人 / 二价 /– 小时 / 右指

算对　人 / 具体或抽象 / 二价 /– 小时 / 右指

判对　人 / 具体或抽象 / 二价 /+ 小时 / 右指

惹恼　人或非人 / 具体或人 / 二价 /+ 小时 / 右指

逗恼　人或非人 / 人（受影响者）/ 二价 /– 小时 / 右指

击穿　人或非人 / 具体或人 / 二价 /– 小时 / 右指

打穿　人 / 具体 / 二价 /– 小时 / 右指

想穿　人 / 抽象 / 二价 /+ 小时 / 右指

射穿　人或非人 / 具体 / 二价 /– 小时 / 右指

望穿　人 / 具体或抽象 / 二价 /+ 小时 / 右指

凿穿　人 / 具体 / 二价 /– 小时 / 右指

烧穿　非人 / 具体 / 二价 /– 小时 / 右指

咬穿　人或非人 / 具体 / 二价 /– 小时 / 右指

滴穿 非人 / 具体 / 二价 /+ 小时 / 右指

识穿 人 / 抽象 / 二价 /+ 小时 / 右指

钉穿 人 / 具体 / 二价 /– 小时 / 右指

捅穿 人 / 抽象 / 二价 /+ 小时 / 右指

炸穿 人或非人 / 具体 / 二价 /– 小时 / 右指

砸穿 人 / 具体 / 二价 /– 小时 / 右指

挖穿 人 / 具体 / 二价 /– 小时 / 右指

弄穿 人 / 具体 / 二价 /– 小时 / 右指

挤穿 人 / 具体 / 二价 /– 小时 / 右指

气病 人 / 人（受影响者）/ 二价 /+ 小时 / 右指

累病 人 / 人（受影响者）/ 二价 /+ 小时 / 右指

睡病 人 / 人（受影响者）/ 二价 /+ 小时 / 右指

冻病 非人 / 具体或人 / 二价 /+ 小时 / 右指

吃病 人 / 具体 / 二价 /+ 小时 / 右指

饿病 人 / 具体 / 二价 /+ 小时 / 右指

打伤 人 / 具体或人 / 二价 /– 小时 / 右指

击伤 人或非人 / 具体或人 / 二价 /– 小时 / 右指

咬伤 人或非人 / 具体或人 / 二价 /– 小时 / 右指

炸伤 非人 / 具体或人 / 二价 /– 小时 / 右指

烫伤 非人 / 具体或人 / 二价 /– 小时 / 右指

扭伤 人 / 具体或人 / 二价 /– 小时 / 右指

摔伤 人 / 具体或人 / 二价 /– 小时 / 右指

灼伤 非人 / 具体或人 / 二价 /– 小时 / 右指

撞伤 人 / 具体或人 / 二价 /– 小时 / 右指

划伤 人或非人 / 具体或人 /– 小时 / 右指

擦伤 人 / 具体或人 / 二价 /– 小时 / 右指

拉伤 人 / 具体或人 / 二价 /– 小时 / 右指

砍伤 人或非人 / 具体或人 / 二价 /– 小时 / 右指

碰伤　人或非人 / 具体或人 / 二价 /– 小时 / 右指

砸伤　人 / 具体或人 / 二价 /– 小时 / 右指

跌伤　人 / 具体 / 二价 /– 小时 / 右指

抓伤　人或非人 / 具体或人 / 二价 /– 小时 / 右指

射伤　人 / 具体或人 / 二价 /– 小时 / 右指

割伤　人 / 具体或人 / 二价 /– 小时 / 右指

殴伤　人 / 具体或人 / 二价 /– 小时 / 右指

气伤　人 / 人（受影响者）/ 二价 /– 小时 / 右指

刮伤　人 / 具体或人 / 二价 /– 小时 / 右指

踢伤　人 / 具体或人 / 二价 /– 小时 / 右指

累伤　人或非人 / 人（受影响者）/ 二价 /– 小时 / 右指

挤伤　人 / 具体或人 / 二价 /– 小时 / 右指

轧伤　人 / 具体或人 / 二价 /– 小时 / 右指

踩伤　人或非人 / 具体或人 / 二价 /– 小时 / 右指

捅伤　人 / 具体或人 / 二价 /– 小时 / 右指

哭伤　人 / 具体 / 二价 /– 小时 / 右指

碾伤　非人 / 具体或人 / 二价 /– 小时 / 右指

焚伤　非人 / 具体或人 / 二价 /– 小时 / 右指

刺伤　人 / 具体或人 / 二价 /– 小时 / 右指

说忘　人 / 抽象 / 二价 /+ 小时 / 左指

教忘　人 / 具体或抽象 / 三价 /+ 小时 / 左指

玩忘　人 / 具体或抽象 / 三价 /+ 小时 / 左指

吓跑　人或非人 / 具体或人 / 二价 /– 小时 / 右指

气跑　人 / 人（受影响者）/ 二价 /– 小时 / 右指

赶跑　人 / 具体或人 / 二价 /– 小时 / 右指

打跑　人 / 具体或人 / 二价 /– 小时 / 右指

放跑　人 / 具体或人 / 二价 /– 小时 / 右指

抢跑　人 / 具体 / 二价 /– 小时 / 右指

惊跑 人或非人 / 具体或人 / 二价 /– 小时 / 右指

拐跑 人 / 具体或人 / 二价 /+ 小时 / 右指

溜跑 人 / 无受影响者 / 一价 /– 小时 / 左指

轰跑 人 / 具体或人 / 二价 /– 小时 / 右指

撞跑 人或非人 / 具体或人 / 二价 /– 小时 / 右指

饿跑 人 / 具体或人 / 二价 /– 小时 / 右指

哄跑 人 / 具体或人 / 二价 /– 小时 / 右指

逼跑 人 / 具体或人 / 二价 /– 小时 / 右指

打断 人 / 抽象或人 / 二价 /– 小时 / 右指

切断 人 / 抽象 / 二价 /+ 小时 / 右指

折断 人 / 具体 / 二价 /– 小时 / 右指

阻断 人 / 抽象 / 二价 /– 小时 / 右指

斩断 人 / 具体或抽象 / 二价 /– 小时 / 右指

挂断 人 / 具体 / 二价 /– 小时 / 右指

砍断 人 / 具体 / 二价 /– 小时 / 右指

剪断 人 / 具体或抽象 / 二价 /– 小时 / 右指

摔断 人 / 具体 / 二价 /– 小时 / 右指

抢断 人 / 具体或抽象 / 二价 /– 小时 / 右指

咬断 人 / 具体 / 二价 /– 小时 / 右指

拉断 人 / 具体 / 二价 /– 小时 / 右指

炸断 人或非人 / 具体 / 二价 /– 小时 / 右指

扯断 人 / 具体 / 二价 /– 小时 / 右指

扭断 人 / 具体 / 二价 /– 小时 / 右指

弄断 人 / 具体 / 二价 /– 小时 / 右指

震断 人或非人 / 具体 / 二价 /– 小时 / 右指

撞断 人或非人 / 具体 / 二价 /– 小时 / 右指

锯断 人 / 具体 / 二价 /– 小时 / 右指

跑断 人 / 具体 / 二价 /– 小时 / 右指

跌断　人 / 具体 / 二价 /– 小时 / 右指

掐断　人 / 具体 / 二价 /– 小时 / 右指

烧断　人或非人 / 具体 / 二价 /– 小时 / 右指

砸断　人 / 具体 / 二价 /– 小时 / 右指

挣断　人 / 具体 / 二价 /– 小时 / 右指

望断　人 / 抽象 / 二价 /+ 小时 / 右指

挖断　人 / 具体 / 二价 /– 小时 / 右指

削断　人 / 具体 / 二价 /– 小时 / 右指

吹断　人或非人 / 具体 / 二价 /– 小时 / 右指

击断　人 / 具体 / 二价 /– 小时 / 右指

崩断　人或非人 / 具体 / 二价 /– 小时 / 右指

刮断　非人 / 具体 / 二价 /– 小时 / 右指

轧断　人 / 具体或抽象 / 二价 /– 小时 / 右指

绷断　人 / 具体 / 二价 /– 小时 / 右指

拧断　人 / 具体 / 二价 /– 小时 / 右指

卖断　人 / 具体 / 二价 /– 小时 / 右指

敲断　人 / 具体 / 二价 /– 小时 / 右指

卡断　人 / 具体 / 二价 /– 小时 / 右指

踢断　人 / 具体 / 二价 /– 小时 / 右指

拆断　人 / 具体 / 二价 /– 小时 / 右指

踩断　人 / 具体 / 二价 /– 小时 / 右指

碰断　人或非人 / 具体 / 二价 /– 小时 / 右指

铲断　人 / 具体 / 二价 /– 小时 / 右指

撕断　人 / 具体 / 二价 /– 小时 / 右指

掰断　人或非人 / 具体 / 二价 /– 小时 / 右指

劈断　人 / 具体 / 二价 /– 小时 / 右指

掘断　人 / 具体 / 二价 /– 小时 / 右指

勒断　人 / 具体 / 二价 /– 小时 / 右指

划断 人 / 具体 / 二价 /– 小时 / 右指

踏断 人或非人 / 具体 / 二价 /– 小时 / 右指

捏断 人 / 具体 / 二价 /– 小时 / 右指

剁断 人 / 具体 / 二价 /– 小时 / 右指

挤断 人 / 具体 / 二价 /– 小时 / 右指

拽断 人 / 具体 / 二价 /– 小时 / 右指

碾断 人 / 具体 / 二价 /– 小时 / 右指

扳断 人 / 具体 / 二价 /– 小时 / 右指

踹断 人 / 具体 / 二价 /– 小时 / 右指

摇断 人 / 具体 / 二价 /– 小时 / 右指

哭断 人 / 具体 / 二价 /+ 小时 / 右指

撑断 人或非人 / 具体 / 二价 /– 小时 / 右指

捶断 人 / 具体 / 二价 /– 小时 / 右指

搅断 非人 / 具体 / 二价 /– 小时 / 右指

啃断 人或非人 / 具体 / 二价 /– 小时 / 右指

锄断 人或非人 / 具体 / 二价 /– 小时 / 右指

摘断 人 / 具体 / 二价 /– 小时 / 右指

搞断 人 / 具体 / 二价 /– 小时 / 右指

打胜 人 / 抽象 / 二价 /+ 小时 / 左指

打乱 人 / 抽象 / 二价 /+ 小时 / 右指

搞乱 人 / 抽象 / 二价 /+ 小时 / 右指

弄乱 人 / 具体或抽象 / 二价 /– 小时 / 右指

扯乱 人 / 具体 / 二价 /– 小时 / 右指

冲破 人或非人 / 抽象 / 二价 /+ 小时 / 右指

划破 人或非人 / 具体 / 二价 /+ 小时 / 右指

撕破 人 / 具体或抽象 / 二价 /– 小时 / 右指

踏破 人 / 具体 / 二价 /– 小时 / 右指

吓破 人或非人 / 具体或抽象 / 二价 /– 小时 / 右指

割破　人 / 具体 / 二价 /– 小时 / 右指

咬破　人 / 具体 / 二价 /– 小时 / 右指

射破　人 / 具体 / 二价 /– 小时 / 右指

抓破　人 / 具体 / 二价 /– 小时 / 右指

撞破　人 / 具体 / 二价 /– 小时 / 右指

捅破　人 / 具体或抽象 / 二价 /– 小时 / 右指

擦破　人或非人 / 具体 / 二价 /– 小时 / 右指

挤破　人或非人 / 具体 / 二价 /– 小时 / 右指

砸破　人 / 具体 / 二价 /– 小时 / 右指

摔破　人 / 具体 / 二价 /– 小时 / 右指

震破　人或非人 / 具体 / 二价 /– 小时 / 右指

弄破　人 / 具体 / 二价 /– 小时 / 右指

戳破　人 / 具体 / 二价 /– 小时 / 右指

搞破　人 / 具体 / 二价 /– 小时 / 右指

扯破　人 / 具体 / 二价 /– 小时 / 右指

胀破　人 / 具体 / 二价 /– 小时 / 右指

扎破　人 / 具体 / 二价 /– 小时 / 右指

喊破　人 / 具体 / 二价 /+ 小时 / 右指

炸破　人 / 具体 / 二价 /– 小时 / 右指

敲破　人 / 具体 / 二价 /– 小时 / 右指

刮破　非人 / 具体 / 二价 /– 小时 / 右指

剪破　人或非人 / 具体 / 二价 /– 小时 / 右指

吹破　人或非人 / 具体 / 二价 /– 小时 / 右指

压破　人或非人 / 具体 / 二价 /– 小时 / 右指

踢破　人 / 具体 / 二价 /– 小时 / 右指

挂破　非人 / 具体 / 二价 /– 小时 / 右指

套破　非人 / 具体 / 二价 /– 小时 / 右指

烧破　人或非人 / 具体 / 二价 /– 小时 / 右指

砍破　人或非人 / 具体 / 二价 /– 小时 / 右指

踩破　人 / 具体 / 二价 /– 小时 / 右指

踹破　人 / 具体 / 二价 /– 小时 / 右指

掐破　人 / 具体 / 二价 /– 小时 / 右指

抠破　人 / 具体 / 二价 /– 小时 / 右指

捏破　人 / 具体 / 二价 /– 小时 / 右指

蹬破　人 / 具体 / 二价 /– 小时 / 右指

敲响　人 / 具体或抽象 / 二价 /– 小时 / 右指

奏响　人 / 具体或抽象 / 二价 /– 小时 / 右指

吹响　人 / 具体 / 二价 /– 小时 / 右指

拉响　人 / 具体 / 二价 /– 小时 / 右指

震响　人 / 具体 / 二价 /– 小时 / 右指

炸响　人 / 具体 / 二价 /– 小时 / 右指

按响　人 / 具体 / 二价 /– 小时 / 右指

擂响　人 / 具体 / 二价 /– 小时 / 右指

弹响　人 / 具体 / 二价 /– 小时 / 右指

撞响　人 / 具体 / 二价 /– 小时 / 右指

摇响　人 / 具体 / 二价 /– 小时 / 右指

踏响　人 / 具体 / 二价 /– 小时 / 右指

踩响　人 / 具体 / 二价 /– 小时 / 右指

弄响　人 / 具体 / 二价 /– 小时 / 右指

打卷　人 / 具体 / 二价 /– 小时 / 右指

烫卷　非人 / 具体 / 二价 /– 小时 / 右指

折卷　人 / 具体 / 二价 /– 小时 / 右指

泡卷　非人 / 具体 / 二价 /– 小时 / 右指

揉卷　人 / 具体 / 二价 /– 小时 / 右指

弄卷　人 / 具体 / 二价 /– 小时 / 右指

惊爆　人 / 具体或抽象 / 二价 /+ 小时 / 右指

点爆　人 / 具体 / 二价 /– 小时 / 右指

打爆　人 / 具体 / 二价 /+ 小时 / 右指

卖爆　非人 / 无受影响者 / 一价 /+ 小时 / 左指

站爆　人 / 无受影响者 / 一价 /+ 小时 / 左指

挤爆　人 / 具体或人 / 二价 /+ 小时 / 右指

踢爆　人 / 具体 / 二价 /– 小时 / 右指

撞爆　人 / 具体 / 二价 /– 小时 / 右指

塞爆　人 / 具体 / 二价 /+ 小时 / 右指

震爆　人或非人 / 具体 / 二价 /– 小时 / 右指

炸爆　人或非人 / 具体 / 二价 /– 小时 / 右指

击退　人 / 具体、抽象或人 / 二价 /+ 小时 / 右指

打退　人 / 具体、抽象或人 / 二价 /+ 小时 / 右指

吓退　人或非人 / 人（受影响者）/ 二价 /– 小时 / 右指

杀退　人 / 人（受影响者）/ 二价 /+ 小时 / 右指

逼退　人 / 具体或人 / 二价 /+ 小时 / 右指

杀绝　人 / 具体或人 / 二价 /+ 小时 / 右指

做绝　人 / 抽象 / 二价 /+ 小时 / 右指

死绝　人或非人 / 无受影响者 / 一价 /+ 小时 / 左指

摒绝　人 / 抽象 / 二价 /+ 小时 / 右指

斩绝　人 / 抽象或人 / 二价 /+ 小时 / 右指

打绝　人 / 具体或抽象 / 二价 /+ 小时 / 右指

剿绝　人 / 具体或抽象 / 二价 /+ 小时 / 右指

吃绝　人 / 具体 / 二价 /+ 小时 / 右指

毁绝　人 / 具体 / 二价 /+ 小时 / 右指

盗绝　人 / 具体 / 二价 /+ 小时 / 右指

气哭　人 / 人（受影响者）/ 二价 /– 小时 / 右指

打哭　人 / 人（受影响者）/ 二价 /– 小时 / 右指

骂哭　人 / 人（受影响者）/ 二价 /– 小时 / 右指

关紧 人 / 具体 / 二价 /– 小时 / 右指

咬紧 人 / 具体或抽象 / 二价 /– 小时 / 右指

系紧 人 / 具体 / 二价 /– 小时 / 右指

握紧 人 / 具体 / 二价 /– 小时 / 右指

绷紧 人 / 具体 / 二价 /– 小时 / 右指

收紧 人 / 具体或抽象 / 二价 /– 小时 / 右指

拉紧 人 / 具体 / 二价 /– 小时 / 右指

勒紧 人 / 具体 / 二价 /– 小时 / 右指

压紧 人 / 具体 / 二价 /– 小时 / 右指

捏紧 人 / 具体 / 二价 /– 小时 / 右指

拧紧 人 / 具体 / 二价 /– 小时 / 右指

夹紧 人 / 具体 / 二价 /– 小时 / 右指

扎紧 人 / 具体 / 二价 /– 小时 / 右指

抱紧 人 / 具体 / 二价 /– 小时 / 右指

贴紧 人 / 具体 / 二价 /– 小时 / 右指

缩紧 人 / 具体 / 二价 /– 小时 / 右指

裹紧 人 / 具体 / 二价 /– 小时 / 右指

扣紧 人 / 具体 / 二价 /– 小时 / 右指

盯紧 人 / 具体 / 二价 /+ 小时 / 右指

逼紧 人 / 具体或人 / 二价 /– 小时 / 右指

搂紧 人 / 具体或人 / 二价 /– 小时 / 右指

揪紧 人 / 具体 / 二价 /– 小时 / 右指

抿紧 人 / 具体 / 二价 /– 小时 / 右指

绑紧 人 / 具体 / 二价 /– 小时 / 右指

捆紧 人 / 具体或人 / 二价 /– 小时 / 右指

看紧 人 / 具体、抽象或人 / 二价 /+ 小时 / 右指

卡紧 人 / 具体、抽象或人 / 二价 /– 小时 / 右指

捂紧 人 / 具体 / 二价 /– 小时 / 右指

塞紧　人 / 具体 / 二价 /– 小时 / 右指

包紧　人 / 具体 / 二价 /– 小时 / 右指

封紧　人 / 具体 / 二价 /– 小时 / 右指

套紧　人 / 具体 / 二价 /– 小时 / 右指

缠紧　人 / 具体 / 二价 /– 小时 / 右指

扭紧　人 / 具体 / 二价 /– 小时 / 右指

挽紧　人 / 具体 / 二价 /– 小时 / 右指

扯紧　人 / 具体 / 二价 /– 小时 / 右指

挨紧　人 / 具体或人 / 二价 /– 小时 / 右指

拴紧　人 / 具体 / 二价 /– 小时 / 右指

揉紧　人 / 具体 / 二价 /– 小时 / 右指

踩紧　人 / 具体 / 二价 /– 小时 / 右指

掐紧　人 / 具体 / 二价 /– 小时 / 右指

听懂　人 / 抽象 / 二价 /– 小时 / 左指

读懂　人 / 具体或抽象 / 二价 /– 小时 / 左指

看懂　人 / 抽象 / 二价 /– 小时 / 左指

弄懂　人 / 抽象 / 二价 /– 小时 / 左指

学懂　人 / 抽象 / 二价 /– 小时 / 左指

搞懂　人 / 抽象 / 二价 /– 小时 / 左指

打散　人 / 具体或人 / 二价 /– 小时 / 右指

吹散　非人 / 具体 / 二价 /– 小时 / 右指

冲散　人或非人 / 具体或人 / 二价 /– 小时 / 右指

惊散　非人 / 具体或人 / 二价 /– 小时 / 右指

搅散　人 / 具体 / 二价 /– 小时 / 右指

杀散　人 / 人（受影响者）/ 二价 /– 小时 / 右指

抖散　人 / 具体 / 二价 /– 小时 / 右指

弄散　人 / 具体 / 二价 /– 小时 / 右指

撕散　人 / 具体 / 二价 /– 小时 / 右指

揉散　人 / 具体 / 二价 /– 小时 / 右指

碾散　非人 / 具体 / 二价 – 小时 / 右指 /

砸散　人 / 具体 / 二价 /– 小时 / 右指

打输　人 / 具体 / 二价 /– 小时 / 左指

打翻　人或非人 / 具体或人 / 二价 /– 小时 / 右指

掀翻　人或非人 / 具体 / 二价 /– 小时 / 右指

踢翻　人 / 具体或人 / 二价 /– 小时 / 右指

撞翻　人 / 具体 / 二价 /– 小时 / 右指

吵翻　人 / 具体 / 二价 /– 小时 / 右指

碰翻　人 / 具体 / 二价 /– 小时 / 右指

弄翻　人 / 具体 / 二价 /– 小时 / 右指

搞翻　人 / 具体 / 二价 /– 小时 / 右指

砍翻　人 / 具体 / 二价 /– 小时 / 右指

扑翻　人 / 具体 / 二价 /– 小时 / 右指

搅翻　人 / 具体 / 二价 /– 小时 / 右指

吹翻　人或非人 / 具体 / 二价 /– 小时 / 右指

顶翻　人或非人 / 具体 / 二价 /– 小时 / 右指

惹翻　人 / 具体 / 二价 /– 小时 / 右指

炸翻　非人 / 具体 / 二价 /– 小时 / 右指

气翻　人 / 具体 / 二价 /– 小时 / 右指

踩翻　人 / 具体 / 二价 /– 小时 / 右指

蹬翻　人 / 具体 / 二价 /– 小时 / 右指

刮翻　人 / 具体 / 二价 /– 小时 / 右指

震翻　人或非人 / 具体 / 二价 /– 小时 / 右指

扳翻　人 / 具体 / 二价 /– 小时 / 右指

踹翻　人 / 具体 / 二价 /– 小时 / 右指

绊翻　人 / 具体 / 二价 /– 小时 / 右指

摔翻　人 / 具体 / 二价 /– 小时 / 右指

折翻　人 / 具体 / 二价 /– 小时 / 右指
捅翻　人 / 具体 / 二价 /– 小时 / 右指
穿透　非人 / 具体 / 二价 /– 小时 / 右指
湿透　非人 / 具体 / 二价 /– 小时 / 左指
伤透　人 / 抽象 / 二价 /+ 小时 / 左指
恨透　人 / 具体或人 / 二价 /+ 小时 / 左指
摸透　人 / 抽象或人 / 二价 /+ 小时 / 右指
吃透　人 / 抽象或人 / 二价 /+ 小时 / 右指
说透　人 / 抽象 / 二价 /+ 小时 / 右指
凉透　人 / 具体、抽象或人 / 二价 /+ 小时 / 左指
浇透　人 / 具体 / 二价 /– 小时 / 左指
想透　人 / 抽象 / 二价 /+ 小时 / 右指
烧透　非人 / 具体 / 二价 /+ 小时 / 左指
学透　人 / 抽象具体 / 二价 /+ 小时 / 右指
煮透　人 / 具体 / 二价 /+ 小时 / 左指
淋透　非人 / 具体或人 / 二价 /– 小时 / 左指
热透　人 / 具体 / 二价 /– 小时 / 左指
搞透　人 / 抽象具体 / 二价 /+ 小时 / 右指
做透　人 / 抽象 / 二价 /+ 小时 / 右指
望透　人 / 抽象 / 二价 /+ 小时 / 左指
钻透　人 / 抽象具体 / 二价 /+ 小时 / 右指
杀透　人 / 具体 / 二价 /+ 小时 / 右指
射透　人 / 具体 / 二价 /– 小时 / 右指
炸透　人或非人 / 具体 / 二价 /– 小时 / 右指
打透　人 / 具体 / 二价 /– 小时 / 右指
吹透　人 / 具体 / 二价 /– 小时 / 右指
染透　人 / 具体 / 二价 /– 小时 / 左指
读透　人 / 抽象或人 / 二价 /– 小时 / 右指

响透　非人 / 具体 / 二价 /– 小时 / 右指

熔透　非人 / 具体 / 二价 /– 小时 / 右指

煨透　人 / 具体 / 二价 /+ 小时 / 右指

煎透　人 / 具体 / 二价 /– 小时 / 右指

焖透　人 / 具体 / 二价 /+ 小时 / 右指

挖透　人 / 具体 / 二价 /+ 小时 / 右指

叫醒　人 / 具体或人 / 二价 /– 小时 / 右指

吵醒　非人 / 具体或人 / 二价 /– 小时 / 右指

睡醒　人 / 无受影响者 / 一价 /– 小时 / 左指

弄醒　人 / 具体或人 / 二价 /– 小时 / 右指

推醒　人 / 具体或人 / 二价 /– 小时 / 右指

摇醒　人 / 具体或人 / 二价 /– 小时 / 右指

喊醒　人 / 具体或人 / 二价 /– 小时 / 右指

震醒　非人 / 具体或人 / 二价 /– 小时 / 右指

救醒　人 / 具体或人 / 二价 /– 小时 / 右指

吓醒　非人 / 具体或人 / 二价 /– 小时 / 右指

哭醒　人 / 无受影响者 / 一价 /– 小时 / 左指

打醒　人 / 人（受影响者）/ 二价 /– 小时 / 右指

冻醒　非人 / 具体或人 / 二价 /+ 小时 / 右指

笑醒　人 / 无受影响者 / 一价 /– 小时 / 左指

憋醒　人 / 人（受影响者）/ 二价 /+ 小时 / 右指

浇醒　人 / 人（受影响者）/ 二价 /– 小时 / 右指

想醒　人 / 无受影响者 / 一价 /+ 小时 / 左指

饿醒　人 / 无受影响者 / 一价 /+ 小时 / 左指

灌醒　人 / 具体或人 / 二价 /– 小时 / 右指

烧醒　非人 / 具体或人 / 二价 /– 小时 / 右指

炸醒　非人 / 具体 / 二价 /– 小时 / 右指

搞醒　人 / 具体或人 / 二价 /– 小时 / 右指

冷醒　人或非人 / 具体或人 / 二价 /– 小时 / 右指

疼醒　非人 / 具体或人 / 二价 /– 小时 / 右指

吻醒　人 / 人（受影响者）/ 二价 /– 小时 / 右指

戳醒　人 / 具体或人 / 二价 /– 小时 / 右指

撞醒　人 / 具体或人 / 二价 /– 小时 / 右指

摔醒　人 / 具体或人 / 二价 /– 小时 / 右指

骂醒　人 / 人（受影响者）/ 二价 /– 小时 / 右指

晃醒　人 / 具体或人 / 二价 /– 小时 / 右指

摸醒　人 / 具体或人 / 二价 /– 小时 / 右指

站稳　人 / 具体或抽象 / 二价 /– 小时 / 左指

立稳　人 / 具体或抽象 / 二价 /+ 小时 / 右指

扎稳　人 / 具体或抽象 / 二价 /– 小时 / 右指

坐稳　人 / 具体或抽象 / 二价 /– 小时 / 左指

停稳　人 / 具体 / 二价 /– 小时 / 右指

压稳　人 / 具体 / 二价 /– 小时 / 右指

放稳　人 / 具体 / 二价 /– 小时 / 右指

抓稳　人 / 具体 / 二价 /– 小时 / 左指

睡稳　人 / 无受影响者 / 一价 /– 小时 / 左指

套稳　人 / 具体 / 二价 /– 小时 / 右指

踩稳　人 / 具体 / 二价 /– 小时 / 左指

抱稳　人 / 具体 / 二价 /– 小时 / 右指

搁稳　人 / 具体 / 二价 /– 小时 / 右指

捧稳　人 / 具体 / 二价 /– 小时 / 右指

弄糊　人 / 具体 / 二价 /– 小时 / 右指

搞糊　人 / 具体 / 二价 /– 小时 / 右指

烧煳　人 / 具体 / 二价 /– 小时 / 右指

搅糊　人 / 具体 / 二价 /– 小时 / 右指

烤煳　人 / 具体 / 二价 /– 小时 / 右指

炸煳 人 / 具体 / 二价 /– 小时 / 右指

煮糊 人 / 具体 / 二价 /– 小时 / 右指

炒煳 人 / 具体 / 二价 /– 小时 / 右指

说烦 人 / 人（受影响者）/ 二价 /– 小时 / 左指

看烦 人 / 人（受影响者）/ 二价 /– 小时 / 左指

惹烦 人 / 人（受影响者）/ 二价 /– 小时 / 右指

气烦 人 / 人（受影响者）/ 二价 /– 小时 / 右指

搞烦 人 / 人（受影响者）/ 二价 /– 小时 / 右指

写烦 人 / 人（受影响者）/ 二价 /– 小时 / 左指

杀败 人 / 人（受影响者）/ 二价 /+ 小时 / 右指

斗败 人 / 人（受影响者）/ 二价 /+ 小时 / 右指

告败 人 / 人（受影响者）/ 二价 /– 小时 / 右指

弄丢 人 / 具体或人 / 二价 /– 小时 / 右指

搞丢 人 / 具体或人 / 二价 /– 小时 / 右指

挤丢 人 / 具体或人 / 二价 /– 小时 / 右指

玩丢 人 / 具体或人 / 二价 /– 小时 / 右指

睡偏 人 / 具体 / 二价 /– 小时 / 右指

投偏 人 / 具体 / 二价 /– 小时 / 右指

杀灭 人 / 具体或人 / 二价 /– 小时 / 右指

吹灭 人 / 具体 / 二价 /– 小时 / 右指

掐灭 人 / 具体 / 二价 /– 小时 / 右指

打灭 人 / 具体或抽象 / 二价 /– 小时 / 右指

弄灭 人 / 具体 / 二价 /– 小时 / 右指

踩灭 人 / 具体 / 二价 /– 小时 / 右指

捻灭 人 / 具体 / 二价 /– 小时 / 右指

踏灭 人 / 具体 / 二价 /– 小时 / 右指

泼灭 非人 / 具体 / 二价 /– 小时 / 右指

拧灭 人 / 具体 / 二价 /– 小时 / 右指

铲灭 人 / 具体 / 二价 /– 小时 / 右指

淋灭 非人 / 具体 / 二价 /– 小时 / 右指

碾灭 非人 / 具体 / 二价 /– 小时 / 右指

击沉 人或非人 / 具体 / 二价 /– 小时 / 右指

炸沉 人或非人 / 具体 / 二价 /– 小时 / 右指

撞沉 非人 / 具体 / 二价 /– 小时 / 右指

打沉 人 / 具体 / 二价 /– 小时 / 右指

砸沉 人 / 具体 / 二价 /– 小时 / 右指

掘沉 人 / 具体 / 二价 /– 小时 / 右指

喝醉 非人 / 人（受影响者）/ 二价 /– 小时 / 右指

灌醉 人 / 人（受影响者）/ 二价 /– 小时 / 右指

吃醉 非人 / 人（受影响者）/ 二价 /– 小时 / 右指

饮醉 非人 / 人（受影响者）/ 二价 /– 小时 / 右指

熏醉 人或非人 / 人（受影响者）/ 二价 /– 小时 / 右指

打碎 人 / 具体 / 二价 /– 小时 / 右指

切碎 人 / 具体 / 二价 /– 小时 / 右指

撕碎 人 / 具体 / 二价 /– 小时 / 右指

砸碎 人 / 具体 / 二价 /– 小时 / 右指

击碎 人 / 具体 / 二价 /– 小时 / 右指

捣碎 人 / 具体 / 二价 /– 小时 / 右指

敲碎 人 / 具体 / 二价 /– 小时 / 右指

压碎 人 / 具体 / 二价 /– 小时 / 右指

摔碎 人 / 具体 / 二价 /– 小时 / 右指

碾碎 人或非人 / 具体 / 二价 /– 小时 / 右指

剁碎 人 / 具体 / 二价 /– 小时 / 右指

震碎 人 / 具体 / 二价 /– 小时 / 右指

揉碎 人 / 具体 / 二价 /– 小时 / 右指

撞碎 人 / 具体 / 二价 /– 小时 / 右指

扯碎　人 / 具体 / 二价 /– 小时 / 右指

咬碎　人或非人 / 具体 / 二价 /– 小时 / 右指

嚼碎　人 / 具体 / 二价 /– 小时 / 右指

炸碎　人或非人 / 具体 / 二价 /– 小时 / 右指

捏碎　人 / 具体 / 二价 /– 小时 / 右指

搅碎　人 / 具体 / 二价 /– 小时 / 右指

踏碎　人 / 具体 / 二价 /– 小时 / 右指

弄碎　人 / 具体 / 二价 /– 小时 / 右指

碰碎　人 / 具体 / 二价 /– 小时 / 右指

绞碎　人 / 具体 / 二价 /– 小时 / 右指

踩碎　人或非人 / 具体 / 二价 /– 小时 / 右指

剪碎　人 / 具体 / 二价 /– 小时 / 右指

轧碎　人或非人 / 具体 / 二价 /– 小时 / 右指

挤碎　人 / 具体 / 二价 /– 小时 / 右指

拍碎　人 / 具体 / 二价 /– 小时 / 右指

劈碎　人或非人 / 具体 / 二价 /– 小时 / 右指

掰碎　人 / 具体 / 二价 /– 小时 / 右指

捶碎　人 / 具体 / 二价 /– 小时 / 右指

砍碎　人 / 具体 / 二价 /– 小时 / 右指

踢碎　人 / 具体 / 二价 /– 小时 / 右指

捻碎　人 / 具体 / 二价 /– 小时 / 右指

夹碎　人 / 具体 / 二价 /– 小时 / 右指

擦碎　人 / 具体 / 二价 /– 小时 / 右指

说罢　人 / 具体或抽象 / 二价 /– 小时 / 右指

听罢　人 / 具体或抽象 / 二价 /– 小时 / 右指

作罢　人 / 无受影响者 / 一价 /– 小时 / 左指

战罢　人 / 人（受影响者）/ 二价 /– 小时 / 左指

吃罢　人 / 具体 / 二价 /– 小时 / 右指

读罢　人 / 具体 / 二价 /– 小时 / 右指

唱罢　人 / 具体 / 二价 /– 小时 / 右指

言罢　人 / 无受影响者 / 一价 /– 小时 / 左指

笑罢　人 / 无受影响者 / 一价 /– 小时 / 左指

哭罢　人 / 无受影响者 / 一价 /– 小时 / 左指

喝罢　人 / 具体 / 二价 /– 小时 / 右指

赛罢　人 / 具体 / 二价 /– 小时 / 右指

饮罢　人 / 具体 / 二价 /– 小时 / 右指

干罢　人 / 具体 / 二价 /– 小时 / 右指

烧毁　人或非人 / 具体 / 二价 /+ 小时 / 右指

炸毁　人或非人 / 具体 / 二价 /– 小时 / 右指

焚毁　人或非人 / 具体或抽象 / 二价 /+ 小时 / 右指

撞毁　人或非人 / 具体 / 二价 /– 小时 / 右指

损毁　人 / 具体 / 二价 /– 小时 / 右指

冲毁　非人 / 具体 / 二价 /– 小时 / 右指

砸毁　人 / 具体 / 二价 /– 小时 / 右指

打毁　人 / 具体 / 二价 /– 小时 / 右指

震毁　非人 / 具体 / 二价 /– 小时 / 右指

堕毁　非人 / 具体 / 二价 /– 小时 / 右指

挤毁　人 / 具体 / 二价 /– 小时 / 右指

摔毁　人 / 具体 / 二价 /– 小时 / 右指

扯毁　人 / 具体 / 二价 /– 小时 / 右指

凿毁　人 / 具体 / 二价 /– 小时 / 右指

劈毁　人 / 具体 / 二价 /– 小时 / 右指

颤麻　非人 / 具体或人 / 二价 /– 小时 / 右指

冻麻　非人 / 具体或人 / 二价 /– 小时 / 右指

炸麻　非人 / 具体或人 / 二价 /– 小时 / 右指

压麻　人或非人 / 具体或人 / 二价 /– 小时 / 右指

勒麻 人或非人 / 具体或人 / 二价 /– 小时 / 右指
坐愁 人 / 人（受影响者）/ 二价 /+ 小时 / 左指
压弯 人或非人 / 具体或人 / 二价 /– 小时 / 右指
笑弯 人或非人 / 人（受影响者）/ 二价 /– 小时 / 右指
折弯 人 / 具体 / 二价 /– 小时 / 右指
打弯 人 / 具体 / 二价 /– 小时 / 右指
弄弯 人 / 具体 / 二价 /– 小时 / 右指
扳弯 人 / 具体 / 二价 /– 小时 / 右指
砸弯 人 / 具体 / 二价 /– 小时 / 右指
溅泼 人 / 具体 / 二价 /– 小时 / 右指
打泼 人 / 具体 / 二价 /– 小时 / 右指
弄泼 人 / 具体 / 二价 /– 小时 / 右指
气炸 人或非人 / 具体 / 二价 /– 小时 / 右指
绑炸 人 / 具体 / 二价 /– 小时 / 右指
打炸 人 / 具体 / 二价 /– 小时 / 右指
弄炸 人 / 具体 / 二价 /– 小时 / 右指
吹炸 人或非人 / 具体 / 二价 /– 小时 / 右指
碾炸 人 / 具体 / 二价 /– 小时 / 右指
说漏 人 / 具体或抽象 / 二价 /– 小时 / 右指
听漏 人 / 具体或抽象 / 二价 /– 小时 / 右指
看惯 人 / 具体或抽象 / 二价 /+ 小时 / 左指
听惯 人 / 具体或抽象 / 二价 /+ 小时 / 左指
用惯 人 / 具体 / 二价 /+ 小时 / 左指
吃惯 人 / 具体 / 二价 /+ 小时 / 左指
住惯 人 / 具体 / 二价 /+ 小时 / 左指
做惯 人 / 具体或抽象 / 二价 /+ 小时 / 左指
走惯 人 / 具体 / 二价 /+ 小时 / 左指
叫惯 人 / 具体 / 二价 /+ 小时 / 左指

说惯　人 / 具体或抽象 / 二价 /+ 小时 / 左指

喝惯　人 / 具体 / 二价 /+ 小时 / 左指

宠惯　人 / 具体 / 二价 /+ 小时 / 左指

穿惯　人 / 具体 / 二价 /+ 小时 / 左指

打惯　人 / 具体 / 二价 /+ 小时 / 左指

玩惯　人 / 具体 / 二价 /+ 小时 / 左指

搞惯　人 / 具体 / 二价 /+ 小时 / 左指

跑惯　人 / 具体 / 二价 /+ 小时 / 左指

拿惯　人 / 具体 / 二价 /+ 小时 / 左指

教惯　人 / 具体或抽象 / 三价 /+ 小时 / 左指

弄惯　人 / 具体 / 二价 /+ 小时 / 左指

闻惯　人 / 具体 / 二价 /+ 小时 / 左指

站惯　人 / 具体 / 二价 /+ 小时 / 左指

睡惯　人 / 具体 / 二价 /+ 小时 / 左指

学惯　人 / 具体 / 二价 /+ 小时 / 左指

笑惯　人 / 具体 / 二价 /+ 小时 / 左指

待惯　人 / 具体 / 二价 /+ 小时 / 左指

骑惯　人 / 具体 / 二价 /+ 小时 / 左指

戴惯　人 / 具体 / 二价 /+ 小时 / 左指

抽惯　人 / 具体 / 二价 /+ 小时 / 左指

拉惯　人 / 具体 / 二价 /+ 小时 / 左指

念惯　人 / 具体 / 二价 /+ 小时 / 左指

唱惯　人 / 具体 / 二价 /+ 小时 / 左指

骂惯　人 / 具体 / 二价 /+ 小时 / 左指

踢惯　人 / 具体 / 二价 /+ 小时 / 左指

拍惯　人 / 具体 / 二价 /+ 小时 / 左指

喊惯　人 / 具体 / 二价 /+ 小时 / 左指

偷惯　人 / 具体 / 二价 /+ 小时 / 左指

买惯 人 / 具体 / 二价 /+ 小时 / 左指

骗惯 人 / 具体 / 二价 /+ 小时 / 左指

脱惯 人 / 具体 / 二价 /+ 小时 / 左指

背惯 人 / 具体 / 二价 /+ 小时 / 左指

喂惯 人 / 具体 / 二价 /+ 小时 / 左指

爬惯 人 / 具体 / 二价 /+ 小时 / 左指

饿惯 人 / 具体 / 二价 /+ 小时 / 左指

敲惯 人 / 具体 / 二价 /+ 小时 / 左指

抱惯 人 / 具体 / 二价 /+ 小时 / 左指

吹惯 人 / 具体 / 二价 /+ 小时 / 左指

输惯 人 / 具体 / 二价 /+ 小时 / 左指

跳惯 人 / 具体 / 二价 /+ 小时 / 左指

赌惯 人 / 具体 / 二价 /+ 小时 / 左指

摔惯 人 / 具体 / 二价 /+ 小时 / 左指

摇惯 人 / 具体 / 二价 /+ 小时 / 左指

掏惯 人 / 具体 / 二价 /+ 小时 / 左指

挖惯 人 / 具体 / 二价 /+ 小时 / 左指

打疼 人 / 具体或人 / 二价 /– 小时 / 右指

压疼 人或非人 / 具体或人 / 二价 /– 小时 / 右指

喊疼 人 / 具体 / 二价 /– 小时 / 右指

摔疼 人 / 具体或人 / 二价 /– 小时 / 右指

弄疼 人或非人 / 具体或人 / 二价 /– 小时 / 右指

气疼 非人 / 人（受影响者）/ 二价 /– 小时 / 右指

笑疼 非人 / 具体或人 / 二价 /– 小时 / 右指

碰疼 人或非人 / 具体或人 / 二价 /– 小时 / 右指

尿疼 人 / 具体或人 / 二价 /– 小时 / 右指

触疼 人或非人 / 具体或人 / 二价 /– 小时 / 右指

拍疼 人 / 具体或人 / 二价 /– 小时 / 右指

绞疼　人 / 具体或人 / 二价 /– 小时 / 右指

烧疼　非人 / 具体或人 / 二价 /– 小时 / 右指

揪疼　人 / 具体或人 / 二价 /– 小时 / 右指

握疼　人 / 具体或人 / 二价 /– 小时 / 右指

想疼　人 / 人（受影响者）/ 二价 /+ 小时 / 右指

咬疼　人或非人 / 具体或人 / 二价 /– 小时 / 右指

刻疼　非人 / 具体 / 二价 /– 小时 / 右指

切疼　非人 / 具体 / 二价 /– 小时 / 右指

跑疼　人 / 具体 / 二价 /– 小时 / 右指

磕疼　人 / 具体 / 二价 /– 小时 / 右指

嚼疼　人 / 具体 / 二价 /– 小时 / 右指

砸疼　非人 / 具体 / 二价 /– 小时 / 右指

擦疼　非人 / 具体 / 二价 /– 小时 / 右指

撞疼　人或非人 / 具体 / 二价 /– 小时 / 右指

吃疼　人 / 具体 / 二价 /– 小时 / 右指

震疼　非人 / 具体 / 二价 /– 小时 / 右指

踩疼　人 / 具体或人 / 二价 /– 小时 / 右指

拧疼　人 / 具体或人 / 二价 /– 小时 / 右指

抽疼　人 / 具体 / 二价 /– 小时 / 右指

扎疼　人 / 具体或人 / 二价 /– 小时 / 右指

跳疼　人 / 具体 / 二价 /– 小时 / 右指

烫疼　非人 / 具体或人 / 二价 /– 小时 / 右指

晒疼　非人 / 具体或人 / 二价 /– 小时 / 右指

敲疼　人 / 具体或人 / 二价 /– 小时 / 右指

摸疼　人 / 具体 / 二价 /– 小时 / 右指

摇疼　人 / 具体 / 二价 /– 小时 / 右指

捏疼　人 / 具体或人 / 二价 /– 小时 / 右指

抓疼　人 / 具体或人 / 二价 /– 小时 / 右指

扭疼　人 / 具体或人 / 二价 /– 小时 / 右指

夹疼　人 / 具体 / 二价 /– 小时 / 右指

减疼　人 / 具体 / 二价 /– 小时 / 右指

蹭疼　人 / 具体或人 / 二价 /– 小时 / 右指

跪疼　人 / 具体 / 二价 /– 小时 / 右指

枕疼　人或非人 / 具体 / 二价 /+ 小时 / 右指

揉疼　人 / 具体 / 二价 /– 小时 / 右指

掐疼　人 / 具体 / 二价 /– 小时 / 右指

拽疼　人 / 具体 / 二价 /– 小时 / 右指

戳疼　人或非人 / 具体或人 / 二价 /– 小时 / 右指

哭疼　人 / 具体 / 二价 /+ 小时 / 右指

吓昏　人或非人 / 具体或人 / 二价 /– 小时 / 右指

打昏　人 / 具体或人 / 二价 /– 小时 / 右指

气昏　人或非人 / 人（受影响者）/ 二价 /– 小时 / 右指

击昏　人 / 具体或人 / 二价 /– 小时 / 右指

弄昏　人 / 具体或人 / 二价 /– 小时 / 右指

热昏　非人 / 具体或人 / 二价 /– 小时 / 右指

震昏　非人 / 具体或人 / 二价 /– 小时 / 右指

饿昏　人 / 具体或人 / 二价 /+ 小时 / 右指

搅昏　人或非人 / 具体 / 二价 /– 小时 / 右指

哭昏　人 / 具体或人 / 二价 /– 小时 / 右指

摔昏　人 / 具体或人 / 二价 /– 小时 / 右指

砸昏　人 / 具体或人 / 二价 /– 小时 / 右指

骂昏　人 / 具体或人 / 二价 /– 小时 / 右指

看昏　人 / 具体或人 / 二价 /– 小时 / 右指

打晕　人 / 具体或人 / 二价 /– 小时 / 右指

吓晕　人或非人 / 具体或人 / 二价 /– 小时 / 右指

气晕　人或非人 / 人（受影响者）/ 二价 /– 小时 / 右指

震晕　非人 / 具体或人 / 二价 /– 小时 / 右指

撞晕　人 / 具体或人 / 二价 /– 小时 / 右指

饿晕　人 / 具体或人 / 二价 /+ 小时 / 右指

搞晕　人 / 具体或人 / 二价 /– 小时 / 右指

哭晕　人 / 具体或人 / 二价 /+ 小时 / 右指

熏晕　非人 / 具体或人 / 二价 /– 小时 / 右指

砸晕　人 / 具体或人 / 二价 /– 小时 / 右指

炸晕　人或非人 / 具体或人 / 二价 /– 小时 / 右指

摔晕　人 / 具体或人 / 二价 /– 小时 / 右指

灌晕　人或非人 / 具体或人 / 二价 /– 小时 / 右指

拍晕　人 / 具体或人 / 二价 /– 小时 / 右指

踢晕　人 / 具体或人 / 二价 /– 小时 / 右指

摇晕　人 / 具体或人 / 二价 /– 小时 / 右指

喝晕　非人 / 人（受影响者）/ 二价 /– 小时 / 右指

骂晕　人 / 人（受影响者）/ 二价 /– 小时 / 右指

玩晕　人 / 具体或人 / 二价 /– 小时 / 右指

打折　人 / 具体 / 二价 /– 小时 / 右指

吹折　非人 / 具体 / 二价 /– 小时 / 右指

撞折　具体 / 二价 /– 小时 / 右指

踢折　人 / 具体 / 二价 /– 小时 / 右指

砍折　人 / 具体 / 二价 /– 小时 / 右指

踩折　人 / 具体 / 二价 /– 小时 / 右指

踏折　人 / 具体 / 二价 /– 小时 / 右指

咬折　人 / 具体 / 二价 /– 小时 / 右指

卖亏　人 / 具体 / 二价 /– 小时 / 左指

买亏　人 / 具体 / 二价 /– 小时 / 左指

搞亏　人 / 具体 / 二价 /+ 小时 / 左指

冻饿　非人 / 具体 / 二价 /+ 小时 / 右指

走饿 人 / 人（受影响者）/ 二价 /+ 小时 / 右指

逛饿 人 / 人（受影响者）/ 二价 /+ 小时 / 右指

玩累 人 / 人（受影响者）/ 二价 /+ 小时 / 右指

喊累 人 / 具体 / 二价 /+ 小时 / 右指

跑累 人 / 具体 / 二价 /+ 小时 / 右指

打累 人 / 具体 / 二价 /+ 小时 / 右指

站累 人 / 具体 / 二价 /+ 小时 / 右指

写累 人 / 具体 / 二价 /+ 小时 / 右指

哭累 人 / 具体 / 二价 /+ 小时 / 右指

逛累 人 / 具体 / 二价 /+ 小时 / 右指

学累 人 / 具体 / 二价 /+ 小时 / 右指

坐累 人 / 具体 / 二价 /+ 小时 / 右指

干累 人 / 具体 / 二价 /+ 小时 / 右指

跳累 人或非人 / 具体 / 二价 /+ 小时 / 右指

吃累 人 / 具体 / 二价 /+ 小时 / 右指

游累 人或非人 / 具体 / 二价 /+ 小时 / 右指

读累 人 / 具体 / 二价 /+ 小时 / 右指

骑累 人 / 具体 / 二价 /+ 小时 / 右指

搞累 人 / 具体 / 二价 /+ 小时 / 右指

蹲累 人 / 具体 / 二价 /+ 小时 / 右指

爬累 人或非人 / 具体 / 二价 /+ 小时 / 右指

听累 人 / 具体 / 二价 /+ 小时 / 右指

骂累 人 / 具体或人 / 二价 /+ 小时 / 右指

挑累 人 / 具体 / 二价 /+ 小时 / 右指

抱累 人 / 具体 / 二价 /+ 小时 / 右指

吵累 人 / 具体 / 二价 /+ 小时 / 右指

撕裂 人 / 具体 / 二价 /– 小时 / 右指

炸裂 人或非人 / 具体 / 二价 /– 小时 / 右指

冻裂　非人 / 具体 / 二价 /+ 小时 / 右指
震裂　人 / 具体 / 二价 /– 小时 / 右指
胀裂　非人 / 具体 / 二价 /+ 小时 / 右指
撞裂　人 / 具体 / 二价 /+ 小时 / 右指
烧裂　非人 / 具体 / 二价 /– 小时 / 右指
喊渴　人 / 具体 / 二价 /+ 小时 / 右指
走渴　人 / 具体 / 二价 /+ 小时 / 右指
喊哑　人 / 具体 / 二价 /+ 小时 / 右指
打哑　人 / 具体 / 二价 /+ 小时 / 右指
吃哑　人 / 具体 / 二价 /+ 小时 / 右指
哭哑　人 / 具体 / 二价 /+ 小时 / 右指
练哑　人 / 具体 / 二价 /+ 小时 / 右指
唱哑　人 / 具体 / 二价 /+ 小时 / 右指
弄哑　人 / 具体 / 二价 /+ 小时 / 右指
问哑　人 / 具体 / 二价 /+ 小时 / 右指
累哑　人 / 具体 / 二价 /+ 小时 / 右指
炸哑　人 / 具体 / 二价 /– 小时 / 右指
滑落　人或非人 / 无受影响者 / 一价 /– 小时 / 左指
掉落　人或非人 / 无受影响者 / 一价 /– 小时 / 左指
弹落　人 / 具体 / 二价 /– 小时 / 右指
抖落　人 / 具体 / 二价 /– 小时 / 右指
吹落　人或非人 / 具体 / 二价 /– 小时 / 右指
溅落　非人 / 具体 / 二价 /– 小时 / 右指
撒落　人 / 具体 / 二价 /– 小时 / 右指
摇落　人或非人 / 具体 / 二价 /– 小时 / 右指
震落　人或非人 / 具体 / 二价 /– 小时 / 右指
斩落　人 / 具体或人 / 二价 /– 小时 / 右指
挑落　人 / 具体或人 / 二价 /– 小时 / 右指

推落 人 / 具体或人 / 二价 /– 小时 / 右指

撞落 人或非人 / 具体或人 / 二价 /– 小时 / 右指

扑落 人 / 具体或人 / 二价 /– 小时 / 右指

碰落 人或非人 / 具体或人 / 二价 /– 小时 / 右指

挤落 人 / 具体或人 / 二价 /– 小时 / 右指

选落 人 / 人（受影响者）/ 二价 /– 小时 / 右指

扯落 人 / 具体或人 / 二价 /– 小时 / 右指

报落 人 / 人（受影响者）/ 二价 /– 小时 / 右指

剁落 人 / 具体或人 / 二价 /– 小时 / 右指

踢落 人 / 具体或人 / 二价 /– 小时 / 右指

烧落 非人 / 具体 / 二价 /– 小时 / 右指

炸落 非人 / 具体 / 二价 /– 小时 / 右指

咬落 人或非人 / 具体 / 二价 /– 小时 / 右指

摘取 人 / 具体 / 二价 /– 小时 / 左指

赚取 人 / 具体 / 二价 /– 小时 / 左指

读取 人 / 具体 / 二价 /– 小时 / 左指

截取 人 / 具体 / 二价 /– 小时 / 左指

拾取 人 / 具体 / 二价 /– 小时 / 右指

抓取 人 / 具体 / 二价 /– 小时 / 右指

盗取 人 / 具体 / 二价 /– 小时 / 左指

赢取 人 / 具体或抽象 / 二价 /+ 小时 / 左指

打着 人 / 具体 / 二价 /– 小时 / 右指

睡着 人或非人 / 无受影响者 / 一价 /+ 小时 / 左指

点着 人 / 具体 / 二价 /– 小时 / 右指

摸着 人 / 具体或人 / 二价 /– 小时 / 右指

引着 人或非人 / 具体或人 / 二价 /– 小时 / 右指

烧着 人或非人 / 具体或人 / 二价 /– 小时 / 右指

抓着 人 / 具体或人 / 二价 /– 小时 / 右指

找着　人 / 具体或人 / 二价 /+ 小时 / 右指

猜着　人 / 具体或人 / 二价 /– 小时 / 右指

挣脱　人 / 具体或人 / 二价 /– 小时 / 右指

拉脱　人 / 具体或人 / 二价 /– 小时 / 右指

滑脱　人 / 具体 / 二价 /– 小时 / 右指

走脱　人 / 具体 / 二价 /+ 小时 / 右指

撕脱　人 / 具体 / 二价 /– 小时 / 右指

放脱　人 / 具体 / 二价 /– 小时 / 右指

打脱　人 / 具体 / 二价 /– 小时 / 右指

扯脱　人或非人 / 具体 / 二价 /– 小时 / 右指

弄脱　人或非人 / 具体 / 二价 /– 小时 / 右指

望见　人 / 具体或人 / 二价 /– 小时 / 左指

造成　人或非人 / 抽象 / 二价 /+ 小时 / 右指

变成　人或非人 / 具体或人 / 二价 /– 小时 / 左指

建成　人 / 具体 / 二价 /+ 小时 / 右指

制成　人 / 具体 / 二价 /+ 小时 / 右指

养成　人 / 抽象 / 二价 /+ 小时 / 右指

做成　人 / 具体 / 二价 /+ 小时 / 右指

学成　人 / 抽象 / 二价 /+ 小时 / 右指

编成　人 / 具体 / 二价 /+ 小时 / 右指

说成　人 / 抽象 / 二价 /– 小时 / 右指

换成　人 / 具体 / 二价 /– 小时 / 右指

译成　人 / 具体 / 二价 /+ 小时 / 右指

织成　人 / 具体 / 二价 /+ 小时 / 右指

打成　人 / 具体 / 二价 /– 小时 / 右指

想成　人 / 抽象 / 二价 /– 小时 / 右指

酿成　人 / 具体或抽象 / 二价 /– 小时 / 右指

装成　人 / 具体 / 二价 /– 小时 / 右指

炼成　人 / 具体或抽象 / 二价 /+ 小时 / 右指
扮成　人 / 具体或人 / 二价 /– 小时 / 右指
烧成　非人 / 具体 / 二价 /– 小时 / 右指
铸成　人 / 具体或抽象 / 二价 /+ 小时 / 右指
拍成　人 / 具体 / 二价 /– 小时 / 右指
筑成　人 / 具体 / 二价 /+ 小时 / 右指
砌成　人 / 具体 / 二价 /+ 小时 / 右指
弄成　人 / 具体 / 二价 /+ 小时 / 右指
搞成　人 / 具体 / 二价 /– 小时 / 右指
战成　人 / 具体 / 二价 /+ 小时 / 右指
割成　人 / 具体 / 二价 /– 小时 / 右指
转成　人 / 具体 / 二价 /– 小时 / 右指
卷成　人 / 具体 / 二价 /– 小时 / 右指
炸成　人 / 具体 / 二价 /– 小时 / 右指
堆成　人 / 具体 / 二价 /– 小时 / 右指
剪成　人 / 具体或抽象 / 二价 /– 小时 / 右指
凝成　人 / 具体 / 二价 /+ 小时 / 右指
响成　非人 / 无受影响者 / 一价 /– 小时 / 左指
撕成　人 / 具体 / 二价 /– 小时 / 右指
谈成　人 / 抽象 / 二价 /– 小时 / 右指
折成　人 / 具体 / 二价 /– 小时 / 右指
雕成　人 / 具体 / 二价 /+ 小时 / 右指
搭成　人 / 具体 / 二价 /+ 小时 / 右指
扎成　人 / 具体 / 二价 /– 小时 / 右指
铺成　人 / 具体 / 二价 /+ 小时 / 右指
干成　人 / 具体 / 二价 /– 小时 / 右指
捏成　人 / 具体 / 二价 /– 小时 / 右指
气成　人 / 抽象 / 二价 /– 小时 / 右指

煮成　人 / 具体 / 二价 /– 小时 / 右指

拧成　人 / 具体 / 二价 /– 小时 / 右指

揉成　人 / 具体 / 二价 /– 小时 / 右指

摆成　人 / 具体 / 二价 /– 小时 / 右指

剁成　人 / 具体 / 二价 /– 小时 / 右指

订成　人 / 具体 / 二价 /– 小时 / 右指

念成　人 / 具体 / 二价 /– 小时 / 右指

塑成　人 / 具体 / 二价 /– 小时 / 右指

涂成　人 / 具体 / 二价 /– 小时 / 右指

读成　人 / 具体 / 二价 /– 小时 / 右指

挤成　人 / 具体 / 二价 /– 小时 / 右指

标成　人 / 具体 / 二价 /– 小时 / 右指

摄成　人 / 具体 / 二价 /– 小时 / 右指

融成　人 / 具体 / 二价 /– 小时 / 右指

害成　人 / 具体 / 二价 /– 小时 / 右指

判成　人 / 具体 / 二价 /– 小时 / 右指

冻成　非人 / 具体 / 二价 /+ 小时 / 右指

包成　人 / 具体 / 二价 /– 小时 / 右指

绕成　人 / 具体 / 二价 /– 小时 / 右指

弯成　人或非人 / 具体 / 二价 /– 小时 / 右指

盘成　人 / 具体 / 二价 /– 小时 / 右指

哭成　人 / 具体 / 二价 /– 小时 / 右指

搅成　人 / 具体 / 二价 /– 小时 / 右指

挖成　人 / 具体 / 二价 /– 小时 / 右指

惯成　人 / 具体 / 二价 /+ 小时 / 右指

抱成　人 / 具体 / 二价 /– 小时 / 右指

梳成　人 / 具体 / 二价 /– 小时 / 右指

碾成　人 / 具体 / 二价 /– 小时 / 右指

劈成 人 / 具体 / 二价 /– 小时 / 右指
逼成 人 / 具体 / 二价 /– 小时 / 右指
垒成 人 / 具体 / 二价 /– 小时 / 右指
凿成 人 / 具体 / 二价 /– 小时 / 右指
刷成 人 / 具体 / 二价 /– 小时 / 右指
叫成 人 / 具体 / 二价 /– 小时 / 右指
盖成 人 / 具体 / 二价 /– 小时 / 右指
捣成 人 / 具体 / 二价 /– 小时 / 右指
晒成 非人 / 具体 / 二价 /– 小时 / 右指
裁成 人 / 具体 / 二价 /– 小时 / 右指
笑成 人 / 具体 / 二价 /– 小时 / 右指
揪成 人 / 具体 / 二价 /– 小时 / 右指
砍成 人 / 具体 / 二价 /– 小时 / 右指
整成 人 / 具体 / 二价 /– 小时 / 右指
撞成 人 / 具体 / 二价 /– 小时 / 右指
截成 人 / 具体 / 二价 /– 小时 / 右指
扭成 人 / 具体 / 二价 /– 小时 / 右指
讲成 人 / 具体 / 二价 /– 小时 / 右指
踢成 人 / 具体 / 二价 /– 小时 / 右指
炒成 人 / 具体 / 二价 /– 小时 / 右指
减成 人 / 具体 / 二价 /– 小时 / 右指
握成 人 / 具体 / 二价 /– 小时 / 右指
眯成 人 / 具体 / 二价 /– 小时 / 右指
勒成 人 / 具体 / 二价 /– 小时 / 右指
拆成 人 / 具体 / 二价 /– 小时 / 右指
砸成 人 / 具体 / 二价 /– 小时 / 右指
煎成 人 / 具体 / 二价 /– 小时 / 右指
吓成 人 / 具体 / 二价 /– 小时 / 右指

轧成　人 / 具体 / 二价 /– 小时 / 右指

掰成　人 / 具体 / 二价 /– 小时 / 右指

扯成　人 / 具体 / 二价 /– 小时 / 右指

缝成　人 / 具体 / 二价 /– 小时 / 右指

锯成　人 / 具体 / 二价 /– 小时 / 右指

辟成　人 / 具体 / 二价 /– 小时 / 右指

捆成　人 / 具体 / 二价 /– 小时 / 右指

钉成　人 / 具体 / 二价 /– 小时 / 右指

烤成　人 / 具体 / 二价 /– 小时 / 右指

泡成　人 / 具体 / 二价 /– 小时 / 右指

粘成　人 / 具体 / 二价 /– 小时 / 右指

伤成　人 / 具体 / 二价 /– 小时 / 右指

烫成　非人 / 具体 / 二价 /– 小时 / 右指

焊成　人 / 具体 / 二价 /– 小时 / 右指

跌成　人 / 具体 / 二价 /– 小时 / 右指

捻成　人 / 具体 / 二价 /– 小时 / 右指

踏成　人 / 具体 / 二价 /– 小时 / 右指

震成　非人 / 具体 / 二价 /– 小时 / 右指

咬成　人或非人 / 具体 / 二价 /– 小时 / 右指

裹成　人 / 具体 / 二价 /– 小时 / 右指

抓成　人或非人 / 具体 / 二价 /– 小时 / 右指

醉成　人 / 具体 / 二价 /– 小时 / 右指

剃成　人 / 具体 / 二价 /– 小时 / 右指

绑成　人 / 具体 / 二价 /– 小时 / 右指

脱成　人 / 具体 / 二价 /– 小时 / 右指

踩成　人或非人 / 具体 / 二价 /– 小时 / 右指

饿成　人或非人 / 具体 / 二价 /– 小时 / 右指

攒成　人 / 具体 / 二价 /– 小时 / 右指

榨成 人 / 具体 / 二价 /– 小时 / 右指
灌成 人 / 具体 / 二价 /– 小时 / 右指
抖成 人 / 具体 / 二价 /– 小时 / 右指
刨成 人 / 具体 / 二价 /– 小时 / 右指
喝成 人 / 具体 / 二价 /– 小时 / 右指
镂成 人 / 具体 / 二价 /– 小时 / 右指
捶成 人 / 具体 / 二价 /– 小时 / 右指
锈成 非人 / 具体 / 二价 /– 小时 / 右指
炖成 人 / 具体 / 二价 /– 小时 / 右指
镀成 人 / 具体 / 二价 /– 小时 / 右指
捅成 人 / 具体 / 二价 /– 小时 / 右指
沏成 人 / 具体 / 二价 /– 小时 / 右指
滑跌 非人 / 无受影响者 / 一价 /– 小时 / 左指
打跌 人 / 具体 / 二价 /– 小时 / 右指
射失 人 / 具体 / 二价 /– 小时 / 右指
罚失 人 / 具体 / 二价 /– 小时 / 右指
接失 人 / 具体 / 二价 /– 小时 / 右指
扑失 人 / 具体 / 二价 /– 小时 / 右指
打砸 人 / 具体 / 二价 /– 小时 / 右指
砍砸 人 / 具体 / 二价 /– 小时 / 右指
办砸 人 / 抽象 / 二价 /+ 小时 / 右指
演砸 人 / 抽象 / 二价 /+ 小时 / 右指
搞砸 人 / 抽象 / 二价 /+ 小时 / 右指
考砸 人 / 抽象 / 二价 /+ 小时 / 右指
弄砸 人 / 抽象 / 二价 /+ 小时 / 右指
干砸 人 / 抽象 / 二价 /+ 小时 / 右指
做砸 人 / 抽象 / 二价 /+ 小时 / 右指
唱砸 人 / 具体或抽象 / 二价 /+ 小时 / 右指

说怕　人 / 人（受影响者）/ 二价 /– 小时 / 右指

打怕　人 / 人（受影响者）/ 二价 /– 小时 / 右指

穷怕　人 / 无受影响者 / 一价 /+ 小时 / 左指

吃怕　人 / 具体 / 二价 /+ 小时 / 右指

饿怕　人 / 具体 / 二价 /+ 小时 / 右指

热怕　人 / 具体 / 二价 /+ 小时 / 右指

做怕　人 / 具体 / 二价 /+ 小时 / 右指

学怕　人 / 具体 / 二价 /+ 小时 / 右指

冷怕　人 / 具体 / 二价 /+ 小时 / 右指

喝迷　人 / 具体 / 二价 /+ 小时 / 右指

睡迷　人 / 具体 / 二价 /+ 小时 / 右指

报停　人 / 具体或抽象 / 二价 /+ 小时 / 右指

打赢　人 / 具体或抽象 / 二价 /+ 小时 / 左指

争赢　人 / 具体或抽象 / 二价 /+ 小时 / 左指

赌赢　人 / 具体 / 二价 /+ 小时 / 左指

跑赢　人 / 人（受影响者）/ 二价 /+ 小时 / 左指

算赢　人 / 具体或抽象 / 二价 /– 小时 / 左指

赛赢　人 / 具体或抽象 / 二价 /– 小时 / 左指

说赢　人 / 具体或抽象 / 二价 /– 小时 / 左指

踢赢　人 / 具体 / 二价 /– 小时 / 左指

斗赢　人 / 具体 / 二价 /– 小时 / 左指

打损　人 / 具体 / 二价 /– 小时 / 右指

弄瞎　人或非人 / 具体 / 三价 /– 小时 / 右指

打瞎　人 / 具体 / 三价 /– 小时 / 右指

抓瞎　人或非人 / 具体 / 三价 /– 小时 / 右指

哭瞎　人 / 具体 / 二价 /+ 小时 / 右指

戳瞎　人 / 具体 / 二价 /– 小时 / 右指

炸瞎　人 / 具体 / 三价 /– 小时 / 右指

射瞎 人 / 具体 / 三价 /– 小时 / 右指

搞瞎 人 / 具体 / 三价 /– 小时 / 右指

啄瞎 非人 / 具体 / 三价 /– 小时 / 右指

套瞎 人 / 具体 / 二价 /– 小时 / 右指

熏瞎 非人 / 具体 / 三价 /+ 小时 / 右指

累瞎 非人 / 具体 / 三价 /+ 小时 / 右指

卖缺 人 / 具体 / 二价 /+ 小时 / 右指

售缺 非人 / 具体 /+ 小时 / 右指

吃腻 人 / 具体 / 二价 /+ 小时 / 左指

玩腻 人 / 具体 / 二价 /+ 小时 / 左指

看腻 人 / 具体 / 二价 /+ 小时 / 左指

听腻 人 / 具体 / 二价 /+ 小时 / 左指

活腻 人 / 无受影响者 / 二价 /+ 小时 / 左指

用腻 人 / 具体 / 二价 /+ 小时 / 左指

待腻 人 / 具体 / 二价 /+ 小时 / 左指

住腻 人 / 具体 / 二价 /+ 小时 / 左指

坐腻 人 / 具体 / 二价 /+ 小时 / 左指

喝腻 人 / 具体 / 二价 /+ 小时 / 左指

花腻 人 / 具体 / 二价 /+ 小时 / 左指

骑腻 人 / 具体 / 二价 /+ 小时 / 左指

跳腻 人 / 具体 / 二价 /+ 小时 / 左指

睡腻 人 / 具体 / 二价 /+ 小时 / 左指

扮腻 人 / 具体或人 /+ 小时 / 左指

唱腻 人 / 具体 / 二价 /+ 小时 / 左指

写腻 人 / 具体 / 二价 /+ 小时 / 左指

走困 人 / 无受影响者 / 一价 /+ 小时 / 左指

吃困 人 / 具体 / 二价 /+ 小时 / 右指

触怒 人 / 人（受影响者）/ 二价 /– 小时 / 右指

惹怒　人或非人 / 人（受影响者）/ 二价 /– 小时 / 右指

惹火　人或非人 / 人（受影响者）/ 二价 /– 小时 / 右指

演火　人 / 具体 / 二价 /+ 小时 / 右指

震塌　非人 / 具体 / 二价 /– 小时 / 右指

压塌　人或非人 / 具体 / 二价 /– 小时 / 右指

打塌　人 / 具体 / 二价 /– 小时 / 右指

烧塌　非人 / 具体 / 二价 /– 小时 / 右指

挤塌　人 / 具体 / 二价 /– 小时 / 右指

砸塌　人 / 具体 / 二价 /– 小时 / 右指

吹塌　非人 / 具体 / 二价 /– 小时 / 右指

渗漏　非人 / 具体 / 二价 /– 小时 / 右指

听漏　人 / 具体或抽象 / 二价 /– 小时 / 右指

抓漏　人 / 具体 / 二价 /– 小时 / 右指

听愣　非人 / 无受影响者 / 一价 /– 小时 / 左指

问愣　人 / 人（受影响者）/ 二价 /– 小时 / 右指

搞愣　人 / 人（受影响者）/ 二价 /– 小时 / 右指

照亮　非人 / 具体 / 二价 /+ 小时 / 右指

开亮　人 / 具体 / 二价 /– 小时 / 右指

擦亮　人 / 具体 / 二价 /– 小时 / 右指

扭亮　人 / 具体 / 二价 /– 小时 / 右指

抹亮　人 / 具体 / 二价 /– 小时 / 右指

打亮　人 / 具体 / 二价 /– 小时 / 右指

奏明　人 / 具体 / 二价 /+ 小时 / 右指

据明　人 / 具体或抽象 / 二价 /– 小时 / 右指

写明　人 / 具体或抽象 / 二价 /– 小时 / 右指

注明　人 / 具体或抽象 / 二价 /– 小时 / 右指

辨明　人 / 具体或抽象 / 二价 /+ 小时 / 右指

查明　人 / 具体、抽象或人 / 二价 /+ 小时 / 右指

探明 人 / 具体或抽象 / 二价 /+ 小时 / 右指

点明 人 / 抽象 / 二价 /– 小时 / 右指

验明 人 / 抽象或人 / 二价 /– 小时 / 右指

禀明 人 / 抽象 / 二价 /– 小时 / 右指

挑明 人 / 抽象 / 二价 /– 小时 / 右指

认明 人 / 抽象或人 / 二价 /– 小时 / 右指

摆明 人 / 抽象 / 二价 /– 小时 / 右指

射光 人 / 具体 / 二价 /+ 小时 / 右指

吃光 人或非人 / 具体 / 二价 /+ 小时 / 右指

抢光 人 / 具体 / 二价 /+ 小时 / 右指

脱光 人 / 具体 / 二价 /– 小时 / 右指

打光 人 / 具体 / 二价 /+ 小时 / 右指

放光 人 / 具体 / 二价 /– 小时 / 右指

烧光 人 / 具体 / 二价 /– 小时 / 右指

剃光 人 / 具体 / 二价 /– 小时 / 右指

杀光 人 / 具体或人 / 二价 /– 小时 / 右指

喝光 人 / 具体 / 二价 /– 小时 / 右指

卖光 人 / 具体 / 二价 /– 小时 / 右指

输光 人 / 具体 / 二价 /– 小时 / 右指

吸光 人 / 具体 / 二价 /– 小时 / 右指

剥光 人 / 具体 / 二价 /– 小时 / 右指

掉光 非人 / 具体 / 二价 /– 小时 / 右指

跑光 人或非人 / 具体或人 / 二价 /– 小时 / 右指

砍光 人 / 具体 / 二价 /– 小时 / 右指

忘光 人 / 具体或抽象 / 二价 /– 小时 / 右指

溜光 人 / 无受影响者 / 一价 /– 小时 / 左指

拔光 人 / 具体 / 二价 /– 小时 / 右指

刮光 人 / 具体 / 二价 /– 小时 / 右指

落光 非人 / 无受影响者 / 一价 /– 小时 / 左指

丢光 非人 / 具体 / 二价 /– 小时 / 右指

扒光 人 / 具体 / 二价 /– 小时 / 右指

刨光 人 / 具体 / 二价 /– 小时 / 右指

买光 人 / 具体 / 二价 /+ 小时 / 右指

赔光 人 / 具体 / 二价 /– 小时 / 右指

搞光 人 / 具体 / 二价 /+ 小时 / 右指

啃光 人 / 具体 / 二价 /– 小时 / 右指

炸光 人 / 具体 / 二价 /– 小时 / 右指

拆光 人 / 具体 / 二价 /+ 小时 / 右指

换光 人 / 具体 / 二价 /– 小时 / 右指

提光 人 / 具体 / 二价 /– 小时 / 右指

抽光 人 / 具体 / 二价 /– 小时 / 右指

饮光 人 / 具体 / 二价 /– 小时 / 右指

捉光 人 / 具体或人 / 二价 /+ 小时 / 右指

吐光 人 / 具体 / 二价 /– 小时 / 右指

摸光 人 / 具体 / 二价 /– 小时 / 右指

剪光 人 / 具体 / 二价 /– 小时 / 右指

撤光 人 / 具体或人 / 二价 /– 小时 / 右指

摘光 人 / 具体 / 二价 /+ 小时 / 右指

撕光 人 / 具体 / 二价 /– 小时 / 右指

吞光 人 / 具体 / 二价 /– 小时 / 右指

删光 人 / 具体或抽象 / 二价 /– 小时 / 右指

扯光 人 / 具体 / 二价 /– 小时 / 右指

踩光 人 / 具体 / 二价 /– 小时 / 右指

掸光 人 / 具体 / 二价 /– 小时 / 右指

写秃 人 / 具体 / 二价 /+ 小时 / 右指

揉皱 人 / 具体 / 二价 /– 小时 / 右指

折皱　人 / 具体 / 二价 /– 小时 / 右指
吹皱　人 / 具体 / 二价 /– 小时 / 右指
弄皱　人 / 具体 / 二价 /– 小时 / 右指
捏皱　人 / 具体 / 二价 /– 小时 / 右指
吓退　人或非人 / 具体或人 / 二价 /– 小时 / 右指
喝退　人 / 具体或人 / 二价 /– 小时 / 右指
惊退　人 / 具体或人 / 二价 /– 小时 / 右指
射退　人 / 具体或人 / 二价 /– 小时 / 右指
勒退　人 / 人（受影响者）/ 二价 /– 小时 / 右指
打退　人 / 人（受影响者）/ 二价 /+ 小时 / 右指
击退　人 / 人（受影响者）/ 二价 /+ 小时 / 右指
烧化　非人 / 具体 / 二价 /+ 小时 / 右指
烤化　非人 / 具体 / 二价 /+ 小时 / 右指
谈崩　人 / 抽象 / 二价 /+ 小时 / 右指
饿瘪　人或非人 / 具体 / 二价 /+ 小时 / 右指
撞瘪　人 / 具体 / 二价 /– 小时 / 右指
砸瘪　人 / 具体 / 二价 /– 小时 / 右指
扎瘪　人 / 具体 / 二价 /– 小时 / 右指
炸残　人或非人 / 具体或人 / 二价 /– 小时 / 右指
热蒙　非人 / 具体或人 / 二价 /+ 小时 / 右指
吓蒙　人或非人 / 人（受影响者）/ 二价 /– 小时 / 右指
弄蒙　人或非人 / 人（受影响者）/ 二价 /– 小时 / 右指
听蒙　非人 / 人（受影响者）/ 二价 /– 小时 / 右指
搞蒙　人或非人 / 人（受影响者）/ 二价 /– 小时 / 右指
喝蒙　非人 / 具体或人 / 二价 /+ 小时 / 右指
掩没　人 / 具体或抽象 / 二价 /+ 小时 / 右指
打没　人 / 具体 / 二价 /– 小时 / 右指
弄没　人 / 具体 / 二价 /– 小时 / 右指

毁没　人 / 具体或抽象 / 二价 /+ 小时 / 右指
撞没　人或非人 / 具体 / 二价 /– 小时 / 右指
搞垮　人 / 抽象或人 / 二价 /+ 小时 / 右指
冲垮　非人 / 具体 / 二价 /– 小时 / 右指
压垮　人或非人 / 具体 / 二价 /– 小时 / 右指
拖垮　人或非人 / 抽象或人 / 二价 /+ 小时 / 右指
挤垮　人或非人 / 具体 / 二价 /– 小时 / 右指
摧垮　人 / 具体或抽象 / 二价 /– 小时 / 右指
击垮　人 / 具体或人 / 二价 /– 小时 / 右指
累垮　人或非人 / 人（受影响者）/ 二价 /+ 小时 / 右指
打垮　人 / 具体、抽象或人 / 二价 /+ 小时 / 右指
弄垮　人 / 具体 / 二价 /– 小时 / 右指
震垮　人或非人 / 具体 / 二价 /– 小时 / 右指
炸垮　人或非人 / 具体 / 二价 /– 小时 / 右指
打瘸　人 / 具体或人 / 二价 /– 小时 / 右指
装聋　人 / 无受影响者 / 一价 /– 小时 / 左指
打肿　人 / 具体或人 / 二价 /– 小时 / 右指
哭肿　人 / 具体 / 二价 /+ 小时 / 右指
磕肿　人 / 具体 / 二价 /– 小时 / 右指
撞肿　人 / 具体 / 二价 /– 小时 / 右指
踢肿　人 / 具体 / 二价 /– 小时 / 右指
烫肿　非人 / 具体 / 二价 /– 小时 / 右指
抽空　人 / 具体 / 二价 /– 小时 / 右指
挖空　人 / 具体 / 二价 /– 小时 / 右指
卖空　人 / 具体 / 二价 /+ 小时 / 右指
排空　人 / 具体 / 二价 /– 小时 / 右指
掏空　人 / 具体 / 二价 /– 小时 / 右指
踏空　人 / 具体 / 二价 /– 小时 / 右指

吸空　人 / 具体 / 二价 /– 小时 / 右指

倒空　人 / 具体 / 二价 /– 小时 / 右指

购空　人 / 具体 / 二价 /+ 小时 / 右指

踩空　人 / 具体 / 二价 /– 小时 / 右指

搬空　人 / 具体 / 二价 /+ 小时 / 右指

抓空　人 / 具体 / 二价 /– 小时 / 右指

劈空　人 / 具体 / 二价 /– 小时 / 右指

喝空　人 / 具体 / 二价 /+ 小时 / 右指

蹬空　人 / 具体 / 二价 /– 小时 / 右指

撤空　人 / 具体 / 二价 /+ 小时 / 右指

踢空　人 / 具体 / 二价 /– 小时 / 右指

吃饱　人 / 具体 / 二价 /– 小时 / 右指

填饱　人 / 具体 / 二价 /– 小时 / 右指

喝饱　人 / 具体 / 二价 /– 小时 / 右指

气饱　非人 / 具体 / 二价 /– 小时 / 右指

灌饱　人 / 具体 / 二价 /– 小时 / 右指

看饱　人 / 具体 / 二价 /– 小时 / 左指

赚饱　人 / 具体 / 二价 /+ 小时 / 左指

捞饱　人 / 具体 / 二价 /+ 小时 / 左指

煮沸　人 / 具体 / 二价 /– 小时 / 右指

烧沸　人 / 具体 / 二价 /– 小时 / 右指

补中　人 / 具体 / 二价 /– 小时 / 右指

买中　人 / 具体 / 二价 /– 小时 / 右指

投中　人 / 具体 / 二价 /– 小时 / 右指

圈中　人 / 具体 / 二价 /– 小时 / 右指

打中　人 / 具体或人 / 二价 /– 小时 / 右指

点中　人 / 具体 / 二价 /– 小时 / 右指

划中　人 / 具体或人 / 二价 /– 小时 / 右指

击中　人 / 具体或人 / 二价 /– 小时 / 右指
选中　人 / 具体或人 / 二价 /+ 小时 / 右指
射中　人 / 具体或人 / 二价 /– 小时 / 右指
考中　人 / 抽象 / 二价 /+ 小时 / 右指
猜中　人 / 抽象 / 二价 /– 小时 / 右指
撞中　人 / 具体 / 二价 /– 小时 / 右指
挑中　人 / 具体或人 / 二价 /– 小时 / 右指
踢中　人 / 具体 / 二价 /– 小时 / 右指
扎中　人 / 具体 / 二价 /– 小时 / 右指
押中　人 / 具体 / 二价 /– 小时 / 右指
摸中　人 / 具体 / 二价 /– 小时 / 右指
踩中　人 / 具体 / 二价 /– 小时 / 右指
踹中　人 / 具体 / 二价 /– 小时 / 右指
煮熟　人 / 具体 / 二价 /– 小时 / 右指
蒸熟　人 / 具体 / 二价 /– 小时 / 右指
炒熟　人 / 具体 / 二价 /– 小时 / 右指
烤熟　人 / 具体 / 二价 /– 小时 / 右指
背熟　人 / 具体 / 二价 /– 小时 / 右指
炸熟　人 / 具体 / 二价 /– 小时 / 右指
烧熟　人 / 具体 / 二价 /– 小时 / 右指
炖熟　人 / 具体 / 二价 /– 小时 / 右指
睡熟　人 / 无受影响者 / 一价 /– 小时 / 左指
练熟　人 / 抽象具体 / 二价 /+ 小时 / 右指
摸熟　人 / 抽象 / 二价 /+ 小时 / 右指
焖熟　人 / 具体 / 二价 /– 小时 / 右指
烘熟　人 / 具体 / 二价 /+ 小时 / 右指
熬熟　人 / 具体 / 二价 /– 小时 / 右指
泡熟　人 / 具体 / 二价 /– 小时 / 右指

冻熟　非人 / 具体 / 二价 /+ 小时 / 右指

气疯　人或非人 / 人（受影响者）/ 二价 /+ 小时 / 右指

穷疯　非人 / 人（受影响者）/ 二价 /+ 小时 / 右指

弄疯　人或非人 / 人（受影响者）/ 二价 /+ 小时 / 右指

捣烂　人 / 具体 / 二价 /– 小时 / 右指

砸烂　人 / 具体或抽象 / 二价 /– 小时 / 右指

打烂　人 / 具体 / 二价 /– 小时 / 右指

煮烂　非人 / 具体 / 二价 /– 小时 / 右指

撕烂　人 / 具体 / 二价 /– 小时 / 右指

炖烂　人或非人 / 具体 / 二价 /– 小时 / 右指

烧烂　非人 / 具体 / 二价 /– 小时 / 右指

咬烂　人 / 具体 / 二价 /– 小时 / 右指

翻烂　人 / 具体 / 二价 /– 小时 / 右指

蒸烂　人 / 具体 / 二价 /+ 小时 / 右指

穿烂　人 / 具体 / 二价 /– 小时 / 右指

踩烂　人 / 具体 / 二价 /– 小时 / 右指

吃烂　人 / 具体 / 二价 /+ 小时 / 右指

炸烂　人或非人 / 具体 / 二价 /– 小时 / 右指

扯烂　人 / 具体 / 二价 /– 小时 / 右指

剁烂　人 / 具体 / 二价 /– 小时 / 右指

踏烂　人 / 具体 / 二价 /– 小时 / 右指

团烂　人 / 具体 / 二价 /– 小时 / 右指

跑烂　人 / 具体 / 二价 /– 小时 / 右指

压烂　人或非人 / 具体 / 二价 /– 小时 / 右指

煨烂　人 / 具体 / 二价 /+ 小时 / 右指

泡烂　人 / 具体 / 二价 /+ 小时 / 右指

戳烂　人 / 具体 / 二价 /– 小时 / 右指

踢烂　人 / 具体 / 二价 /– 小时 / 右指

碾烂　非人 / 具体 / 二价 /– 小时 / 右指

抓烂　人 / 具体 / 二价 /– 小时 / 右指

扎烂　人 / 具体 / 二价 /– 小时 / 右指

背烂　人 / 具体 / 二价 /+ 小时 / 右指

挤烂　人 / 具体 / 二价 /– 小时 / 右指

搅烂　人 / 具体 / 二价 /– 小时 / 右指

搞烂　人 / 具体 / 二价 /+ 小时 / 右指

搓烂　人 / 具体 / 二价 /+ 小时 / 右指

劈烂　人 / 具体 / 二价 /– 小时 / 右指

绞烂　人 / 具体 / 二价 /– 小时 / 右指

玩烂　人 / 具体 / 二价 /+ 小时 / 右指

烤烂　人或非人 / 具体 / 二价 /+ 小时 / 右指

抠烂　人 / 具体 / 二价 /– 小时 / 右指

装满　人 / 具体或人 / 二价 /– 小时 / 右指

挤满　人 / 具体或人 / 二价 /– 小时 / 右指

堆满　人 / 具体 / 二价 /– 小时 / 右指

挂满　人 / 具体 / 二价 /– 小时 / 右指

摆满　人 / 具体 / 二价 /– 小时 / 右指

沾满　非人 / 具体 / 二价 /– 小时 / 右指

填满　人 / 具体 / 二价 /– 小时 / 右指

塞满　人 / 具体或人 / 二价 /– 小时 / 右指

坐满　人 / 人（受影响者）/ 二价 /– 小时 / 右指

种满　人 / 具体 / 二价 /– 小时 / 右指

铺满　人 / 具体 / 二价 /– 小时 / 右指

写满　人 / 具体 / 二价 /– 小时 / 右指

洒满　人或非人 / 具体 / 二价 /– 小时 / 右指

胀满　非人 / 具体 / 二价 /– 小时 / 右指

灌满　人 / 具体 / 二价 /– 小时 / 右指

贴满 人 / 具体 / 二价 /– 小时 / 右指

开满 非人 / 具体 / 二价 /+ 小时 / 右指

斟满 人 / 具体 / 二价 /– 小时 / 右指

占满 人 / 具体 / 二价 /– 小时 / 右指

落满 非人 / 具体 / 二价 /– 小时 / 右指

打满 人 / 具体 / 二价 /+ 小时 / 右指

排满 人 / 具体或抽象 / 二价 /+ 小时 / 右指

爬满 非人 / 具体或人 / 二价 /+ 小时 / 右指

涂满 人 / 具体 / 二价 /+ 小时 / 右指

缀满 人 / 具体 / 二价 /– 小时 / 右指

注满 人或非人 / 具体 / 二价 /– 小时 / 右指

积满 人或非人 / 具体 / 二价 /+ 小时 / 右指

放满 人 / 具体 / 二价 /+ 小时 / 右指

溢满 人或非人 / 具体 / 二价 /– 小时 / 右指

倒满 人 / 具体 / 二价 /– 小时 / 右指

围满 人 / 人（受影响者）/ 二价 /– 小时 / 右指

插满 人 / 具体 / 二价 /– 小时 / 右指

刻满 人 / 具体 / 二价 /– 小时 / 右指

加满 人 / 具体 / 二价 /– 小时 / 右指

溅满 非人 / 具体 / 二价 /– 小时 / 右指

载满 非人 / 具体 / 二价 /– 小时 / 右指

结满 非人 / 具体 / 二价 /– 小时 / 右指

画满 人 / 具体 / 二价 /– 小时 / 右指

停满 人 / 具体 / 二价 /– 小时 / 右指

粘满 人 / 具体 / 二价 /– 小时 / 右指

飘满 人 / 具体 / 二价 /– 小时 / 右指

扑满 人 / 具体 / 二价 /– 小时 / 右指

镶满 人 / 具体 / 二价 /– 小时 / 右指

蓄满　人 / 具体 / 二价 /– 小时 / 右指

聚满　人 / 具体 / 二价 /– 小时 / 右指

糊满　人 / 具体 / 二价 /– 小时 / 右指

缠满　人 / 具体 / 二价 /– 小时 / 右指

戴满　人 / 具体 / 二价 /– 小时 / 右指

吸满　人 / 具体 / 二价 /– 小时 / 右指

扎满　人 / 具体 / 二价 /– 小时 / 右指

雕满　人 / 具体 / 二价 /– 小时 / 右指

蘸满　人 / 具体 / 二价 /– 小时 / 右指

绘满　人 / 具体 / 二价 /– 小时 / 右指

标满　人 / 具体 / 二价 /– 小时 / 右指

撑满　人 / 具体 / 二价 /– 小时 / 右指

铸满　人 / 具体 / 二价 /– 小时 / 右指

趴满　人 / 具体或人 / 二价 /– 小时 / 右指

映满　人 / 具体 / 二价 /– 小时 / 右指

跪满　人 / 人（受影响者）/ 二价 /– 小时 / 右指

滴满　人或非人 / 具体 / 二价 /– 小时 / 右指

吹满　人或非人 / 具体 / 二价 /– 小时 / 右指

擦满　人 / 具体 / 二价 /– 小时 / 右指

摊满　人 / 具体 / 二价 /– 小时 / 右指

拽满　人 / 具体 / 二价 /– 小时 / 右指

抄满　人 / 具体 / 二价 /– 小时 / 右指

骑满　人 / 人（受影响者）/ 二价 /– 小时 / 右指

赚满　人 / 具体 / 二价 /+ 小时 / 右指

弄错　人 / 抽象或人 / 二价 /– 小时 / 右指

出错　人 / 具体 / 二价 /– 小时 / 右指

做错　人 / 抽象 / 二价 /– 小时 / 右指

说错　人 / 具体或抽象 / 二价 /– 小时 / 右指

走错　人 / 具体 / 二价 /– 小时 / 右指

搞错　人 / 抽象 / 二价 /– 小时 / 右指

看错　人 / 具体、抽象或人 / 二价 /– 小时 / 右指

写错　人 / 具体 / 二价 /– 小时 / 右指

记错　人 / 具体或人 / 二价 /– 小时 / 右指

打错　人 / 具体或人 / 二价 /– 小时 / 右指

听错　人 / 具体 / 二价 /– 小时 / 右指

算错　人 / 具体或抽象 / 二价 /– 小时 / 右指

想错　人 / 抽象 / 二价 /+ 小时 / 右指

找错　人 / 具体或人 / 二价 /– 小时 / 右指

猜错　人 / 抽象 / 二价 /– 小时 / 右指

印错　人 / 具体 / 二价 /– 小时 / 右指

端错　人 / 具体 / 二价 /– 小时 / 右指

读错　人 / 具体 / 二价 /– 小时 / 右指

放错　人 / 具体或人 / 二价 /– 小时 / 右指

用错　人 / 具体或人 / 二价 /– 小时 / 右指

种错　人 / 具体 / 二价 /– 小时 / 右指

排错　人 / 具体 / 二价 /– 小时 / 右指

译错　人 / 具体 / 二价 /– 小时 / 右指

投错　人 / 具体或抽象 / 二价 /– 小时 / 右指

抓错　人 / 具体或人 / 二价 /– 小时 / 右指

数错　人 / 具体、抽象或人 / 二价 /– 小时 / 右指

按错　人 / 具体或人 / 二价 /– 小时 / 右指

报错　人 / 抽象 / 二价 /– 小时 / 右指

抄错　人 / 具体或抽象 / 二价 /– 小时 / 右指

送错　人 / 具体或人 / 二价 /– 小时 / 右指

拼错　人 / 具体 / 二价 /– 小时 / 右指

划错　人 / 具体或抽象 / 二价 /– 小时 / 右指

查错　人 / 具体、抽象或人 / 二价 /– 小时 / 右指

摆错　人 / 具体 / 二价 /– 小时 / 右指

嫁错　人 / 人（受影响者）/ 二价 /– 小时 / 右指

配错　人 / 具体 / 二价 /– 小时 / 右指

买错　人 / 具体 / 二价 /– 小时 / 右指

盖错　人 / 具体 / 二价 /– 小时 / 右指

跑错　人 / 具体 / 二价 /– 小时 / 右指

背错　人 / 具体 / 二价 /– 小时 / 右指

关错　人 / 具体 / 二价 /– 小时 / 右指

播错　人 / 具体 / 二价 /– 小时 / 右指

摸错　人 / 具体 / 二价 /– 小时 / 右指

插错　人 / 具体 / 二价 /– 小时 / 右指

批错　人 / 具体 / 二价 /– 小时 / 右指

抱错　人 / 具体 / 二价 /– 小时 / 右指

提错　人 / 具体 / 二价 /– 小时 / 右指

扣错　人 / 具体或抽象 / 二价 /– 小时 / 右指

拍错　人 / 具体 / 二价 /– 小时 / 右指

捉错　人 / 具体或人 / 二价 /– 小时 / 右指

卖错　人 / 具体 / 二价 /– 小时 / 右指

骂错　人 / 人（受影响者）/ 二价 /– 小时 / 右指

掏错　人 / 具体 / 二价 /– 小时 / 右指

喝错　人 / 具体 / 二价 /– 小时 / 右指

扯错　人 / 具体 / 二价 /– 小时 / 右指

鼓足　人 / 抽象 / 二价 /+ 小时 / 右指

开足　人 / 抽象 / 二价 /+ 小时 / 右指

做足　人 / 抽象 / 二价 /+ 小时 / 右指

喝足　人 / 具体 / 二价 /– 小时 / 右指

憋足　人 / 抽象 / 二价 /+ 小时 / 右指

睡足 人 / 抽象 / 二价 /+ 小时 / 右指

养足 人 / 抽象 / 二价 /+ 小时 / 右指

吸足 人 / 具体 / 二价 /+ 小时 / 右指

缴足 人 / 具体 / 二价 /– 小时 / 右指

加足 人 / 具体或抽象 / 二价 /– 小时 / 右指

攒足 人 / 抽象 / 二价 /+ 小时 / 右指

买足 人 / 具体 / 二价 /– 小时 / 右指

捞足 人 / 具体或抽象 / 二价 /+ 小时 / 右指

蓄足 人 / 具体 / 二价 /+ 小时 / 右指

吃够 人 / 具体 / 二价 /+ 小时 / 右指

受够 人 / 抽象 / 二价 /+ 小时 / 右指

看够 人 / 具体或人 / 二价 /+ 小时 / 左指

玩够 人 / 具体 / 二价 /+ 小时 / 左指

攒够 人 / 具体 / 二价 /+ 小时 / 右指

睡够 人 / 无受影响者 / 一价 /+ 小时 / 左指

哭够 人 / 无受影响者 / 一价 /+ 小时 / 左指

交够 人 / 具体 / 二价 /+ 小时 / 右指

买够 人 / 具体 / 二价 /+ 小时 / 右指

讲够 人 / 抽象 / 二价 /+ 小时 / 右指

骂够 人 / 具体、抽象或人 / 三价 /+ 小时 / 左指

逛够 人 / 具体 / 二价 /+ 小时 / 左指

铺平 人 / 具体或抽象 / 二价 /+ 小时 / 右指

削平 人 / 具体 / 二价 /+ 小时 / 右指

筑平 人 / 具体 / 二价 /+ 小时 / 右指

压平 人 / 具体 / 二价 /– 小时 / 右指

抚平 人 / 具体或抽象 / 二价 /+ 小时 / 右指

踢平 人 / 具体 / 二价 /– 小时 / 右指

夷平 人 / 具体 / 二价 /+ 小时 / 右指

追平　人 / 抽象 / 二价 /+ 小时 / 右指

踏平　人 / 具体或抽象 / 二价 /+ 小时 / 右指

熨平　人 / 具体 / 二价 /– 小时 / 右指

摊平　人 / 具体 / 二价 /– 小时 / 右指

铲平　人 / 具体或抽象 / 二价 /+ 小时 / 右指

炸平　人 / 具体 / 二价 /– 小时 / 右指

烫平　人 / 具体 / 二价 /– 小时 / 右指

打平　人 / 具体、抽象或人 / 二价 /+ 小时 / 右指

填平　人 / 具体 / 二价 /+ 小时 / 右指

刮平　人 / 具体 / 二价 /– 小时 / 右指

垫平　人 / 具体 / 二价 /– 小时 / 右指

耙平　人 / 具体 / 二价 /– 小时 / 右指

掘平　人 / 具体 / 二价 /+ 小时 / 右指

刷平　人 / 具体 / 二价 /– 小时 / 右指

砌平　人 / 具体 / 二价 /+ 小时 / 右指

凿平　人 / 具体 / 二价 /– 小时 / 右指

碾平　人 / 具体 / 二价 /– 小时 / 右指

擦平　人 / 具体 / 二价 /– 小时 / 右指

饿急　人 / 无受影响者 / 一价 /+ 小时 / 左指

说完　人 / 抽象 / 二价 /– 小时 / 右指

花完　人 / 具体 / 二价 /– 小时 / 右指

买完　人 / 具体 / 二价 /– 小时 / 右指

收完　人 / 具体 / 二价 /– 小时 / 右指

织完　人 / 具体 / 二价 /– 小时 / 右指

跑完　人 / 抽象 / 二价 /– 小时 / 右指

演完　人 / 具体或抽象 / 二价 /+ 小时 / 右指

唱完　人 / 抽象 / 二价 /– 小时 / 右指

拍完　人 / 具体 / 二价 /– 小时 / 右指

算完　人 / 具体 / 二价 /– 小时 / 右指

种完　人 / 具体 / 二价 /– 小时 / 右指

讲完　人 / 具体或抽象 / 二价 /+ 小时 / 右指

读完　人 / 具体或抽象 / 二价 /– 小时 / 右指

吃完　人或非人 / 具体 / 二价 /– 小时 / 右指

听完　人 / 具体或抽象 / 二价 /– 小时 / 右指

做完　人 / 具体或抽象 / 二价 /– 小时 / 右指

走完　人 / 抽象 / 二价 /– 小时 / 右指

打完　人 / 具体 / 二价 /– 小时 / 右指

喝完　人或非人 / 具体 / 二价 /– 小时 / 右指

学完　人 / 具体或抽象 / 二价 /+ 小时 / 右指

修完　人 / 具体或抽象 / 二价 /+ 小时 / 右指

卖完　人 / 具体 / 二价 /+ 小时 / 右指

售完　人 / 具体 / 二价 /+ 小时 / 右指

谈完　人 / 抽象 / 二价 /– 小时 / 右指

标完　人 / 具体 / 二价 /– 小时 / 右指

画完　人 / 具体 / 二价 /+ 小时 / 右指

改完　人 / 具体或抽象 / 二价 /+ 小时 / 右指

考完　人 / 具体 / 二价 /+ 小时 / 右指

赛完　人 / 具体或抽象 / 二价 /+ 小时 / 右指

放完　人 / 具体、抽象或人 / 二价 /– 小时 / 右指

烧完　人 / 具体 / 二价 /+ 小时 / 右指

服完　人 / 具体 / 二价 /– 小时 / 右指

抽完　人 / 具体 / 二价 /– 小时 / 右指

播完　人 / 具体 / 二价 /+ 小时 / 右指

割完　人 / 具体 / 二价 /– 小时 / 右指

搞完　人 / 具体或抽象 / 二价 /+ 小时 / 右指

问完　人 / 抽象 / 二价 /– 小时 / 右指

结完　人 / 具体 / 二价 /– 小时 / 右指

验完　人 / 抽象 / 二价 /+ 小时 / 右指

跳完　人或非人 / 抽象 / 二价 /– 小时 / 右指

卸完　人 / 具体 / 二价 /– 小时 / 右指

耗完　人或非人 / 具体或抽象 / 二价 /+ 小时 / 右指

扫完　人 / 具体 / 二价 /– 小时 / 右指

射完　人 / 具体 / 二价 /– 小时 / 右指

擦完　人 / 具体 / 二价 /– 小时 / 右指

踢完　人 / 具体 / 二价 /– 小时 / 右指

抄完　人 / 具体 / 二价 /+ 小时 / 右指

赠完　人 / 具体 / 二价 /+ 小时 / 右指

领完　人 / 具体 / 二价 /+ 小时 / 右指

弄完　人 / 具体 / 二价 /+ 小时 / 右指

哭完　人 / 具体 / 二价 /– 小时 / 右指

搬完　人 / 具体 / 二价 /– 小时 / 右指

杀完　人 / 具体或人 / 二价 /– 小时 / 右指

铺完　人 / 具体 / 二价 /– 小时 / 右指

测完　人 / 具体 / 二价 /+ 小时 / 右指

翻完　人 / 具体 / 二价 /– 小时 / 右指

撤完　人 / 具体或人 / 二价 /– 小时 / 右指

吵完　人 / 抽象 / 二价 /– 小时 / 右指

撒完　人 / 具体 / 二价 /– 小时 / 右指

迁完　人 / 具体或人 / 二价 /+ 小时 / 右指

吐完　人 / 具体 / 二价 /– 小时 / 右指

喂完　人 / 具体或人 / 二价 /– 小时 / 右指

炸完　人 / 具体 / 二价 /– 小时 / 右指

找完　人 / 具体或人 / 二价 /– 小时 / 右指

啃完　人 / 具体 / 二价 /– 小时 / 右指

浇完　人 / 具体 / 二价 /– 小时 / 右指

扣完　人 / 具体 / 二价 /– 小时 / 右指

剪完　人 / 具体 / 二价 /– 小时 / 右指

脱完　人 / 具体 / 二价 /– 小时 / 右指

摘完　人 / 具体 / 二价 /– 小时 / 右指

插完　人 / 具体 / 二价 /– 小时 / 右指

掘完　人 / 具体 / 二价 /+ 小时 / 右指

梳完　人 / 具体 / 二价 /– 小时 / 右指

拼完　人 / 具体 / 二价 /– 小时 / 右指

爬完　人或非人 / 具体 / 二价 /– 小时 / 右指

扔完　人 / 具体 / 二价 /– 小时 / 右指

嚼完　人 / 具体 / 二价 /– 小时 / 右指

撰完　人 / 具体或抽象 / 二价 /+ 小时 / 右指

砍完　人 / 具体 / 二价 /– 小时 / 右指

拔完　人 / 具体 / 二价 /– 小时 / 右指

滴完　人 / 具体 / 二价 /– 小时 / 右指

摆完　人 / 具体 / 二价 /– 小时 / 右指

烫完　人 / 具体 / 二价 /– 小时 / 右指

挑完　人 / 具体 / 二价 /– 小时 / 右指

剥完　人 / 具体 / 二价 /– 小时 / 右指

晒完　人 / 具体 / 二价 /– 小时 / 右指

刨完　人 / 具体 / 二价 /– 小时 / 右指

搜完　人 / 具体 / 二价 /– 小时 / 右指

喷完　人 / 具体 / 二价 /– 小时 / 右指

撕完　人 / 具体 / 二价 /– 小时 / 右指

熬完　人 / 具体 / 二价 /+ 小时 / 右指

烤完　人 / 具体 / 二价 /– 小时 / 右指

捞完　人 / 具体 / 二价 /– 小时 / 右指

咬完　人 / 具体 / 二价 /– 小时 / 右指

揉完　人 / 具体 / 二价 /– 小时 / 右指

雕完　人 / 具体 / 二价 /+ 小时 / 右指

扯完　人 / 具体 / 二价 /– 小时 / 右指

砸完　人 / 具体 / 二价 /– 小时 / 右指

想通　人 / 抽象 / 二价 /+ 小时 / 右指

拨通　人 / 具体 / 二价 /– 小时 / 右指

修通　人 / 具体 / 二价 /+ 小时 / 右指

做通　人 / 抽象 / 二价 /+ 小时 / 右指

搞通　人 / 具体或抽象 / 二价 /+ 小时 / 右指

挖通　人 / 具体 / 二价 /+ 小时 / 右指

铺通　人 / 具体 / 二价 /+ 小时 / 右指

读通　人 / 具体 / 二价 /– 小时 / 右指

灼痛　非人 / 具体或人 / 二价 /– 小时 / 右指

打痛　人 / 具体或人 / 三价 /– 小时 / 右指

弄痛　人 / 具体或人 / 三价 /– 小时 / 右指

笑痛　非人 / 具体或人 /– 小时 / 右指

烧痛　非人 / 具体或人 / 三价 /– 小时 / 右指

咬痛　人 / 具体或人 / 三价 /– 小时 / 右指

撞痛　人 / 具体或人 / 三价 /– 小时 / 右指

扎痛　人 / 具体 / 三价 /– 小时 / 右指

扭痛　人 / 具体 / 三价 /– 小时 / 右指

扯痛　人 / 具体 / 三价 /– 小时 / 右指

踩痛　人 / 具体 / 三价 /– 小时 / 右指

揪痛　人 / 具体 / 三价 /– 小时 / 右指

撕痛　人 / 具体 / 三价 /– 小时 / 右指

哭痛　人 / 具体 / 二价 /+ 小时 / 右指

揉痛　人 / 具体 / 三价 /– 小时 / 右指

睡痛　人 / 具体 / 二价 /+ 小时 / 右指
吓坏　人或非人 / 人（受影响者）/ 二价 /– 小时 / 右指
弄坏　人或非人 / 具体 / 二价 /+ 小时 / 右指
气坏　人或非人 / 人（受影响者）/ 二价 /+ 小时 / 右指
打坏　人 / 具体 / 三价 /– 小时 / 右指
烧坏　人或非人 / 具体 / 二价 /– 小时 / 右指
急坏　人 / 人（受影响者）/ 二价 /+ 小时 / 右指
种坏　人 / 具体 / 二价 /+ 小时 / 右指
累坏　人 / 人（受影响者）/ 二价 /+ 小时 / 右指
撞坏　人或非人 / 具体 / 三价 /– 小时 / 右指
摔坏　人 / 具体 / 三价 /– 小时 / 右指
冻坏　非人 / 具体或人 / 三价 /+ 小时 / 右指
砸坏　人 / 具体 / 三价 /– 小时 / 右指
搞坏　人 / 具体 / 三价 /– 小时 / 右指
惯坏　人 / 人（受影响者）/ 二价 /+ 小时 / 右指
炸坏　人或非人 / 具体 / 三价 /– 小时 / 右指
饿坏　人或非人 / 具体或人 / 二价 /+ 小时 / 右指
压坏　人或非人 / 具体或人 / 三价 /– 小时 / 右指
碰坏　人或非人 / 具体 / 三价 /– 小时 / 右指
吃坏　人或非人 / 具体 / 三价 /– 小时 / 右指
忙坏　人 / 人（受影响者）/ 二价 /+ 小时 / 右指
学坏　人 / 无受影响者 / 一价 /+ 小时 / 左指
咬坏　人或非人 / 具体 / 三价 /– 小时 / 右指
踩坏　人或非人 / 具体 / 三价 /– 小时 / 右指
抓坏　人或非人 / 具体 / 三价 /– 小时 / 右指
撕坏　人或非人 / 具体 / 三价 /– 小时 / 右指
泡坏　人或非人 / 具体 / 二价 /– 小时 / 右指
搅坏　人 / 具体或抽象 / 二价 /– 小时 / 右指

憋坏　非人 / 具体或抽象 / 三价 /+ 小时 / 右指
踢坏　人 / 具体 / 三价 /– 小时 / 右指
撬坏　人 / 具体 / 三价 /– 小时 / 右指
吹坏　人或非人 / 具体 / 二价 /– 小时 / 右指
闷坏　非人 / 具体 / 二价 /+ 小时 / 右指
淋坏　非人 / 具体 / 二价 /– 小时 / 右指
刮坏　非人 / 具体 / 二价 /– 小时 / 右指
砍坏　人 / 具体 / 二价 /– 小时 / 右指
扭坏　人 / 具体 / 二价 /– 小时 / 右指
轧坏　非人 / 具体 / 二价 /– 小时 / 右指
热坏　非人 / 具体 / 二价 /+ 小时 / 右指
擦坏　人 / 具体 / 二价 /– 小时 / 右指
诱坏　人或非人 / 具体 / 二价 /– 小时 / 右指
扎坏　人 / 具体 / 二价 /– 小时 / 右指
凿坏　人 / 具体 / 二价 /– 小时 / 右指
剪坏　人 / 具体 / 二价 /– 小时 / 右指
渴坏　非人 / 具体 / 二价 /+ 小时 / 右指
摸坏　人 / 具体 / 二价 /– 小时 / 右指
揉坏　人 / 具体 / 二价 /– 小时 / 右指
捏坏　人 / 具体 / 三价 /– 小时 / 右指
割坏　人 / 具体 / 二价 /– 小时 / 右指
刷坏　人 / 具体 / 二价 /– 小时 / 右指
骂坏　人 / 具体或抽象 / 二价 /– 小时 / 右指
捅坏　人 / 具体 / 二价 /– 小时 / 右指
戴坏　人 / 具体 / 二价 /– 小时 / 右指

附录6：“V+V”类序的二字动词

发展 进行 生产 研究 生活 管理 组织 代表 建设 关系 活动
开始 知道 革命 要求 教育 需要 使用
领导 服务 发生 建立 运动 出现 改革 决定 开发 发现 参加
计划 产生 表示 提供 希望 应该 理论
解决 表现 合作 增加 联合 保护 变化 觉得 报道 继续 计算
获得 设计 学习 取得 处理 举行 斗争
认识 反对 支持 应当 采取 告诉 造成 分析 报告 发表 选择
控制 成立 负责 检索 创造 建筑 组成
比赛 调查 采用 接受 行动 执行 结合 解放 竞争 帮助 保持
说明 联系 销售 开放 稳定 综合 分别
改变 建议 宣传 反映 考虑 开展 感觉 旅游 相当 调整 应用
相信 检查 发挥 结束 指挥 回答 看见
制作 编辑 重视 减少 讨论 监督 创作 战斗 制造 教授 理解
制定 交流 发行 训练 解释 承认 购买
指导 反应 连续 显示 主张 适应 治疗 相关 需求 作战 改造
表明 培养 损失 安排 面对 运输 举办
肯定 命令 申请 进攻 关注 访问 限制 推动 接着 贡献 符合
运用 给予 污染 发动 试验 习惯 批评
避免 掌握 导致 吸引 主持 团结 分配 体现 下降 采访 缺乏
出发 担任 追求 适用 持续 选举 失败
交换 表演 谈判 流行 值得 设立 培训 拒绝 承担 打击 操作
攻击 允许 装饰 飞行 教学 配合 复制
移动 上升 享受 相反 办理 转变 争取 评论 距离 建成 吸收

主管 接触 面临 协调 教练 继承 咨询
研制 运行 联网 发明 表达 记录 无疑 发言 感受 依靠 登记
签订 指示 会见 占领 传播 代理 供应
接近 寻找 放弃 修改 怀疑 补充 取消 流动 听说 探索 制成
转移 适合 判断 居住 批判 治理 到达
支付 损害 导演 请求 交给 挑战 委托 审判 转化 游戏 邀请
发射 赔偿 记得 思考 休息 估计 考试
消灭 负担 测量 打算 收藏 违反 纵横 旅行 调节 主办 消失
推荐 尊重 进展 参考 启示 组合 展示
安装 答应 当作 把握 等待 设置 装修 分离 侵略 出生 履行
消除 代替 引导 对待 包含 达成 记载
合成 忘记 呼吸 战胜 听见 拍摄 感染 保留 回顾 描写 打印
游击 分裂 冲击 检验 处罚 积累 包装
对立 感谢 摆脱 爆发 拍卖 出租 纺织 写作 过渡 克服 害怕
爆炸 出售 判决 防御 审查 懂得 谢谢
据说 上网 翻译 发育 承包 信任 注重 研讨 压迫 反馈 重复
种植 赢得 留学 供给 否定 整理 迎接
参观 划分 打破 混合 收购 见面 会谈 创办 叫作 脱离 描述
印刷 配套 保卫 协商 抗战 驾驶 顾问
分发 喜爱 围绕 教训 推行 转换 呼吁 袭击 签署 转载 搜索
订阅 争论 垄断 上学 缺少 据悉 破产
联想 感动 活跃 生气 交往 分散 退休 接待 传说 麻烦 看作
转让 指定 透露 侵犯 轰炸 论述 率领
送给 补偿 汇报 照顾 锻炼 得知 丧失 减轻 遭受 协助 赞成
援助 检测 编信 设想 想要 遵守 连接
感想 呈现 当选 否认 伤害 探讨 抵抗 支配 提醒 树立 起诉
促使 变动 带领 干扰 行使 组建 抑制
合并 任命 创建 招待 对比 防治 解除 剥削 拥护 提倡 叙述

取决　对付　诞生　合适　开辟　覆盖　配置
释放　受伤　接收　收集　诊断　开会　带动　遗传　生育　寻求　对抗
议论　亏损　包围　答复　评估　商量　询问
阅读　约束　庆祝　测试　授予　支援　审理　认定　揭露　建造　观测
体验　燃烧　依赖　成交　制约　尝试　演唱
调动　征收　纠正　约定　消耗　上涨　储蓄　试点　征服　测定　裁判
提示　修正　欺骗　反抗　无关　调控　排除
渴望　观看　培育　取代　描绘　夺取　争夺　恐惧　投降　承受　逮捕
奉献　化妆　扮演　评选　获奖　崇拜　热爱
制订　练习　梦想　生成　迫使　担保　镇压　试图　管辖　发扬　致使
清理　抵押　动摇　消化　流传　睡觉　刊登
活着　安慰　传递　指责　关闭　排列　赋予　运作　开办　祝贺　引发
放射　反射　批发　温暖　失望　阐述　警告
安置　惩罚　鼓舞　忍受　集成　辩论　分解　调解　考验　理会　抗议
射击　节约　辩护　扩展　超越　选用　遭遇
投诉　推翻　塑造　支撑　占据　化合　发病　修建　探测　封闭　提交
交谈　宣告　讲究　谴责　变革　审批　创立
追究　参赛　发放　听取　聚集　考核　应付　压缩　废除　安定　复合
告别　没收　扩张　审议　演奏　借助　查处
收获　施行　展现　揭示　开设　开创　分割　增值　携带　迷信　谈论
食用　下令　旋转　抵达　出任　推销　审计
加重　尊敬　照相　说服　辅助　放松　记住　收拾　颁发　晓得　监测
主导　开支　挑选　注视　累计　召集　迫切
传输　烦恼　进化　撤销　渗透　识别　受害　候选　修理　附加　集会
判处　获取　录像　变更　改编　受理　妨碍
驱逐　演讲　剥夺　损伤　协作　分化　回报　抛弃　分辨　监视　驱动
赶紧　引用　称赞　游行　代谢　加热　融合
打听　雕塑　演变　阻碍　重组　抓紧　呼唤　出卖　关怀　替代　讲述

献给　封锁　停留　防守　补贴　招呼　毁灭
上诉　裁决　更换　倡导　传染　延伸　采购　办学　报复　贪污　回收
来临　违背　发掘　睡眠　来往　扩散　选拔
收取　养成　歌唱　催化　发作　入侵　扶持　束缚　雕刻　击败　集合
提议　扫描　转制　行驶　用作　加紧　沉积
解散　招聘　申办　操纵　监管　响应　看待　讨厌　侦查　凝聚　靠近
生效　抢救　来访　积分　并发　掩护　相等
清除　栽培　提升　观赏　节省　传达　抢劫　上演　制裁　排放　当成
缴纳　缔约　摧毁　变换　下跌　截至　增添
屠杀　思索　重建　侵害　流失　招生　诱惑　相连　申报　招标　对应
赠送　传教　改组　吃惊　开采　移植　举报
担负　宣称　难免　抵制　会晤　对现　反腐　验收　回避　派遣　教导
跨越　打倒　撤退　参见　创始　赞扬　转动
寻呼　迫害　撰写　兼并　打扮　消防　等候　失误　投产　抱怨　震惊
帮忙　侮辱　发觉　防护　计量　访谈　作曲
提取　延续　充当　盗窃　震动　输送　促销　散发　凭借　挣扎　参看
排斥　行走　杀害　沉思　倾斜　赞助　反击
歼灭　对当　慰问　跳舞　运转　弄清　聘请　播放　阐明　管制　注射
得胜　赞赏　照明　祈祷　隐蔽　查询　竞选
拆迁　获悉　道教　起伏　交付　相处　整治　应对　收缩　接见　启发
腐蚀　取胜　结算　入学　相识　反响　编写
责编　搜集　断发　起飞　挖掘　保管　已知　救济　看望　上交　唱歌
服用　忧虑　拯救　出动　修复　订立　领取
走近　称作　进取　克隆　感冒　合唱　治病　上任　摩擦　并提　下达
指望　想象　逃避　流露　盛行　对照　问候
修订　宣扬　相见　饮用　鼓动　掠夺　打仗　相传　核算　处置　冷却
交代　乘坐　重申　受损　选购　开花　得分
下发　依托　违约　掩盖　围攻　闪烁　主演　告知　增产　聚合　付给

发热 裁定 任教 获胜 叹息 处死 轰动

攻关 护理 压抑 定居 交纳 表决 隐藏 记述 理发 开除 按摩

供销 分组 复活 改正 偿还 交替

招商 遇见 弯曲 难忘 添加 录取 攻占 计数 碰撞 占用 上当

搭配 到会 破裂 嘲笑 表述 挽救 提问

吸取 拥抱 羡慕 征求 选定 演习 打断 容许 少见 当作 辅导

披露 打败 咳嗽 断定 颁奖 盼望 反驳

查明 分享 扩建 现任 共享 拼命 签约 致命 试行 承办 受贿

决战 创汇 困扰 鼓吹 相近 堕落 降落

挫折 责令 注释 审核 容忍 展望 关联 施加 出面 误解 逃跑

申诉 投放 推理 连连 颤抖 出击 显现

调度 叛乱 出让 到任 夸张 参照 抓获 担忧 筹集 设定 点评

攻克 开赛 凝视 救援 生病 治学 回想

掩饰 摄制 怀念 启蒙 悬挂 蒸发 爱护 运送 创刊 奉命 捐赠

上行 迁移 传送 重伤 注定 改制 反弹

倾听 惊喜 拘留 交战 切断 监护 列举 摄像 终结 拆除 造反

紧接 做主 冒着 扭转 拜访 勘探 打折

歌颂 著称 动用 养生 解答 寄托 宁愿 点燃 歪曲 相交 放映

逃走 困惑 成对 采集 保养 指控 服役

共建 汇集 压制 分流 请示 照射 拥挤 标记 干活 取缔 参展

勾结 指点 容纳 拖拉 注明 扣除 萎缩

丢失 播种 铸造 争吵 信赖 捍卫 报警 相干 堆积 停战 相遇

遏制 感应 调制 溶解 促成 植树 堪称

演化 解脱 回信 转折 当面 请教 传授 补给 发誓 征集 扰乱

抨击 遗留 集结 过剩 拟定 佩服 解剖

追击 倡议 变迁 断裂 反思 染病 降临 临近 领会 动荡 宰相

缔结 推测 显露 复议 打发 商议 复辟

抚养 调研 迷惑 发送 填写 气愤 采纳 抗拒 震撼 刻画 反攻

惊慌 误会 应邀 拖延 走访 测验 呕吐
感叹 放置 颠倒 捕捉 怀抱 站立 争执 炒作 承租 扫荡 收养
隐瞒 轻视 改建 兼任 节制 信奉 破碎
揭晓 露面 购置 孵化 讲演 打量 背叛 监控 议定 编织 防卫
侵占 评定 产销 填补 过滤 围剿 绘制
免得 认得 投保 奔走 反共 跳跃 重返 屈服 查获 研发 顾虑
传动 讲解 散射 堵塞 控告 借用 回升
哭泣 追赶 清算 飞跃 收复 气化 复印 候补 商定 思议 投标
达标 脱落 遇难 站住 结识 怀孕 倾销
救助 评审 始发 退却 转会 耽误 关切 牵引 麻醉 发抖 会面
做生 印制 逼近 进驻 指明 追逐 建交
祝愿 测绘 打动 吸附 增援 宣读 诈骗 查看 审定 轮流 昏迷
侵蚀 品尝 冷笑 解说 忍耐 淹没 猜测
筹建 陪审 奔驰 督促 看病 出行 抵御 认知 生还 诽谤 入选
应得 免除 遵照 并列 过关 下载 嘱咐
认清 制动 标明 试用 摸索 递增 兑换 看重 照料 亲近 煽动
思念 参战 开学 上报 增收 否决 收买
积蓄 震荡 主宰 配制 警戒 求解 送往 搏斗 招收 怜悯 运算
拼搏 奔腾 夺冠 反感 批示 撞击 瞧瞧
患病 查找 雇用 耕作 评议 兑现 调发 理应 整合 压倒 推崇
领略 指引 折射 热评 助学 搜查 信服
耕种 转播 扩充 定点 阻挠 相爱 攀登 移交 退还 衔接 遗忘
叫喊 诉说 接管 兼顾 依附 展销 集训
搞活 提及 贩卖 装配 迸发 往返 废弃 赞叹 流放 失调 猜想
升降 奉行 摇晃 购销 惩治 驻扎 断绝
着想 点缀 收录 求学 切除 发烧 下调 饰演 滚动 克制 修筑
汇编 诱发 宣誓 开战 辨认 背面 索赔
躲避 贴近 停滞 作对 入住 忘掉 虐待 畏惧 减免 论战 制冷

交织 宣战 复发 亲热 相距 综述 疑惑
腾飞 生怕 觉醒 反省 送达 转达 削减 返还 求助 商谈 拖欠
监禁 出走 保佑 惊醒 相称 穿越 合计
标识 运载 判定 摆放 挡住 联结 纠缠 落成 梦见 争辩 谅解
销毁 阻挡 耐烦 扫除 退化 伴奏 鼓掌
引诱 交接 贬值 入网 辨别 透视 倒闭 过问 讲学 镶嵌 传闻
埋怨 浮动 失眠 请愿 拨打 举重 坐落
增设 跳动 编导 施展 致死 惊恐 欺诈 共处 追问 劝告 喊叫
加压 应予 约会 该死 会审 交待 端正
攻打 委任 过节 驳斥 感知 治愈 驱使 扭亏 去掉 撤离 接纳
点击 推断 救护 下设 转发 积压 战败
换取 入睡 钻研 搜寻 出征 下滑 挪用 追加 提拔 缴获 并重
奔跑 改装 查办 答辩 安居 恐慌 走动
借贷 击退 沉浸 进修 刊载 冲破 劝说 并举 开启 失掉 冻结
观望 致病 下放 丢掉 回复 正视 限定
灭绝 贮藏 抗击 出示 回转 检讨 蔑视 减退 孕育 接替 病死
提请 体贴 筹划 玩弄 捐献 损耗 悬浮
惊叹 牵制 讲求 搬运 吃亏 护卫 化装 飞扬 执教 追溯 表扬
陪伴 漫游 上扬 兼容 紧抓 顺应 附带
爆破 订购 索取 决斗 迎战 近视 唤醒 护送 关照 呼叫 保温
召见 焊接 相会 揭发 解救 搅拌 理顺
重叠 递交 辗转 保值 埋葬 抵触 上缴 离退 泄露 报考 参阅
抽调 倒退 责成 忘却 审视 受命 组装
争相 代办 迎面 逃脱 忧伤 谈及 印发 烧毁 拦截 筛选 迎合
集邮 照耀 紧跟 饿死 要命 修炼 退役
换代 分担 补救 潜伏 奖获 转弯 连载 进食 照会 采录 认购
受骗 问答 育种 编排 破获 停产 衍生
演戏 开张 无忧 抢占 对接 比拟 掌管 决裂 打扫 肃清 呼应

触及　消遣　保暖　扭曲　偏离　养活　冷冻

传导　轻蔑　告终　无视　伺候　把关　铺设　保修　讲授　吻合　流产

横行　发泄　启用　开往　防盗　收缴　汲取

求生　烧伤　泄漏　担当　进退　呼喊　应聘　校正　抚摸　任用　查阅

移居　删除　探望　控诉　熄灭　拉动　入关

应承　诅咒　冷落　坠毁　浸泡　停泊　测算　辩解　告成　催促　焚烧

转运　憎恨　料理　供养　休养　胜任　采摘

领悟　继发　诱导　埋伏　报答　化解　栖息　出访　修饰　失落　回落

吞吐　援引　敷衍　享用　拍照　委派　相容

惩处　更改　破除　留言　想念　出产　排挤　巡视　收容　评比　募集

增生　冶炼　祷告　签发　查封　估算　清热

剖析　驾驭　摇滚　挤压　疗养　切割　寻觅　沉吟　检阅　重现　复习

触动　估量　变压　团聚　开盘　并称　批复

隐居　转交　冒充　阐释　试探　紧缩　出游　查清　临终　超标　推算

送行　成像　惊动　遣使　置换　遗弃　辜负

游离　改动　搬迁　清偿　降温　应酬　立正　偿责　摇摆　受阻　选取

挑剔　折腾　分立　任免　问及　划定　改观

聚居　仿效　除掉　录制　改写　解析　围住　编译　敬重　宣判　负重

阻塞　装卸　悼念　上映　病逝　守卫　说笑

核定　叛变　登载　抽奖　凝结　受难　捕捞　养护　蒙受　击落　并行

受任　攻读　编造　触犯　沉没　收盘　执导

录用　相约　偏爱　整编　下沉　喘息　送交　装扮　争斗　培植　言说

指使　逗留　连带　探亲　喷气　失效　排练

共生　推选　崇敬　受压　排泄　说教　推移　打扰　出演　评判　已故

烹调　扣押　盘旋　玩耍　摆动　关押　割据

收受　殴打　充斥　增补　张望　整改　理睬　收看　厌烦　抒发　流转

颤动　免受　聘用　下垂　收割　捐助　赶忙

怨恨　打猎　触摸　救命　转告　嘲弄　闪耀　评奖　积聚　标注　检举

制胜　重温　祈求　修补　亲吻　浮现　置疑
破灭　偿付　演示　拘束　刻印　侦破　庆贺　定制　摘录　濒临　避难
面值　相伴　出使　驻守　奔赴　挥发　置信
据传　吸纳　融化　商讨　屠宰　歼敌　留守　吞噬　召唤　看戏　斥责
提炼　租用　化验　升温　作表　刊发　行贿
分娩　叮嘱　消逝　重提　代言　赏识　称道　相逢　伤病　勒索　坠落
发售　紧闭　爬行　围困　管教　传销　捏造
顾忌　轰击　侵袭　相思　倾注　招致　调配　拘役　萌发　避孕　发往
发愁　惧怕　结交　倾倒　逃离　重用　疲乏
据称　过往　迷恋　校对　亲临　供奉　绣花　督办　相聚　防腐　抗争
顾及　升值　没落　报销　分居　告发　调集
相撞　作画　分说　下行　给定　征管　讨伐　着装　守护　负伤　丧生
铲除　牵动　替换　打捞　筹办　喷射　重演
示愿　穿透　咀嚼　受挫　背离　扑灭　嫁接　累积　清查　安息　修剪
骗取　求知　面试　摊派　散热　知晓　装载
量化　上传　断续　追捕　包干　计分　救治　造像　定计　护主　取暖
愈合　张贴　偏重　得救　供暖　安放
体改　共用　动弹　翻阅　游玩　失学　欺负　倒塌　捉摸　主攻　禁忌
衬托　追悼　上调　译注　裂变　选派　推举
比作　更正　招募　对投　张扬　征战　埋藏　侍候　开动　会集　编著
敌视　打造　迁居　反问　靠拢　谢绝　打碎
滋生　摆设　报检　配送　上推　勘查　耽搁　热销　敲响　穿插　商检
临死　失明　谱写　递减　减负　逼迫　收发
入主　汇合　驰骋　滋润　恼怒　喂养　敬爱　哮喘　代发　盘算　应征
捣乱　扼杀　算作　击破　论及　致敬　责难
盛产　折断　检修　升学　受审　漂流　挣脱　牵连　哀悼　抵挡　面谈
失守　聘任　休克　相持　发问　偿损　折叠
引渡　寻思　成行　咒骂　分管　开挖　谈笑　并购　接种　沦陷　倒卖

定做　哀求　矗立　宠爱　倾诉　爱戴　排气
开垦　探究　误导　裸露　丧气　加收　沉睡　托管　伏击　劫持　仿制
扶植　停刊　扣留　逆转　核查　供热　劝阻
延误　悔恨　眺望　调试　抽签　起用　相待　交融　捕获　挨打　安抚
报送　提防　济困　摒弃　警示　接应　信访
回旋　加盖　偷渡　飘扬　主治　怕死　弹劾　乘胜　诬蔑　放学　留恋
炸毁　任凭　题写　处决　欺侮　述说　料想
成活　集散　进犯　投射　领奖　恐吓　督抚　敬佩　妨害　赡养　听闻
赶往　奏请　缩减　沉降　追寻　诊治　滞留
垂钓　述评　爱慕　核对　击毙　灌输　叛逆　包办　扔掉　奉承　挨饿
修缮　摔倒　募捐　分理　设防　托运　佩戴
迷失　飞舞　游说　欠缺　吊销　伸缩　站稳　诬陷　减产　腐化　解读
赞许　上浮　分摊　移送　审问　斟酌　疏散
慌乱　包容　探明　飞越　流淌　养育　租借　出嫁　调养　背诵　征用
得使　接送　寄予　攻破　承载　离散　清扫
出品　放任　惩办　闭塞　穿戴　惊呼　晃动　指派　签定　修行　载重
夸奖　明令　评说　探求　挥舞　切削　求救
查验　说唱　争鸣　施用　嘲讽　照办　争霸　竞猜　阻击　报应　击沉
颂扬　抢走　办报　装作　连接　并论　摇动
猜疑　受限　遮掩　量变　纳闷　画画　飞奔　起舞　亵渎　休整　赶赴
流逝　合议　表露　颠覆　协奏　得逞　限量
捆绑　离别　采伐　应试　回应　患难　浮游　冷藏　忌惮　出气　转战
讥讽　缩写　决断　请安　放纵　报废　抽搐
思量　催眠　纵观　投掷　并立　夹击　汇聚　轻信　会考　罢免　感伤
揭穿　开拍　投奔　邮寄　退缩　定购　逃生
离合　醒悟　缠绕　陷害　责怪　奏效　发怒　收管　难保　赏赐　合称
窃取　攀升　抢购　切忌　反叛　焚毁　应战
赦免　挥动　失控　放牧　折合　送走　看管　漂浮　得奖　囚禁　贩运

得令 透气 奖惩 连任 扬言 围观 打消

迁往 储藏 起落 混战 镇守 渴求 跌倒 吓唬 求援 轰鸣 安葬

负载 算数 忘怀 接任 叹气 抖动 关爱

消沉 运筹 会令 还贷 扬弃 吸气 销往 守候 至死 应收 拐卖

典当 栽种 难逃 倒把 服侍 考查 合用

会当 过当 脱掉 防建 终审 承接 防晒 敲打 决计 涂抹 重创

争创 还击 抄袭 留念 感悟 舍弃 淹死

震颤 触发 遮盖 拜见 会评 滑动 纵容 破译 抽取 梳妆 免征

免遭 接生 联产 饶恕 加害 复查 开审

报评 应发 复建 锁定 反转 拟订 俘获 豁免 生息 试飞 迫击

变卖 爱惜 委办 交还 攻陷 抵消 着迷

共济 显像 调理 代用 扶助 堆放 断送 拘禁 截断 致信 破损

挫败 试问 演练 割断 观摩 听任 成热

开凿 奖赏 上举 替补 代管 取笑 称霸 印行 隐匿 排污 服气

变现 应允 陷落 排演 阻拦 打赢 见报

听懂 仰望 临行 承揽 重逢 重修 放逐 献计 梳理 裁减 交配

合编 敬畏 算命 待命 联防 抢夺 受用

把持 推倒 挑拨 敲诈 送信 批驳 迁至 杀掉 相争 串联 收征

肃反 愚弄 违犯 游荡 投靠 放生 接济

取信 起立 翻滚 熔化 慰安 图解 降息 害羞 配售 撤走 持卡

阻滞 卖弄 注销 听命 刻画 补习 沉醉

交汇 划建 核发 牵挂 代领 装点 遗失 印染 流连 贪图 调换

注解 病重 获释 停放 信教 填充 回流

盘问 报批 攫取 出道 忌讳 扫射 滑行 拉拢 无怨 派驻 包扎

守信 写生 烘干 寄宿 追查 耗尽 调拨

开赴 松动 勾勒 逾越 改行 看护 传令 横渡 照搬 歼击 讥笑

寻访 吐露 会演 跃居 入围 惦记 图说

喷发 吞并 解雇 收听 推敲 偷窃 仿照 罢休 抚慰 搁置 反贪

安眠 飞抵 拍戏 付清 游动 脱节 煎熬
梦寐 惊叫 无悔 重整 妒忌 装运 降生 上访 打掉 馈赠 登录
决算 流落 叫醒 漂泊 蒙蔽 编撰 支点
滋补 抚恤 打退 搀扶 调任 操练 回荡 敢当 照应 倒数 读报
惊呆 开征 拨给 尝尝 拾遗 缔造 采暖
见惯 报信 穿行 冷凝 反潜 还请 失传 申明 开播 紧靠 端坐
蛊惑 承建 闭合 应答 羞辱 夸耀 合拍
投递 排忧 搂住 抢修 阻抗 整修 征询 摸清 添置 依恋 喘吁
面呈 查问 绘图 道谢 捣毁 屏蔽 散落
包揽 割裂 昭示 粘合 跌落 钻探 吼叫 遣返 凑合 保重 把守
报导 审阅 讲理 相告 改换 疏导 烘托
逃窜 起病 宣讲 得病 入胜 抄写 感化 透析 查禁 相亲 取舍
品评 决胜 瞥见 撤销 篡改 冲刷 遗赠
管束 批转 报请 辱骂 凝望 烦闷 剪裁 拐弯 挽留 听信 偷袭
巡捕 疼爱 窃听 浸透 待发 说理 发信
翻腾 查对 起跑 照看 推介 扑面 搭乘 开导 施舍 拍打 报效
执掌 晕倒 撤换 擦拭 映现 复审 揭批
增效 开裂 盘活 划拨 闷闷 剥离 怒吼 赐予 放行 覆灭 算计
丢弃 划管 浸润 败退 横跨 赞颂 入对
探寻 图腾 合围 栽植 放贷 驱散 抗震 阐发 受聘 滋养 佩带
刊行 探听 训斥 推定 拼凑 致谢 沾染
渗漏 到面 创收 消退 绕道 敬仰 论辩 奏响 拜会 引爆 偷盗
共商 识破 照管 上承 喜闻 编印 流离
上翻 退让 砍伐 垂死 考研 吸食 遇害 报关 掩埋 耐热 粘贴
阻断 勒令 背道 愤恨 打垮 惊吓 挫伤
悬赏 遗漏 考取 捕食 吊顶 驻防 道别 听候 连胜 难当 体谅
讳言 击伤 转念 接吻 感召 理当 托付
迸发 领教 死守 惩戒 啼哭 结伴 乞求 飘浮 减租 应诉 曲解

修整　抖擞　讲习　酿造　冒失　使团　论处
活体　选育　冒昧　承袭　勾画　飘荡　聚变　联播　论争　上吊　喜迎
发散　持现　充气　识得　摘取　映射　赏罚
领衔　溶化　付息　驱赶　唱戏　重处　揣摩　怒放　剔除　结节　化疗
欠发　上移　看透　篡夺　透支　测评　横扫
围歼　摆弄　更替　养病　搭建　指教　搜捕　求爱　比照　发奖　押送
供认　破敌　传道　并联　评介　会诊　冒犯
进逼　晒干　吞没　收留　缺损　推卸　掩映　敲击　流变　纵使　勘测
打点　撕裂　代收　批斗　弹奏　胜诉　掩蔽
败诉　共睹　截流　叫唤　减息　湿透　合指　来住　雕琢　听讲　屈指
该当　诱使　冲撞　送别　代销　超脱　偷看
擦干　演播　驯服　羞怯　作答　爱抚　击毁　开怀　得悉　招摇　背弃
相映　热恋　临别　集聚　受宠　赚取　合著
汇成　盘踞　充任　喘气　滞销　尊崇　成亲　争气　押解　缝制　捉拿
应制　受热　浮夸　喷洒　拘捕　抚育　飞驰
重分　评分　批注　逃难　休想　打赌　潜逃　采写　攻取　夹攻　蒙骗
吞咽　煎服　戏称　汇兑　燃放　仰卧　受累
闪动　溜走　扩容　传呼　萌生　记作　重奏　落网　沉溺　竖立　运销
主讲　退居　作乱　杀敌　瞻仰　奔流　验检
辅佐　扶养　接听　回击　交割　拉扯　消散　畏缩　套用　躲藏　叠加
发呆　抛售　央求　搏击　沉浮　抄录　侍奉
哀伤　捉弄　监制　承继　改选　禁用　救活　重印　割让　压榨　拦阻
仰慕　铭记　甩掉　砍掉　点播　求取　引领
气恼　烧制　推导　划算　坐镇　开交　失信　剪切　病故　哺育　抹杀
呼气　共舞　迷住　轮换　责骂　窥视　吹捧
逃命　赛跑　紧追　奏鸣　效仿　遮挡　凌辱　绽放　连累　进占　诊疗
诋毁　转嫁　竞标　省略　埋没　劫难　缝合
解围　起敬　断流　诬告　遮蔽　成批　下辖　霸占　观照　漂移　称颂

拥戴　倾吐　删节　灌注　起爆　续编　绝食
重生　节录　映照　调离　重发　过审　校订　探视　勾引　绞尽　附会
开掘　攻守　邮购　复核　传承　围坐　驱除
染指　见怪　肃查　跌破　肃顺　盘剥　卷曲　加演　停办　装订　校勘
起降　解冻　捕杀　走运　凌驾　套改　失恋
粘连　整流　翻看　测控　蜕变　呼救　免收　停靠　退守　应接　揪住
宣泄　拥堵　旅居　承兑　躲闪　会试　放飞
扫清　换算　付印　拉伸　劫掠　禁运　清剿　迫近　爱恋　考评　涨落
告破　截留　忘返　透顶　禀报　援救　沉沦
耐受　兑付　翻转　到站　反扑　歇息　颁行　滴定　休战　排尿　诱敌
死战　言传　品说　横溢　要挟　榨取　击穿
降压　入教　拜谢　创设　散失　乞讨　摘掉　厘清　提成　活捉　过招
相知　解困　解组　招展　偷走　辩驳　免予
加分　判别　立论　报载　引申　清点　打分　牵扯　租住　跨行　失陷
尊称　侵吞　答谢　助攻　抽检　折服　无碍
明摆　近闻　判罚　兜售　相让　觅食　获赠　代议　信守　换气　重塑
切换　食疗　辑录　藏匿　窥见　悔改　呈报
退学　戏弄　掉转　编修　使唤　点数　思虑　抒写　重托　起誓　对打
传诵　引述　传唤　拨乱　积攒　鸣叫　调遣
花掉　取走　观战　获救　编选　包销　合演　截获　下注　入梦　受封
争当　论理　保送　融会　出逃　务求　更迭
等值　见习　始料　斗殴　宰杀　修造　别离　领受　受训　入迷　跪倒
反战　填报　引见　照像　挤占　吞食　熨烫
对调　遣送　盗用　参拜　落选　诵读　建校　演算　挺立　作难　亏得
打骂　合召　脱逃　攀比　劝慰　扼守　升迁
研读　拜托　提留　欺压　欺凌　吓倒　歌咏　违禁　秉承　缺失　恫吓
御用　违抗　认输　纠集　热卖　倾泻
丧命　侵扰　顶替　驳倒　污辱　探访　拉近　褒贬　进言　剪辑　逃逸

挪动 震慑 冻死 活命 吐气 破解 隐含
嘱托 打转 取悦 转录 追缴 殉难 连败 推演 浇灌 重播 住持
采掘 比画 指摘 透射 挥洒 受罚 撕毁
删掉 昏倒 结集 留任 乱跑 横穿 增派 巡查 充填 闯荡 漫谈
击鼓 击倒 拆毁 适逢 拷打 送葬 赎买
倒置 请允 关掉 打滚 申辩 造访 离任 盛赞 擒获 毙命 忍辱
剽窃 引伸 开脱 生锈 扭动 辨识 遭殃
转送 起哄 配对 招揽 扣缴 克复 加温 回敬 加湿 分送 露宿
下跪 啼笑 作废 蒙住 入联 重读 塌陷
动容 受检 绝交 体罚 支取 出校 记叙 防震 受雇 服食 受气
责问 升腾 退换 追杀 誓死 吟唱 重写
选修 治标 务使 毕露 考据 对撞 附言 等译 朝拜 封顶 载运
拆掉 猜忌 获知 禁闭 敲定 听凭 镇住
映衬 锻造 求索 识记 葬送 趁热 分封 泄气 逼供 兼治 作揖
回访 迫降 寄居 解闷 引流 受控 谒见
治污 下移 查考 攒动 咬定 留用 输掉 污蔑 散会 活该 转述
游学 蹦跳 变暖 咬伤 拆散 凑近 并罚
劝导 发端 滑落 防犯 撕破 留待 击打 出请 起跳 参会 铭刻
上呈 安插 重赏 回放 分辩 飞跑 驯养
抚摩 吹奏 带病 赌气 理赔 拔掉 攀谈 绞死 酬谢 调教 损毁
节流 交游 改判 横流 赏花 征召 转引
抵销 沉迷 放养 发泡 受辱 抓捕 打劫 披挂 征讨 复刊 敷设
剥落 惊疑 进站 防冻 折算 沦落 拆卸
揣测 抢掠 逮住 雕花 抑扬 送还 打搅 超重 标示 跨省 赶集
哭喊 对垒 奉劝 回绝 帮扶 吵嚷 串联
研修 约见 鼎立 剿共 搅乱 跪拜 飘动 选配 遵命 开演 哭诉
招贴 播发 兼用 助听 伸张 翻越 倾覆
进贡 充盈 潜藏 上溯 置办 发落 诱骗 叫绝 凸现 守成 流窜

打翻　囤积　摘除　铺垫　督导　超载　裁剪
怀恨　割舍　略论　失散　拼装　体认　窥探　明言　导热　生吃　毁损
摄食　难产　合奏　吹拂　作别　摆摊　拼写
示敬　受奖　描画　打尽　买断　指称　撞见　发愤　加合　气死　融汇
飞赴　闭会　笑谈　下陷　结发　操持　传信
烘烤　换乘　劝解　申领　加封　解渴　敬献　下传　偷听　黏附　溺爱
堆砌　炸伤　干掉　灭掉　复加　上朝　选辑
失修　抄送　传唱　发指　比试　读懂　烫伤　奏报　登报　征订　回购
提携　答疑　发面　竞拍　附体　盘点　停赛
尽显　复命　看涨　保湿　毙伤　包抄　应缴　黏着　翻动　拒收　夹带
哀怨　吃紧　抽打　运抵　履约　涂改　寄信
吵醒　导购　吟咏　冲饮　仿造　留校　包产　斩断　打气　奏明　喝彩
理疗　抽泣　增订　识相　参选　投敌　共赏
进抵　切碎　许愿　失重　斜视　握紧　绕行　戏说　卸任　征购　代偿
仰视　败露　并驾　上告　拨付　综观　收并
转包　奉送　禁放　打斗　换装　忍气　生擒　解聘　保藏　紧锁　乘凉
补办　立定　代缴　收编　搞乱　显效　挂念
补缺　晾干　发冷　合拢　蒙面　受惠　保释　闪避　用典　依仗　冲杀
厌食　禁飞　搜刮　挂靠　叙说　重罚　候审
警醒　撤诉　收悉　哀叹　退避　认领　率团　撮合　扭伤　无题　飘摇
指正　遣散　抬举　进藏　报偿　道破　敬请
宰割　搭救　立命　复始　入驻　切记　赴会　忌妒　调压　改道　拼死
坑害　注疏　叫骂　打探　哀愁　督战　领养
扩招　惦念　争抢　倾轧　助战　附注　扫视　怜爱　染发　节育　举荐
奔忙　复述　评点　看懂　防滑　入道　招考
抵偿　殉葬　翻印　游移　轻敌　撕碎　增选　休学　保荐　起征　拨动
比拼　传习　瞎说　进剿　脱产　评教　慎用
报喜　供气　分装　倒转　促发　进逼　看穿　借阅　梦游　难耐　飞溅

陪嫁 悔悟 亲赴 轮训 吟诵 禀告 垫付
指斥 整容 征伐 开合 哭啼 抵赖 搏动 献花 迎敌 出诊 冷遇
仿生 下坠 失窃 开讲 守望 克己 克扣
震怒 对歌 擒拿 抱定 呈请 用近 充溢 哭叫 引咎 革除 遵行
持节 吓跑 复试 怒骂 变奏 出巡 删改
停歇 录相 凝集 屏息 追记 陪衬 改嫁 代扣 合纵 呈递 赴任
舞动 兼管 连体 遂使 返校 惊惧 问鼎
阉割 撞倒 扑救 奔逃 任选 受孕 掳掠 解惑 加载 还愿 倒挂
悲叹 咏叹 诉求 摆正 砸碎 蜕化 解题
知悉 训导 照抄 请勿 进校 求购 选录 来犯 兼收 反恐 节食
调走 相恋 下拜 作息 去污 超值 受降
屏住 供用 防渗 言谢 节选 殃及 评析 睡醒 量取 横截 施压
浮沉 援建 除害 迫退 搭载 定夺 选登
掂量 离谱 浸湿 凭吊 献媚 浇铸 摔伤 做爱 驯化 重挫 叹服
译制 反悔 求饶 抗压 亲征 打住 试射
逆施 哭丧 考订 掉落 雕饰 交迫 御敌 引退 收付 夸赞 逢迎
播映 借故 搅动 走掉 逆行 操办 惊扰
活埋 校庆 提审 合葬 免责 抓走 吸吮 作呕 逆反 挂失 改掉
清唱 图报 偷运 嫌弃 殉道 缉拿 登顶
偷摸 拖住 赠予 喷灌 轻取 生杀 攀缘 烧杀 收租 服输 惜别
充塞 计息 勾销 忍让 剪掉 纵论 挑逗
抢注 拐骗 留连 绷紧 团购 投注 对转 埋设 哄骗 偏食 登临
游走 抹掉 崩塌 探询 打包 称谢 乱扔
摈弃 揉捻 巡防 出站 拼抢 陪葬 反观 发令 兼施 送审 看罢
辩说 臆造 疏漏 读取 招抚 养花 拜谒
灭顶 蹲点 搜救 包藏 佯装 待续 排解 褒奖 赌咒 转学 跌撞
承蒙 爱怜 禁食 拆装 送死 搂抱 含羞
跃升 拥立 寻死 对唱 待毙 倒立 漏网 相拥 招集 读研 编审

嫁娶 安睡 保驾 掩藏 嗜睡 开拔 哄笑
出招 凝成 逃学 念作 排遣 曝晒 补遗 防锈 开奖 败走 共举
参评 复读 补选 紧扣 折返 划并 喂食
炼制 顶撞 冒用 把玩 乱窜 明辨 拜倒 滑移 离析 招惹 播送
数落 封杀 漂泊 出迎 累死 烧灼 清退
转寄 走失 缉捕 修配 连用 讹诈 支招 补发 申斥 病愈 挨骂
评测 轻生 缝补 溺死 失禁 仰仗 纳凉
排灌 校注 放送 剥蚀 顾盼 盛怒 防爆 择校 转租 申述 化整
述及 堪忧 夺标 脱销 奔命 排比
捡拾 定编 告慰 搞笑 送命 误诊 破伤 退隐 巡游 照排 挂断
倚重 降服 监听 落败 授奖 入行 请命
蒸煮 盛传 省悟 扶摇 追认 触怒 变节 滞纳 破晓 揭贷 抛掷
吮吸 弹压 玩赏 拔除 戳穿 告退 断气
送花 听戏 撞死 行窃 共推 占尽 拼杀 打散 犯愁 扑倒 超生
追堵 乱动 愁闷 气绝 征调 立誓 临睡
并蓄 屈居 试论 奉告 撤掉 救死 吓死 留居 润湿 哄抬 责罚
臆想 重述 飞腾 聚拢 卷走 奖罚 连理
称重 疑惧 避讳 冻伤 料定 受戒 发刊 传阅 积虑 押运 作陪
探查 温控 射杀 讨逆 锈蚀 骑射 赶制
看破 督查 奔袭 勾搭 铺成 下咽 下葬 玩命 料知 兼得 应知
调戏 拨弄 隐忍 呈交 喝令 灼伤 辨明
寓居 进谏 隐讳 击碎 阅卷 逃遁 奉陪 招降 倒流 抛掉 放疗
上翘 温习 下浮 校阅 摇撼 习得 移栽
断交 收紧 监考 摔死 见教 佯攻 搬动 穿破 侵染 投宿 倾慕
推重 承传 捞取 伤愈 倾翻 选聘 失约
凸显 救赎 图示 失言 贺喜 扒窃 揉搓 打制 挟持 参演 认养
拟建 体恤 砍断 搞垮 掩面 停用 入校
退敌 散尽 送检 并吞 回溯 怒斥 围追 置使 扎堆 播报 减除

伤透　撕掉　代考　飞涨　栽树　转正　喜迁
弹唱　助产　吓住　收治　撞伤　划转　受冻　禁绝　转圈　剪发　许配
割爱　推知　拷问　咬死　面授　记挂　役使
输尿　偏瘫　填塞　拉紧　尽享　体量　赴约　劝学　对做　罩住　发慌
免检　压死　黏滞　展播　唤作　免提　偷吃
下翻　轻放　酿制　冷轧　忌用　抱病　剪贴　托举　弄死　解热　粘接
打湿　补正　撞骗　摘引　屈尊　怀揣　宣抚
解压　撤除　追悔　整肃　撰述　摘抄　逃散　解忧　起泡　调适　堵死
知遇　剪除　赔笑　追捧　相扑　掀翻　摆渡
失宠　上锁　套现　舍命　绊倒　谱曲　刊刻　免死　刻录　紧绷　冲毁
食言　代购　奏议　批捕　截瘫　剿灭　赏玩
撒尿　浮想　叛逃　修会　呈送　聚散　进献　遭难　翻修　反扒　发配
爆冷　抽动　寄养　打压　擂鼓　入托　娶亲
坐失　击节　卖命　寻梦　夺理　搏杀　援藏　进补　拟请　滴落　招安
畏难　索贿　制热　寄寓　沉陷　走漏　贿选
临产　砍倒　翻倒　擦掉　食补　讹传　考释　淋湿　反复　难倒　遮拦
轻言　传颂　上戏　迎亲　废立　捣碎　恼恨
验明　打战　清欠　代售　扼制　盖印　阻遏　萌动　偷生　耗掉　拖动
勒死　点破　冒死　蒙混　熔铸　偏斜　掐死
戒掉　转赴　难眠　称病　拜望　诱变　造相　失算　推延　缴清　勾住
斜插　咬合　请赏　踩踏　捅破　嫌少　偷窥
追尊　贪睡　跌伤　干烧　安寝　调包　争逐　咏唱　吊丧　屈死　复校
愁嫁　灼烧

附录7：“V+V”类序异化的二字名词及其兼类词

发展 v/n	决定 v/n	责任 n	面积 n
问题 n	开发 v/n	斗争 v/n	指挥 v/n
生产 v/n	发现 v/n	认识 v/n	编辑 v/n
研究 v/n	学生 n	支持 v/n	体制 n
生活 v/n	计划 v/n	分析 v/n	消息 n
组织 v/n	制度 n	报告 v/n	观念 n
代表 v/n	希望 v/n	选择 v/n	主任 n
建设 v/n	战争 n	任务 n	网站 n
关系 v/n	理论 v/n	建筑 v/n	创作 v/n
活动 v/n	表现 v/n	比赛 v/n	战斗 v/n
开始 v/n	合作 v/n	调查 v/n	教授 v/n
产品 n	信息 n	行动 v/n	体系 n
革命 v/n	商品 n	竞争 v/n	卫生 a/n
要求 v/n	变化 v/n	体育 n	观点 n
教育 v/n	报道 v/n	生命 n	主张 v/n
需要 v/n	计算 v/n	困难 a/n	化学 n
思想 n	设计 v/n	建议 v/n	协会 n
领导 v/n	知识 n	宣传 v/n	印度 n
服务 v/n	学校 n	重点 a/n	理学 n
作用 n	学习 v/n	战略 n	著作 n
会议 n	处理 v/n	感觉 v/n	损失 v/n
运动 v/n	作品 n	系列 n	列宁 n
改革 v/n	集团 n	旅游 v/n	安排 v/n

运输 v/n	教学 v/n	指标 n	学说 n
命令 v/n	决议 n	主题 n	商标 n
协议 n	评论 v/n	请求 v/n	记载 v/n
数量 n	学会 n	挑战 v/n	呼吸 v/n
司令 n	服装 n	成分 n	战役 n
食品 n	温度 n	游戏 v/n	愿望 n
限制 v/n	距离 v/n	道理 n	游击 v/n
集体 n	依据 p/n	结论 n	漫画 n
设施 n	产量 n	思考 v/n	包装 v/n
贡献 v/n	命运 n	装置 n	当代 n
理想 a/n	下面 n	休息 v/n	联赛 n
试验 v/n	教练 v/n	考试 v/n	感谢 v/n
习惯 v/n	发明 v/n	重庆 n	信仰 n
批评 v/n	记录 v/n	负担 v/n	信用 n
主持 v/n	商务 n	打算 v/n	省委 n
采访 v/n	报刊 n	气候 n	写作 v/n
上面 n	发言 v/n	旅行 v/n	爆炸 v/n
表面 n	感受 v/n	效率 n	买卖 n
议会 n	依靠 v/n	进展 v/n	含量 n
要闻 n	指示 v/n	参考 v/n	穿着 n
整体 n	站点 n	启示 v/n	翻译 v/n
选举 v/n	导弹 n	组合 v/n	近代 n
品种 n	数学 n	产主 n	发育 v/n
动作 n	判断 v/n	把握 v/n	信任 v/n
表演 v/n	批判 v/n	设置 v/n	体会 n
主体 n	主教 n	装修 v/n	效应 n
团体 n	导演 v/n	侵略 v/n	制品 n
数据 n	主编 n	产值 n	决赛 n

供给 v/n
- 腐败 a/n
- 治安 n
- 教会 n
- 来信 n
- 协定 n
- 会谈 v/n
- 生理 n
- 宣言 n
- 会计 n
- 顾问 v/n
- 教训 v/n
- 下列 n
- 袭击 v/n
- 生气 v/n
- 饮食 n
- 论述 v/n
- 汇报 v/n
- 缺点 n
- 设想 v/n
- 塑料 n
- 感想 v/n
- 指数 n
- 画面 n
- 歌曲 n
- 气体 n
- 用品 n
- 热点 n

成效 n
- 配置 v/n
- 待遇 n
- 摩托 n
- 学问 n
- 学派 n
- 延安 n
- 正面 n
- 比重 n
- 面包 n
- 编制 n
- 储蓄 v/n
- 裁判 v/n
- 重量 n
- 使命 n
- 恐惧 v/n
- 见解 n
- 化妆 v/n
- 对面 n
- 戏曲 n
- 练习 v/n
- 梦想 v/n
- 容量 n
- 热带 n
- 遗产 n
- 疑问 n
- 争议 n
- 难题 n

燃料 n
- 信念 n
- 气温 n
- 竞赛 n
- 愤怒 a/n
- 缺陷 n
- 清代 n
- 限度 n
- 遭遇 v/n
- 投诉 v/n
- 图像 n
- 言论 n
- 节奏 n
- 歌舞 n
- 饮料 n
- 变革 v/n
- 恋爱 n
- 处分 n
- 系数 n
- 报酬 n
- 演说 n
- 明代 n
- 信贷 n
- 命题 n
- 收获 v/n
- 玩笑 n
- 理念 n
- 迷信 v/n

感言 n
- 管道 n
- 关节 n
- 央视 n
- 开支 v/n
- 流量 n
- 录像 v/n
- 保安 n
- 体操 n
- 标题 n
- 笑容 n
- 生死 n
- 难度 n
- 气息 n
- 雕塑 v/n
- 立体 n
- 炸弹 n
- 参数 n
- 补贴 v/n
- 招呼 v/n
- 分支 n
- 体重 n
- 商会 n
- 嫌疑 n
- 视觉 n
- 体积 n
- 起点 n
- 行列 n

沉积 v/n
视点 n
下游 n
导体 n
积分 v/n
上游 n
喜悦 a/n
指令 n
轻重 n
商行 n
汇率 n
考生 n
宿舍 n
觉悟 n
成品 n
知觉 n
服饰 n
上校 n
修养 n
旋律 n
赞助 v/n
主流 n
组委 n
花生 n
定律 n
举动 n
流体 n
要点 n

派别 n
分行 n
要领 n
行会 n
收支 n
警卫 n
选集 n
定量 n
助理 n
病变 n
感冒 v/n
清朝 n
共识 n
开关 n
分点 n
称呼 n
会战 n
热量 n
遗嘱 n
主演 v/n
计委 n
论点 n
流派 n
教委 n
聚会 n
销量 n
执照 n
数值 n

作协 n
坐标 n
变量 n
干警 n
咳嗽 v/n
过失 n
合体 n
燃气 n
偏见 n
传记 n
挫折 v/n
分量 n
用处 n
误解 v/n
供求 n
运气 n
叛乱 v/n
疗效 n
结核 n
教养 n
比分 n
补助 n
看守 n
定理 n
据点 n
画像 n
建制 n
饰品 n

气流 n
花纹 n
重伤 v/n
制服 n
分数 n
体委 n
网点 n
重任 n
断言 n
图画 n
要塞 n
涂料 n
标记 v/n
病理 n
面料 n
比率 n
学分 n
巡抚 n
代数 n
交道 n
转折 v/n
动画 n
储量 n
定数 n
湿度 n
舞团 n
无辜 a/n
住处 n

终生 n　冷战 n　游记 n　疑虑 n
载体 n　冷笑 v/n　猜想 v/n　编导 v/n
争执 v/n　雕像 n　图表 n　跑道 n
终端 n　报表 n　学报 n　动乱 n
下落 n　盛会 n　封面 n　体温 n
上司 n　论断 n　教主 n　论据 n
批量 ad/n　列主 n　画展 n　提督 n
气压 n　戒指 n　去处 n　清明 n
包裹 n　推论 n　著述 n　领带 n
隐患 n　树种 n　成败 n　正比 n
创伤 n　效用 n　起居 n　面相 n
信托 n　用量 n　论战 v/n　售量 n
进度 n　索引 n　综述 v/n　学识 n
顾虑 v/n　明朝 n　疑惑 v/n　曲调 n
争端 n　胜负 n　侍卫 n　附录 n
分会 n　弹道 n　要害 n　感触 n
开封 n　排行 n　交警 n　警报 n
折扣 n　正气 n　得主 n　对流 n
得失 n　见识 n　超导 n　浮雕 n
言行 n　信封 n　论著 n　生化 n
庆典 n　运算 v/n　热气 n　支流 n
回合 n　评委 n　染料 n　损耗 v/n
传感 n　少校 n　印花 n　面容 n
开端 n　舞会 n　暖气 n　定论 n
护照 n　终点 n　教派 n　导游 n
住宿 n　定点 v/n　抗体 n　议题 n
遗体 n　对联 n　体裁 n　建行 n
别处 n　寓言 n　传闻 v/n　标签 n

难点 n
顶端 n
视听 n
奖品 n
吃喝 n
集邮 v/n
对数 n
糊糊 n
怒气 n
慕容 n
把戏 n
藏品 n
战俘 n
出处 n
塑像 n
消协 n
延庆 n
生计 n
防务 n
雇主 n
买主 n
巡警 n
防委 n
贺卡 n
难关 n
盈亏 n
见闻 n
屈辱 n

体检 n
侦探 n
伤感 n
听觉 n
重病 n
共鸣 n
调料 n
树干 n
引擎 n
舞曲 n
批复 v/n
教改 n
温带 n
歌迷 n
见效 n
插图 n
重负 n
领主 n
邮编 n
禁令 n
行当 n
学制 n
裁缝 n
使节 n
录像带 n
毕生 n
商贩 n
度量 n

问卷 n
摘要 n
供需 n
重担 n
松树 n
流感 n
涨跌 n
亲信 n
故居 n
裂缝 n
勾当 n
动相 n
省会 n
安庆 n
品行 n
疑难 n
执委 n
定制 v/n
面值 v/n
囚犯 n
容积 n
作表 v/n
回扣 n
合约 n
商代 n
誓言 n
代教 n
收成 n

评述 n
生面 n
跨度 n
祭司 n
算盘 n
悬念 n
告示 n
面试 v/n
支行 n
赠给 n
摸摸 n
继任 n
谬误 n
胜仗 n
抚顺 n
警觉 n
协约 n
无赖 n
列传 n
称谓 n
套装 n
活塞 n
出息 n
旅团 n
现役 n
圈套 n
等分 n
成见 n

题解 n	垂体 n	试题 n	论作 n
比值 n	论调 n	抱负 n	上铺 n
死伤 n	帮主 n	喜怒 n	花圈 n
信道 n	熔点 n	造化 n	黏度 n
战犯 n	旅顺 n	校舍 n	行署 n
开销 n	教化 n	建树 n	量表 n
食指 n	导管 n	收据 n	睡梦 n
教研 n	背包 n	增量 n	别称 n
整数 n	给养 n	朝代 n	标点 n
装束 n	食管 n	插曲 n	表率 n
央行 n	收效 n	病害 n	歪理 n
散曲 n	指纹 n	典故 n	提包 n
点滴 n	剖面 n	道学 n	裂纹 n
战乱 n	选题 n	近亲 n	临安 n
造诣 n	集镇 n	重镇 n	创举 n
写照 n	曲面 n	道藏 n	喜气 n
拂晓 n	分校 n	怨言 n	编委 n
团委 n	画报 n	顺治 n	节点 n
正反 n	图标 n	行协 n	谬论 n
展品 n	烧烤 n	画卷 n	配料 n
尿道 n	嗅觉 n	种数 n	节拍 n
裸体 n	废气 n	校办 n	指掌 n
言谈 n	按揭 n	助教 n	插花 n
奏折 n	着落 n	戒律 n	触觉 n
传言 n	卫视 n	续集 n	气泡 n
上限 n	养分 n	数论 n	摊主 n
忧患 n	流言 n	重压 n	提要 n
顶点 n	习气 n	派对 n	坑道 n

招数 n	谈吐 n	警务 n	宿命 n
逆流 n	出纳 n	观感 n	失主 n
上标 n	主顾 n	团练 n	选料 n
散打 n	冷暖 n	要犯 n	托派 n
教务 n	废品 n	废料 n	轻骑 n
教团 n	节律 n	正理 n	胜数 n
冷气 n	图谱 n	赌注 n	答题 n
死难 n	气量 n	主犯 n	摊点 n
重奖 n	数表 n	进制 n	论集 n
重围 n	参赞 n	变体 n	动议 n
施主 n	交集 n	体征 n	绷带 n
试卷 n	上端 n	论题 n	主委 n
败仗 n	导言 n	希冀 n	节气 n
盛装 n	复数 n	用表 n	淋浴 n
论证 n	食宿 n	冷饮 n	悲喜 n
交管 n	变故 n	铺盖 n	学究 n
导刊 n	列表 n	度数 n	记协 n
反比 n	正负 n	扑克 n	暖流 n
破绽 n	攻防 n	试管 n	合流 n
训令 n	花招 n	冷热 n	休眠 n
纹理 n	论争 v/n	团会 n	索道 n
核弹 n	导报 n	饮品 n	图集 n
死活 n	变种 n	颂歌 n	体校 n
气度 n	气节 n	上感 n	贴息 n
乘务 n	选编 n	夹克 n	题记 n
当铺 n	逃犯 n	教习 n	卖主 n
主食 n	花冠 n	贺信 n	习作 n
霸主 n	答卷 n	共相 n	主见 n

宿主 n	热流 n	排量 n	考题 n
漏斗 n	种温 n	赠品 n	指称 v/n
下限 n	嫁妆 n	变数 n	笑谈 v/n
熨斗 n	回教 n	疑点 n	警服 n
下卷 n	赛制 n	重犯 n	干系 n
提成 v/n	导论 n	杀气 n	守敌 n
设问 n	热度 n	报端 n	奉系 n
贴切 n	主考 n	爱憎 n	摊贩 n
下端 n	赞歌 n	坐骑 n	花言 n
分晓 n	扁担 n	会编 n	视图 n
轻伤 n	怨气 n	食道 n	湿气 n
干校 n	竞走 n	赋役 n	凭据 n
尊称 v/n	养料 n	印张 n	污点 n
省份 n	漫谈 v/n	解数 n	夹带 v/n
胜败 n	受试 n	核战 n	乘数 n
上集 n	网校 n	创见 n	斜视 v/n
干流 n	印数 n	推拿 n	支派 n
明主 n	网恋 n	邮戳 n	切面 n
套服 n	合集 n	附刊 n	引言 n
派系 n	引信 n	合刊 n	戏迷 n
视屏 n	怪圈 n	绝唱 n	闷气 n
越战 n	输赢 n	遗像 n	填料 n
绝招 n	祭品 n	斜纹 n	冤屈 n
管带 n	盛典 n	花束 n	禀赋 n
乘积 n	识见 n	鬈发 n	补品 n
麻省 n	辅料 n	遗言 n	夸克 n
托盘 n	道观 n	牧歌 n	复赛 n
食谱 n	干支 n	产服 n	战报 n

斜面 n	节选 v/n	戏言 n	钻戒 n
面食 n	盘缠 n	贴画 n	支管 n
越共 n	愁容 n	附记 n	上编 n
团干 n	笑料 n	编审 v/n	拱顶 n
刻度 n	悲歌 n	挽联 n	死别 n
掌故 n	网卡 n	驾照 n	至爱 n
主道 n	隐忧 n	转盘 n	佐料 n
商圈 n	哀思 n	习题 n	穿著 n
数列 n	丧服 n	印信 n	遗著 n
清流 n	信誓 n	铺面 n	巡展 n
挺举 n	舞伴 n	冻食 n	考点 n
套数 n	病体 n	谱系 n	浮标 n
剪报 n	清唱 v/n	积习 n	主唱 n
信度 n	掩体 n	麻花 n	下体 n
热望 n	夹缝 n	滑轮 n	轮渡 n
译著 n	泡泡 n	迷藏 n	增刊 n
附表 n	松紧 n	旅舍 n	旅伴 n
斜率 n	种别 n	熔体 n	贡赋 n
会刊 n	摘编 n	咨议 n	校服 n
抓举 n	奸商 n	刻表 n	减数 n
曲谱 n	令尊 n	警探 n	操守 n
少佐 n	挽歌 n	战鼓 n	凉气 n
游商 n	灼见 n	报摊 n	哀歌 n
疑团 n	卧铺 n	近作 n	宠信 n
命相 n	赛道 n	主卧 n	怪病 n
歌集 n	面像 n	怪叫 n	嫌犯 n
驾校 n	触点 n	亲疏 n	战歌 n
死敌 n	遗愿 n	死因 n	靠垫 n

商旅 n
藏学 n
胜算 n
正品 n
遗命 n
下铺 n
爱称 n

鼓点 n
立委 n
评弹 n
挎包 n
绝种 v/n
赠言 n
连翘 n

遗容 n
屈折 n
典藏 n
动补 n
浮图 n
枕套 n
斜体 n

生抽 n
涨率 n
邮轮 n
掌纹 n
笑纹 n

附录8：二字复义动词表

字母	二字复义动词							
A	爱好	安装	按压					
B	把守	把握	罢免	罢休	摆布	摆列	颁发	搬迁
	办理	扮演	扮饰	帮助	包裹	保护	保卫	暴露
	爆炸	背负	奔跑	崩裂	迸溅	迸裂	蹦跳	逼迫
	比较	鄙薄	闭合	编织	编纂	变化	变更	变易
	辨别	濒临	摈弃	搏斗	捕捉			
C	擦拭	猜测	裁减	采摘	参与	残损	残缺	残余
	察看	拆解	差遣	搀兑	掺兑	缠绕	敞开	吵嚷
	撤除	撤退	沉降	沉落	陈述	陈说	承担	惩罚
	斥责	赤露	宠爱	抽打	抽取	传递	吹捧	辞别
	辞退	攒集	攒聚					
D	搭乘	打击	逮捕	倒退	盗窃	等待	递送	凋谢
	调换	跌落	顶替	丢失	堵塞	对待	躲避	
E	讹诈							
F	翻越	放置	焚烧	拂拭	抚摸	腐朽	付与	覆盖
G	改变	告诉	跟从	跟随	更改	更换	哽噎	梗塞
	供给	躬亲	关闭	观察	观看	贯穿	灌注	归还
	歌唱							
H	嗥叫	耗费	合并	轰赶	轰炸	烘焙	呼喊	呼号
	呼叫	汇合	汇集	汇聚	绘画	获得		
J	讥嘲	讥讽	积聚	稽查	集合	给付	给予	给与
	嘉奖	捡拾	建造	奖赏	降落	搅拌	缴纳	教授
	节省	竭尽	进入	浸泡	经过	拘捕	拘束	居住
	具有	惧怕						
K	开始	揩拭	砍伐	磕碰	扣减	哭泣	垮塌	跨越
	诓骗	旷废	捆绑					

续表

字母	二字复义动词							
L	拉扯	拦截	愣怔	理睬	晾晒	了解	了结	瞭望
	聆听	领取	笼罩	掳夺	掳掠	掠夺	裸露	
M	冒充	蒙骗	弥补	免除	描画	描绘	灭杀	明晓
	鸣叫	模仿						
N	逆反	凝结	扭摆	挪移				
O	殴打	呕吐						
P	拍打	派遣	抛掷	刨除	陪伴	喷涌	膨胀	碰撞
	譬如	漂浮	撇弃	拼合	品尝	凭恃	泼洒	破损
	曝晒							
Q	栖居	欺骗	契合	憩息	迁徙	迁移	牵涉	牵引
	谴责	戕害	抢夺	抢掠	敲打	乔扮	轻蔑	倾斜
	穷竭	穷尽	区别	区分	驱赶	祛除	蜷曲	缺乏
	缺少							
R	燃烧	饶恕	忍耐	忍受	认识	熔化	融化	溶化
	揉搓							
S	丧失	删除	赊欠	舍弃	赦免	闪耀	渗透	升腾
	省略	使用	授予	售卖	书写	戍守	述说	思虑
	思念	撕扯	死亡	搜寻	诉述	诉说	缩减	索要
T	坍塌	逃遁	逃逸	剔除	啼哭	挑选	眺望	跳跃
	听闻	停止	偷盗	偷窃	投掷	屠杀	推搡	拖延
W	挖掘	完毕	完结	玩耍	违背	畏惧	畏怯	
X	熄灭	洗涤	下降	嫌憎	显露	羡慕	镶嵌	想念
	歇息	携带	休憩	休息	休止	叙述	叙说	畜养
	选择	炫耀	学习	寻觅				
Y	言语	佯装	吆喝	邀请	摇摆	摇晃	摇荡	医治
	疑惑	倚靠	议论	迎接	萦绕	应答	拥抱	犹如
	原谅	援助	怨恨	阅览	允许			
Z	栽植	栽种	增加	赠送	站立	招惹	遮盖	争辩
	整理	支撑	知晓	制造	治理	治疗	抓捕	撰写
	撞击	追赶	坠落	租赁	阻挡	阻拦	阻截	作为

附录9：二字复义动词动语素表

爱 安 按 把 罢 摆 颁 搬 办 伴 拌 扮 帮 绑 包 薄 保
抱 暴 爆 背 焙 奔 崩 迸 蹦 逼 比 鄙 毕 闭 避 编 变
辨 别 濒 摈 并 搏 补 捕 布 擦 猜 裁 采 睬 参 残 测
查 察 差 拆 掺 缠 尝 敞 唱 嘲 吵 扯 撤 沉 陈 撑 承
乘 惩 斥 赤 充 宠 抽 除 畜 穿 传 吹 辞 从 搓 搭 答
打 逮 带 待 担 挡 荡 导 倒 盗 得 等 涤 递 凋 跌 顶
丢 斗 堵 对 兑 遁 夺 躲 讹 发 乏 伐 罚 翻 反 仿 放
废 费 分 焚 讽 拂 浮 抚 腐 付 负 覆 改 盖 赶 告 歌
给 跟 哽 梗 更 供 关 观 贯 灌 归 裹 过 还 害 喊 嗥
好 号 耗 喝 合 恨 轰 烘 呼 护 化 画 换 晃 汇 绘 获
惑 讥 击 积 稽 集 加 嘉 捡 减 建 溅 奖 降 搅 缴 叫
较 教 接 节 结 截 竭 解 尽 进 浸 经 拘 居 具 惧 聚
掘 开 揩 砍 看 靠 磕 扣 哭 垮 跨 诓 旷 捆 拉 拦 览
了 愣 理 立 谅 晾 疗 瞭 列 裂 临 赁 聆 领 笼 掳 露
掠 论 裸 落 虑 略 卖 冒 蒙 弥 觅 免 描 灭 蔑 明 鸣
摸 模 慕 纳 耐 逆 念 凝 扭 挪 殴 呕 怕 拍 派 抛 刨
跑 泡 陪 喷 膨 捧 碰 譬 骗 漂 撇 拼 品 凭 泼 迫 破
曝 栖 欺 弃 泣 契 憩 迁 牵 遣 谴 欠 嵌 戕 抢 敲 乔
怯 窃 亲 轻 倾 请 穷 区 驱 祛 曲 取 蜷 缺 燃 嚷 饶
绕 惹 忍 认 溶 熔 融 揉 如 入 洒 搡 丧 杀 晒 删 闪
赏 烧 少 赊 舍 涉 赦 渗 升 省 失 识 拾 使 始 饰 拭
恃 守 受 授 售 书 戍 束 述 恕 耍 说 思 撕 死 送 搜
诉 随 损 缩 索 塌 坍 逃 腾 剔 啼 替 调 眺 跳 听 停

偷 投 透 屠 吐 推 退 拖 挖 完 玩 亡 望 为 违 卫 畏
闻 握 息 熄 习 洗 徙 下 嫌 显 羡 镶 想 晓 歇 斜 携
写 谢 休 朽 许 选 炫 学 寻 压 延 言 演 佯 养 吆 邀
摇 要 耀 噎 医 移 疑 倚 议 易 逸 引 迎 萦 应 拥 涌
用 犹 有 余 与 予 语 原 援 怨 阅 跃 越 允 栽 攒 造
责 择 增 憎 赠 诈 炸 摘 站 胀 招 罩 遮 争 怔 整 支
知 织 植 止 制 治 掷 置 种 助 住 注 抓 撰 装 撞 追
坠 捉 租 阻 纂 作

后 记

转眼已经十二年没有写“后记”或“致谢”之类的文字了。以前也写过好几则“后记”，但那些“后记”全是交付给学位论文或出站报告的。那些“后记”现在已经隐藏得很深了，有的甚至在中国知网上也找不着。好不容易给自己的第一本小书拼凑一个“后记”，却戚戚然、惶惶然地遇上了肆虐全球的庚子大疫！真诚地希望疫情早日灰飞烟灭，还来天蓝水碧、月白风清、春和景明！

由于我的两位老师的引领，我与中文分词结缘已经快小二十年了。2005 年我参加教育部语信司李宇明老师的一个科研项目，开始关注学界至今未有新突破的“词”“语”分野的问题。这一年，清华大学计算机系的孙茂松老师正致力于“信息处理用现代汉语分词词表”的研制，在教育部语用所，孙老师与包括我在内的一众研究语言的年轻人探讨“词”和非“词”的问题。之后，我来到了清华，继续做与分词相关的一些事情。 这么多年来，在学习、生活和工作上一直得到两位老师的奖掖与扶植，这是我一辈子的荣光。

这本书留下了太多太多的遗憾。最大的遗憾莫过于研究的挂一漏万，以叶代林、坐井观天、以蠡测海。文中的基本分词单位，按我们自己的定义应包含单音节的自由语素、双音词和一些多音节的音译词，可我们只关注了双音词，而且只是讨论了其中极少的一部分双音词。我们只是想讨论设立基本分词单位的必要性，因为它有其他分词单位不一定具有的句法语义特质，同时在规避分词歧义方面具有较高的效能。更为重要的是，以基本分词单位为基点，可以计量研究现代汉语词法和句法的联动关系。这种联动关系的主要表现是，当某一类词法结构得以形成与固化时，往往有一系列的句法语义特征束与之相伴。反之，我们可以根据这些句法语义特征束来甄别某一类词法结构。这些词法结构都是基本分词单位。无论是我们从整体上考察基本分词单位的诸类饱和度，还是从局部关注动趋式语义串的句法语义特质、动结式二字词的句法趋简性、“V+V”二字词的类序变异以及二字复义动词的组合顺序与语义分流，现代汉语词法与句法的联动关系都是显而易见的。

本书的写作还得到了北京市教委科技计划一般项目《机器分词与歧义消解策略》（KM201610028022）和首都师范大学中国语言智能研究中心科技创新 2030 – 重大项目《复杂版面手写图文识别及理解关键技术研究》（2020AAA0109700）的鼎力支持，中国语言智能研究中心主任周建设教授十余年的关怀和指导总让人心中热流涌动。

本书中绝大部分语料来源于清华大学平衡语料库，没有这些宝贵语料的支撑，本书无以成文。在我的指导下，我的研究生冯艺伟为第五章贡献了她的智慧，成书时，我花了半年以上的时间进行了深度修订。本书责任编辑、人民日报出版社的刘天一老师在成书过程中所表现出的专业精神、职业热忱与耐心，纵有万语千言，也是道不完我的由衷谢意的。

刘贤俊

2020 年 6 月 28 日于海淀西三环外